Global Financial Governance: Dilemmas and Solutions

全球金融治理困境及其破解

李国安 主编

图书在版编目(CIP)数据

全球金融治理困境及其破解/李国安主编. —北京：北京大学出版社，2022.1

ISBN 978-7-301-32735-7

Ⅰ. ①全… Ⅱ. ①李… Ⅲ. ①国际金融管理—研究 Ⅳ. ①F831.2

中国版本图书馆 CIP 数据核字(2021)第 237904 号

书　　名	全球金融治理困境及其破解
	QUANQIU JINRONG ZHILI KUNJING JI QI POJIE
著作责任者	李国安　主编
责 任 编 辑	孙维玲
标 准 书 号	ISBN 978-7-301-32735-7
出 版 发 行	北京大学出版社
地　　址	北京市海淀区成府路 205 号　100871
网　　址	http://www.pup.cn　新浪微博:@北京大学出版社
电 子 邮 箱	zpup@pup.cn
电　　话	邮购部 010-62752015　发行部 010-62750672
	编辑部 021-62071998
印 　刷　 者	北京虎彩文化传播有限公司
经 　销　 者	新华书店
	965 毫米×1300 毫米　16 开本　19.5 印张　280 千字
	2022 年 1 月第 1 版　2024 年 1 月第 2 次印刷
定　　价	66.00 元

未经许可，不得以任何方式复制或抄袭本书之部分或全部内容。
版权所有，侵权必究
举报电话: 010-62752024　电子邮箱: fd@pup.cn
图书如有印装质量问题，请与出版部联系，电话: 010-62756370

前　言

2008年全球金融危机以来,国际金融秩序已走过不平凡的十三年,国际金融体制经受了前所未有的考验。当前,掌握着现行国际金融体制有利资源的西方国家与正在崛起但受制于现行国际金融体制的新兴经济体之间的较量与博弈,使全球金融治理陷入困境。同时,2008年全球金融危机的浩劫也唤起国际社会对全球金融秩序进行重新评估和对国际金融制度作出深度调整的强烈愿望。然而,经过"微调"后的国际货币基金组织是否能够公平公正地为各国共同利益而担负起维系全球金融秩序稳定的重任,正在经受着来自广大发展中国家的严正质疑和共同考问。

在全球金融危机后,虽然二十国集团取代七国集团成为全球经济治理的最重要平台,金砖国家集团的结成及其所主导的金融治理战略正在悄然改变着全球金融治理的格局,但是,这种改变距离公平公正的国际金融治理秩序的形成还有多远也仍然备受质疑和尚待观察。因此,如何构筑代表各国共同利益的全球金融治理法制环境,并在国际金融法制的破与立之间寻找最佳的平衡点,以及如何形成合理制衡的全球金融治理体制和治理结构等,都是构建新型全球金融治理体制过程中值得深入研究和全方位探讨的重要课题。尤其是中国作为世界第二大经济体和崛起中的发展中大国,在构建全球金融治理法制环境过程中应如何贡献自己的智慧、发出代表广大发展中国家和新兴经济体共同利益的中国声音,更是全国各界应予以深思远虑并付诸行动的责任和担当。

为此,我们不揣浅陋,尝试在剖析现行全球金融治理结构困境及其根源的基础上,从金融治理力量全球整合的国际政治与法律的视角,探寻破解全球金融治理困境的可行路径。即通过凝聚多元化的治理主体和治理法制的合力,构建"多元一体"的全球金融治理体制，从而形成一个全球性、综合性并能维护世界各国共同利益和确保全球金融秩序长期稳定的金融治理长效机制。

这一尝试性研究的基本思路是，现行全球金融治理体制存在碎片化弊端，而该弊端使各治理主体的功能被人为割裂，严重阻滞了全球金融治理机制的有效运行。一方面，以美国为首的西方国家对现行全球金融治理体制的把持，使众多发展中国家在全球金融治理体制中处于绝对不利的地位甚至成为西方国家转嫁金融风险和金融危机的最终场所，其金融利益正在遭受各种有形和无形的严重侵害。正是上述积弊，使全球金融治理陷入难以协调和全球金融秩序稳定难以维系的困境。另一方面，新兴经济体的崛起及其互助性的新型国际金融体制的形成，催促和倒逼现行国际金融体制逐渐朝着对发展中国家有利的方向迈进。但是，从已有的改革效果看，这并未从根本上改变全球金融治理碎片化和全球金融治理体制受制于西方国家的现实。为此，探寻摆脱全球金融治理现实困境和构建公平、合理、有效的全球金融治理体制，已成为世界各国尤其是广大发展中国家共同面临的重大课题。实践证明，只有站在为全球谋求共同金融利益的高度，以构建共享型全球金融治理体制的胸襟，有效整合全球金融治理各方面力量，凝聚包括各种类型的国际金融组织和主权国家在内的多元化治理主体的合力，并赋予各国尤其是广大发展中国家更加平等的话语权，才能破解现行全球金融治理的困局，构筑起"多元一体"的、有效服务于各国金融共同繁荣的全球金融治理体制。

国际金融监管机构简称表

（按缩略语字母排序）

简称	英文全称	中文全称
BIS	Bank for International Settlements	国际清算银行
BCBS	Basel Committee on Banking Supervision	巴塞尔银行监管委员会
CPSS	Committee on Payment and Settlement Systems	国际支付结算体系委员会
FSF	Financial Stability Forum	金融稳定论坛
FSB	Financial Stability Board	金融稳定理事会
IOSCO	International Organization of Securities Commissions	国际证监会组织
IAIS	International Association of Insurance Supervisors	国际保险监督官协会
IADI	International Association of Deposit Insurers	国际存款保险机构协会
IMF	International Monetary Fund	国际货币基金组织
WB	World Bank	世界银行

目录
CONTENTS

第一章　全球金融治理的困境及其根源 ………………………… 1
  第一节　金融全球化与金融监管内国化的困境 ………… 4
    一、金融全球化与金融危机全球化 ……………………… 5
    二、金融监管内国化困境 ………………………………… 7
    三、金融监管内国化困境之出路 ………………………… 9
  第二节　全球金融治理主体的碎片化困境 ……………… 10
    一、全球金融治理主要主体及其特征 …………………… 10
    二、全球金融治理主体碎片化现状及其成因 …………… 14
    三、全球金融治理主体碎片化带来的挑战及应对
        措施 …………………………………………………… 18
  第三节　全球金融治理规则的碎片化困境 ……………… 20
    一、全球金融治理规则现状及其碎片化趋势 …………… 21
    二、全球金融治理规则碎片化带来的影响 ……………… 25
    三、破解全球金融治理规则碎片化困境之路径选择 …… 29
  第四节　全球金融治理体制中的不公平困境 …………… 32
    一、全球金融治理体制不公平困境及其根源 …………… 33
    二、全球金融治理体制公平化改革构想 ………………… 38

第二章　新兴经济体的崛起对全球金融治理的影响 ………… 45
  第一节　新兴经济体的崛起与新型国际货币金融体制 …… 47
    一、新兴经济体群体性崛起 ……………………………… 48
    二、新型国际货币金融体制之构建 ……………………… 53
  第二节　新型国际货币金融体制对国际货币金融体制
        之贡献 ……………………………………………… 61
    一、对全球经济格局失衡的缓释和重塑 ………………… 62
    二、为新型国际货币金融体制注入更多公平性元素 …… 64

第三节　新型国际货币金融体制的局限性 …………… 70
　一、新型国际货币金融治理体制的核心经济体发展
　　　不平衡 …………………………………………… 70
　二、新型国际货币金融体制对全球金融治理合力的
　　　局限性 …………………………………………… 72

第三章　构建新型全球金融治理体制的理念 ………… 75
第一节　现行国际金融治理理念的弊端 ………………… 78
　一、现行国际金融治理理念的来源 ……………………… 78
　二、现行国际金融治理理念的困境 ……………………… 83
第二节　大国博弈与全球金融治理理念新进展 ………… 88
　一、大国博弈与全球金融治理理念之争 ………………… 88
　二、全球金融治理理念的新进展 ………………………… 92
第三节　全球金融秩序稳定与金融利益共享的全球金融
　　　　治理理念 …………………………………………… 97
　一、提出新的全球金融治理理念的缘由 ………………… 97
　二、全球金融秩序稳定与金融利益共享理念的价值
　　　内涵 ……………………………………………… 99

第四章　国际货币体制改革与全球金融治理体制的完善 …… 105
第一节　国际货币体制的痼疾及改革路径 …………… 107
　一、布雷顿森林体系与美元霸权 ……………………… 107
　二、当代国际货币体制的缺陷 ………………………… 118
　三、国际货币体制的改革路径 ………………………… 121
第二节　国际货币基金组织改革与全球金融治理体制的
　　　　完善 ……………………………………………… 137
　一、国际货币基金组织框架下全球货币金融体系的
　　　发展与现状 ……………………………………… 138
　二、国际货币基金组织改革路径探究 ………………… 147

第五章　"多元一体"的全球金融治理体制的构建 …… 151
第一节　全球金融治理中的利益博弈 …………………… 154
第二节　全球金融治理的困境及其根源 ………………… 156

一、国际金融组织（机构）在全球金融治理中缺乏
　　　　 协调 ………………………………………………… 157
　　　二、全球金融治理标准的差异与碎片化 …………… 157
　　　三、全球金融治理中的特权与困境 ………………… 158
　第三节　新兴经济体对全球金融治理秩序的修复与
　　　　　局限性 ………………………………………… 159
　　　一、G20主导的全球金融治理秩序 ………………… 159
　　　二、新型货币金融体制及其影响 …………………… 160
　　　三、新型国际货币金融体制的定位及其局限性 …… 161
　　　四、新型国际货币金融体制的多元化与碎片化 …… 161
　第四节　"多元一体"的全球金融治理机制路径与存在
　　　　　形式 …………………………………………… 162
　　　一、树立"共同发展"的全球金融治理理念 ……… 162
　　　二、国际金融组织治理结构改革的关键 …………… 163
　　　三、全球金融治理的核心架构 ……………………… 164
　　　四、全球金融治理的法律体制保障 ………………… 166
　第五节　中国在全球金融治理体制中的地位与作用 ……… 167
　　　一、推进人类命运共同体的构建与"一带一路"
　　　　 建设 ………………………………………………… 168
　　　二、提升亚洲基础设施投资银行发展层级 ………… 169
　　　三、强化金砖国家金融治理圈 ……………………… 170

第六章　全球金融治理视角下的系统重要性金融机构监管 …… 173
　第一节　系统重要性金融机构的活动及其风险 …………… 175
　　　一、系统重要性金融机构的活动 …………………… 176
　　　二、系统重要性金融机构的风险 …………………… 178
　第二节　系统重要性金融机构监管的困境及出路 ………… 182
　　　一、系统重要性金融机构监管的现状 ……………… 182
　　　二、系统重要性金融机构监管的困境 ……………… 194
　　　三、系统重要性金融机构监管的出路 ……………… 204

第七章　全球金融治理视角下的逆周期监管 ……… 209
第一节　全球金融市场的顺周期性 ……………… 211
一、顺周期性与经济周期 …………………… 212
二、顺周期性的表现 ………………………… 216
三、顺周期性的成因 ………………………… 224
四、顺周期性与金融监管 …………………… 229
第二节　全球视角下的金融市场逆周期监管与跨周期调控 …………………………………… 232
一、逆周期监管理念的提出和确立 ………… 232
二、逆周期监管工具及其选择与运用 ……… 237
三、我国宏观调控的跨周期设计与调节 …… 241
四、科技金融的逆周期监管 ………………… 243

第八章　全球金融治理的法律保障 ………………… 245
第一节　全球金融治理体制中的硬法与软法 …… 247
一、全球金融治理中硬法与软法的起源 …… 247
二、全球金融治理中硬法和软法的作用 …… 256
三、全球金融治理中软法的硬法化趋势 …… 261
第二节　巴塞尔银行监管协议在全球金融治理中的作用 … 264
一、全球金融治理中的巴塞尔银行监管协议 ……… 265
二、巴塞尔银行监管协议是全球金融软法治理的典范 ……………………………………… 267
三、巴塞尔银行监管协议的全球治理规则认同 …… 269
四、巴塞尔银行监管协议在全球金融治理中的争议 … 272
第三节　全球金融治理规则的执行 ……………… 274
一、国际金融硬法的执行及其价值流变 …… 274
二、国际金融软法的执行分层及其价值流变 …… 281
三、对未来全球金融治理规则执行的若干思考 …… 288

结束语 …………………………………………………… 297
后记 ……………………………………………………… 302

第一章
全球金融治理的困境及其根源

"全球治理"是国际社会对如何在全球化背景下管理全球性事务作出的理论回应。全球治理理论最初由德国前总理勃兰特于1990年提出。在勃兰特的倡导下,全球治理委员会于1992年正式成立。该委员会于1995年发表的《天涯成比邻:全球治理委员会的报告》对"治理"作出了较为权威的解释:"治理"是指个人和机构、公众和私人管理其共同事务的诸多方式的总和,是使相互冲突的或不同的利益得以调和并采取联合行动的持续过程。同时,它不仅包括正式的具有强制力的机构和体制,还包括个人和机构同意或意识到的符合其利益的非正式安排。① 遵循这一逻辑,将"全球治理"定义为通过正式和非正式的国际规则来解决全球性问题的国际协调和合作机制是较为准确的。② 从世界范围来看,大部分对于"治理"和"全球治理"的研究都属于国际政治关系的范畴。事实上,自20世纪90年代以来,"全球治理"这一概念在国际政治与国际关系学界受到广泛讨论,并成为理解当代国际社会核心问题的一个重要而有益的视角。③ 而从金融角度研究全球治理问题则始于1997年亚洲金融危机,讨论的着眼点主要在于如何对全球金融体制进行有效的全球治理。自2008年席卷全球的金融危机爆发以后,全球金融治理及其改革成为研究的焦点。④ 尽管对于"全球金融治理"的定义尚未达成普遍共识,但总体而言,学界都将其理解为全球治理理论在国际金融领域

---

① See Commission on Global Governance, *Our Global Neighbourhood: The Report of the Commission on Global Governance*, Oxford University Press, 1995, p.2.
② 参见俞可平主编:《全球化:全球治理》,社会科学文献出版社2003年版,第13页。
③ 参见〔美〕马丁·休伊森、蒂莫西·辛克莱:《全球治理理论的兴起》,张胜军编译,载《马克思主义与现实》2002年第1期,第43—50页。
④ 参见洪小芝:《全球金融治理相关问题研究综述》,载《西南金融》2012年第3期,第35页。

的体现和运用。① 也就是说,"全球金融治理"是"全球治理"的重要组成部分。

在 20 世纪 70 年代兴起的新自由主义理念影响下,以英美为代表的金融强国倡导政府放松管制,积极推动全球金融市场自由化发展,从而为金融服务跨境贸易和投资组合在全球范围内的流动创造有利条件。金融自由化和金融全球化一方面通过货币资源有效配置促进全球经济增长,另一方面也使各国金融市场进一步融合,颇有牵一发而动全身之势。在此背景下,各国金融机构、金融市场之间依赖程度不断提高,导致全球系统性金融风险日益集聚。相应地,金融危机也就不可能被抑制在单一国家或一个狭小的领域范围内,跨行业、跨市场传导乃至全球传播已成为其最主要的特征。金融全球化使得全球金融治理对象从单一市场向全球市场转变,从单一行业向跨行业转变,金融危机全球化更是对全球金融治理体制提出了新要求,因此无论是治理主体还是治理方式都应随之发生变化。全球金融治理主体应从全球共同利益出发,兼顾世界各国的利益,特别是发展中国家的利益,从少数国家利益出发的治理体制已无法应对金融全球化所带来的诸多挑战。全球金融治理方式则应更多关注如何破解金融监管内国化困境、建立和完善治理主体间的协调机制、调和全球金融监管标准与规则冲突、减少全球发展不均衡导致的不公平现象等核心问题。本章旨在审视现有全球金融治理体制及治理过程中产生的现实困境,探寻困境背后存在的客观根源,从而提出合理可行的制度构建建议。

第一节 金融全球化与金融监管内国化的困境

20 世纪 70 年代以来,新自由主义理念下的金融自由化和放松管制为金融服务跨境贸易和投资组合在全球市场上的流动扫清了障碍。

---

① 参见张庆麟、刘天姿:《全球金融治理若干凸显问题综述》,载王卫国主编:《金融法学家(第四辑)》,中国政法大学出版社 2013 年版,第 260—270 页。

同时，金融混业经营的如潮推进使传统的银行、证券、保险、信托等金融分支行业的划分成为一件不必要或不可能的事，从而造成金融风险的跨行业、跨领域流动。事实上，正是金融活动的自由化及其全球化效应造成系统性金融风险及其势不可挡的全球性蔓延。[1] 2008年金融危机如飓风席卷全球，对全球经济造成惨重创伤。事实已见证，即便是拥有世界上最完备的金融监管法制的美国，也无力仅凭一国国内监管制度阻却金融危机的爆发和抑制其向全球扩散。美国次贷危机爆发的一个重要原因就是金融风险全球化与监管体制非全球化之间的不匹配，金融监管内国化困境是阻碍建立全球金融治理长效机制的一块"绊脚石"。

一、金融全球化与金融危机全球化

前已述及，金融全球化的根源在于新自由主义理论导向下的金融自由化。因此，有国外学者将金融全球化理解为金融开放、金融一体化和金融自由化等，在这些词汇之间不作过多区分。在西方学者的论著和论文中，"金融一体化"和"金融全球化"这两个词是可以通用和相互替代的，并且从未进行严格的区分，因为在很多情况下，这种区分显得毫无必要。[2] 自20世纪70年代以来，金融自由化浪潮席卷全球，西方各国乃至部分新兴经济体陆续对本国金融业实行自由化，其主要标志包括利率自由化、汇率自由化、金融业务自由化、金融市场自由化、资本流动自由化等，使得国家间金融跨境服务贸易以及相应的资金跨境流动日益频繁，金融全球化逐步成为国际金融领域的主旋律。

金融全球化在提升全球资源配置效率、促进一国金融体制发展的同时，也给各国带来了很大的风险。其中，资本流动，尤其是持续、大规模的资本外逃，似乎一直是金融危机来临的"前奏"。近二

---

[1] See Geoffrey R. D. Underhill, The Emerging Post-Crisis Financial Architecture: The Path-Dependency of Ideational Adverse Selection, *The British Journal of Politics and International Relations*, 2014, pp. 3-7.

[2] 参见秦凤鸣：《金融全球化与银行业重构》，经济科学出版社2004年版，第10页。

十多年来,伴随着金融危机的频繁发生,人们对国际资金自由化流动的积极意义更加持怀疑态度,进而反对金融自由化、金融全球化的呼声越来越高。尽管金融全球化与金融稳定间的关系尚未有明确定论,①但从20世纪90年代后发生的历次金融危机来看,金融风险的全球传导性已暴露无遗。典型的有1994年墨西哥金融危机、1997年亚洲金融危机、1998年俄罗斯金融危机、1999年巴西货币危机和2001年阿根廷金融危机等,不仅对危机发生国的社会、经济、政治等方面造成严重冲击,也向全球金融市场注入了诸多不稳定因素。其中,从泰国开始的1997年亚洲金融危机,体现了当代金融危机的全球传导性特征,成为继20世纪30年代金融危机以来对世界经济造成破坏最严重的大危机之一,其蔓延的范围遍及东南亚各国,地处东北亚的韩国、日本也饱受重创,甚至1998年俄罗斯金融危机实际上也是由1997年亚洲金融危机的余波导致。②

实际上,任何一次危机爆发都是风险释放的过程。如果说20世纪30年代的金融危机向全球传导尚属偶然情形,那么2008年爆发的全球性金融危机则是20世纪70年代后历次金融危机所累积的金融风险的总释放,其传播速度之快、影响范围之广、破坏程度之大实属罕见。值得一提的是,2008年全球金融危机的发源地,正是号称拥有最完备的金融监管体制的美国。这就给各国监管当局敲响振聋发聩的一记警钟,无论一国的金融法制多么完善,当全球化的金融大市场的任何一个环节受到冲击并迅速向全球传导时,单靠一国的力量都是难以阻挡和挽回。③可以说,正是在金融自由化理念主导下形成的金融全球化直接催生了金融风险的全球化。④而在金融风险

---

① 目前学界有三类观点,即促退论、促进论和中性论。促退论认为金融全球化增加了地区金融不确定性风险;促进论主张金融全球化有利于促进地区金融稳定;中性论则提出全球金融化对金融稳定既无正效应也无负效应。参见崔建军、王利辉:《金融全球化、金融稳定与经济发展研究》,载《经济学家》2014年第2期,第92—93页。
② 参见李国安主编:《国际金融监管法制现代化研究》,法律出版社2016年版,第50页。
③ 同上书,第2页。
④ See Sharon Horgan, The Impact of Globalisation and the Global Financial Crisis, Int'l Trade & Bus. L. Rev., Vol. 43, Iss. 17, 2014, pp. 46-62.

全球化面前，现行国际金融监管体制表现得不尽如人意，各国国内监管制度也未能阻碍金融危机的肆虐，全球各个国家几乎无一幸免。

二、金融监管内国化困境

金融市场的区域性特点决定了国内法在金融关系的调整中居于主导地位。① 然而，只注重国内金融风险监管，缺乏风险全球化和监管合作意识是长期以来世界各国未能建立和完善国际金融监管体制的根源之一。20世纪70年代以前，国际社会普遍认为金融管制属于一国内部事务，导致在金融领域无法形成国家间的实质性合作。20世纪70年代以后，美国、英国、德国和阿根廷的一些大型跨境银行接连破产倒闭，使西方各主要工业国家逐渐意识到银行监管尤其是国际性银行监管的重要性。在国际清算银行（Bank for International Settlements，BIS）的主持下，十国集团（G10）② 于1974年年底成立巴塞尔银行监管委员会（Basel Committee on Banking Supervision，BCBS）。1997年亚洲金融危机爆发两年后，七国集团（G7）③ 创设了金融稳定论坛（Financial Stability Forum，FSF）。1999年9月25日，二十国集团（G20）④ 于美国华盛顿宣告成立。2008年全球金融危机后，沉寂多年的G20再次登上前台。次年，FSF被全面升级为金融稳定理事会（Financial Stability Board，FSB），其全球金融监管合作与协调功能得到进一步强化。

考察前述数次国际金融监管合作可以发现，似乎只有金融危机过后的惨痛教训才能让各个国家放下彼此间的成见与芥蒂，携起手来开展合作。诚然，这些产生于危机后的国际金融合作在减轻危机影响、修复全球金融创伤方面发挥了重要作用，但这些国际金融监

---

① 参见李国安主编：《金融服务国际化法律问题研究》，北京大学出版社2011年版，第5—10页；钟付和：《金融服务国际立法的政治构造——基于国家、市场、法律三维因素的分析》，载《海峡法学》2010年第2期，第89—98页。
② 十国集团（G10）成员国包括比利时、加拿大、法国、德国、意大利、日本、荷兰、瑞典、瑞士、英国和美国。其中，瑞士于1964年加入，但G10名称保持不变。
③ 七国集团（G7）成员国包括美国、日本、德国、英国、法国、加拿大及意大利。
④ 二十国集团（G20）成员包括全部G7成员国以及阿根廷、澳大利亚、巴西、中国、印度、印度尼西亚、墨西哥、俄罗斯、沙特阿拉伯、南非、韩国、土耳其和欧盟。

管平台的构建及相关措施的出台均具有应急性、局部性和松散性特征,均是在发生严重的国际金融危机后才意识到国际金融监管合作的重要性,而且危机破坏力越大,合作程度越深。这种监管合作具有很强的危机导向性,但缺乏主观能动性。世界各国至今尚未构建起长期稳定的监管合作机制,出台的文件也仅具有宣言性和倡导性,各国均可根据自身的利益进行考量并决定是否加以实施。而那些率先从金融危机中解脱出来的国家,可能将暂时的脱险视为经济发展的"机遇",往往会弃危机的惨痛教训于不顾,我行我素,实施助推经济走向新一轮泡沫的金融政策,任由金融风险再次形成和积聚,而不是从全球金融长期稳定的高度实施监管。这种缺乏稳定、长远视野的监管合作机制,实际上难以实现全球金融的长期有效治理,最终仍难免堕入跟随经济周期沉浮的怪圈。①

此外,现有国际金融监管规则的具体实施仍依赖于各国国内监管机构的有效认可和积极执行。当一国国内监管机构实施了背离国际金融监管标准的措施,并对国际或地区金融稳定造成实质性的影响时,现有国际金融监管体制并无强有力的纠正及惩罚机制,因此国际金融监管规则的有效执行实际上存在较大的不确定性。第二次世界大战(以下简称"二战")后,布雷顿森林体系的构建没有为金融及其监管提供一个以国际金融组织为基础的硬法框架。② 20 世纪 70 年代后相继出现的一系列行业性国际组织,诸如 BCBS、国际证监会组织(International Organization of Securities Commissions, IOSCO)、国际保险监督官协会(International Association of Insurance Supervisors, IAIS)、国际支付结算体系委员会(Committee on Payment and Settlement Systems, CPSS)、国际存款保险机构协会(International Association of Deposit Insurers, IADI)等,虽然积极制定了诸多针对特定金融领域的国际金融监管规则,但是这些国际组织并不能对跨境金融机构实施直接监管,实际的监管任务仍归

---

① 参见李国安主编:《国际金融监管法制现代化研究》,法律出版社 2016 年版,第 55 页。
② See Douglas W. Arner, *Financial Stability, Economic Growth, and the Role of Law*, Cambridge University Press, 2007, pp. 156-158.

属于各国国内的金融监管机构。国际金融监管规则的软法特性，使得上述国际组织对各国国内金融体制缺乏约束性效果，在监管日益复杂的全球性金融业务上更缺乏指导力。换言之，想要在国际金融领域实现监管规则有效施行，仍取决于各国监管机构对规则的解释和相互协作的程度。

三、金融监管内国化困境之出路

解决金融监管内国化困境的核心就是切实提升全球金融监管合作的广度和深度。金融监管的国际合作应当建立在共同的金融利益、各国监管当局的高度共识和适当的监管合作平台之上。

首先，金融全球化所带来的金融危机全球化将世界各国的金融利益捆绑在一起，全球共同金融利益是各国金融利益的集合。一国金融利益与全球共同金融利益存在内在统一性，各国金融利益是建立在全球共同金融利益基础之上的。在金融全球化的大环境下，没有一个国家能够在全球性金融危机中独善其身，维护全球金融利益就是在维护世界各国共同的金融利益。同时，一国金融利益又具有相对独立性，即各国因国情及发展水平不同，各自的金融利益存在着差异性。因此，任何一国的金融利益与全球共同金融利益之间都存在非相同性，全球共同金融利益不应以牺牲个别国家金融利益为代价。

其次，各国监管当局应当摒弃危机导向的合作价值观，形成具有主观能动性的合作共识，并且能够坚持从全球金融长期稳定的高度参与合作，弱化分歧，对于已达成的共识和规则采取更为积极的执行态度，以保证实施的有效性。

最后，世界各国应当充分利用并不断完善现有的监管合作平台。通过吸纳更多的参与主体，不断增强平台的权威性和影响力；通过纳入更为深入的金融监管议题，不断深化合作。从全球层面看，FSB 已成为国际金融治理的核心平台，受 G20 的宏观指导，并对其负责。根据 G20 领导人峰会授权，FSB 承担着促进国际金融体制发展、统筹协调现有国际组织以制定国际金融监管规则、评估成员实施金融监管国际标准等职责。从专业层面看，BCBS 响应 G20 领导人倡议，于 2009 年 4 月和 5 月进行两次扩员，其代表性和公信力已显著增强。从实践层面看，扩员后的 BCBS 已主导着银行资本和流动性方面的国际监管改革。可见，国际社会已有意识地利用和完善现有的监管合作平台，以期全面提升全球金融监管领域的合作。

第二节 全球金融治理主体的碎片化困境

现阶段，"全球金融治理"学理上的内涵尚无定论。国内有学者认为："一般意义上的全球金融治理，是指在国际金融体系中，通过多元行为体平等对话、协商合作，以共同应对全球金融变革和世界经济问题挑战的一种规则机制、方法和活动。通常认为，全球金融治理的核心要素包括主体、客体、价值、效果等方面。"① 可见，全球金融治理主体的多元化是该定义的应有之意。事实上，治理主体的多元化是全球治理理论的基本要求。然而，需要特别指出的是，如果治理主体之间缺少合作与协调机制、治理权责界限不明确，就会导致治理主体之间的分立与竞争，加剧治理主体的碎片化趋势，从而阻碍全球金融治理体制的发展。

一、全球金融治理主要主体及其特征

尽管全球金融治理的内涵不仅是制定全球金融规则和标准，还包括规则和标准的实施与监督以及全球金融秩序的维护等，但本身拥有立法权或是在极大程度上可能影响规则制定的行为体毫无疑问是全球金融治理最为主要的主体。西方学者认为，全球治理的主体，即制定、实施、监督和维护全球规则秩序的组织机构，主要有三类：各国政府、政府部门及亚国家的政府当局；正式的国际组织；非正式的全球公民社会组织。② 我们赞成按照治理模式的性质，即正式的、非正式的治理模式对治理主体进行分类，这种分类有利于进一

---

① 王浩：《中国参加全球金融治理的文献研究》，载《金融纵横》2013 年第 7 期，第 38 页。
② 同上。

步理清不同治理主体所制定规则的性质。前者因其本身即为传统国际立法主体，它们按照正当程序制定的规则往往具有较强的约束力。后者则因其本身未被赋予国际立法权力，故它们所制定的规则大多属于非约束性的指引、倡导或提议；这些规则的执行需要其他治理主体自发性的认可，并且大多数实行的是成员自我监督。具体到全球金融治理，正式的主体包括国家和政府间国际组织；非正式的主体则主要包括非政府组织、跨政府组织网络以及跨国金融企业。

（一）国家

作为传统的国际法主体，国家当然是全球金融治理的重要行为体之一。有学者认为，在全球化浪潮中，国家（政府）无法控制自己疆界内发生的一切事件，国家权威不断分散到其他制度、社团组织以及本土和地区性机构的手中。经济全球化正在构建新型的社会组织，而这些组织正在替代或者最终替代作为世界社会的首要经济和政治单位的传统民族国家。[①] 诚然，治理主体的多元化使得原本属于国家的权力部分让渡给其他治理主体，但这并不能表明国家参与全球金融治理的角色行将被取代。无论是从国际还是从国内层面来看，国家（政府）仍然发挥着关键作用。

在国际层面上，国家通过积极磋商、谈判、订立和修改条约，不断推动金融领域硬法性规则的发展。例如，1945年12月27日生效的《国际货币基金组织协定》（以下简称《IMF协定》）虽经历多次修订，至今仍然有效。同时，在全球化背景下，多个国家共同设立正式的国际组织，如世界贸易组织（World Trade Organization，WTO）、世界银行（World Bank，WB）、国际货币基金组织（International Monetary Fund，IMF）等，以求在特定金融领域形成合力、汇集智慧、凝聚共识。尽管国家在设立国际组织时向其让渡了部分权力，但此行为依然建立在国家同意这一传统国际法原则的基础之上，更何况国家可以在它认为必要的时候随时声明退出相关国际组织。

---

① 参见〔英〕戴维·赫尔德等：《全球大变革——全球化时代的政治、经济与文化》，杨雪冬等译，社会科学文献出版社2001年版，第6—7页。

在非正式合作领域，大多数非政府组织或多或少受到政府的影响，或是其内部成员包括政府官员，或是受到来自政府的财政支持。同时，跨政府组织网络同样会在形式上采取非正式的方式，即这些组织是经过国家间的默认而非基于正式的条约建立，其内部架构也不太正式，但其成员大多由一国政府部门或高级别官员组成，官方色彩依然浓厚。

在国内层面上，国家仍然是国内金融治理的最高权威。无论是硬法性的条约还是跨政府组织网络制定的软法性的金融标准和规则，其最终实施都离不开主权国家本身，尤其是软法性的金融监管标准和规则，更需要国家将其转化为国内立法和制度方可确保其得到实际执行。

需要特别指出的是，国家进行正式或非正式的国际谈判的提案往往是基于长期国内金融立法与监管的实践经验。从这个角度来说，国家在参与全球金融治理的两个维度——国际与国内层面实际上有机地结合在一起，形成相互联动、相互促进的关系。也就是说，国家在全球金融治理体制中起着承上启下的作用，与参与全球金融治理的其他主体相互连接，组成密不可分的治理主体网络结构，共同参与全球金融治理。

（二）政府间国际组织

除了国家之外，正式的政府间国际组织也是全球金融治理的重要主体。政府间国际组织不仅包括诸如 WTO、IMF、WB、BIS 等全球性政府间国际组织，也包括东南亚国家联盟（Association of Southeast Asian Nations，ASEAN，以下简称"东盟"）、欧洲联盟（European Union，EU，以下简称"欧盟"）、亚洲开发银行（Asian Development Bank，ADB）、亚洲基础设施投资银行（Asian Infrastructure Investment Bank，AIIB，以下简称"亚投行"）、金砖国家新开发银行（New Development Bank，NDB，以下简称"金砖银行"）等区域性国际组织，这些政府间国际组织均依据国家间正式条约而成立，因此具有独立的国际法人格，拥有直接承受国际法权利和义务的能力。

(三) 非政府组织

与政府间国际组织相对的是非政府组织，一般来说，非政府组织不具备法人地位。1950年，联合国经济及社会理事会（以下简称"经社理事会"）曾对"非政府组织"有过初步定义，即任何非由政府间协议创建的国际组织均应被视为非政府组织。[①] 之后，经社理事会又于1996年对非政府组织作出更为详细的定义：任何非由政府机关或政府间协议设立的组织均应被视为非政府组织，包括接受政府主管机关指派成员的组织，只要该成员不干涉组织意见的自由表达。[②] 分析前述定义可知，非政府组织最显著的特征就是非政府性，这也将其与政府间国际组织和跨政府组织网络区分开来。一方面，非政府组织设立的基础并非政府机关或政府间协议；另一方面，非政府组织不受政府控制，其政策意见的形成不受政府的直接干预。国际金融领域中的非政府组织包括国际掉期与衍生工具协会（International Swaps and Derivatives Association，ISDA）、国际会计准则理事会（International Accounting Standards Board，IASB）、国际会计师联合会（International Federation of Accountants，IFAC）、国际审计与鉴证准则理事会（International Auditing and Assurance Standards Board，IAASB）等，这些组织的成员都具有相关国际业务的实践经验、专业技术优势和丰富的社会资源，使它们能够分别在掉期与衍生工具风险管理、会计与审计准则、国际财务报告等方面制定出高质量的、全球性的标准，在很大程度上弥补了国家专项领域技术资源、经验能力不足的困境。

(四) 跨政府组织网络

跨政府组织网络与非政府组织相似，其组织章程不同于正式的国际条约，不具有强制约束力。例如，《金融稳定理事会章程》第23条"法律效力"就明确指出"本章程未创设任何法律权利和义务"。同时，跨政府组织网络是相关国家政府官员交换信息，协调国家政

---

① See E/RES288 (X), Review of Consultative Arrangements with Non-governmental Organizations, 27 February 1950, para. 8.

② See E/RES/1996/31, Consultative Arrangements Between the United Nations and Non-Governmental Organizations, 25 July 1996, para. 12.

策，携起手来解决共同问题的网络。[①] 具体到国际金融领域，跨政府组织网络成员多由各国金融监管机构组成，这些金融监管机构在参与制定金融治理规则时往往代表其所在国政府的观点，并获得来自政府明示或暗示的授权。这就将跨政府组织网络与非政府组织区分开来。前者政府色彩更重，而后者要求或者至少形式上达到非政府性。国际金融领域典型的跨政府组织网络主要包括 BCBS、IOSCO、IAIS、CPSS、IADI 以及 FSB 等。跨政府组织网络制定的国际金融标准，尽管从法律层面上看不具有约束力，被学者称作"金融软法"，但就事实效果而言，这些国际金融标准因其权威性和前瞻性已为全球范围内众多国家所接受和采纳，成为全球金融秩序中的重要组成部分。

（五）跨国金融企业

相比于前述四类全球金融治理主体，跨国金融企业有其独特性：它既是金融治理的对象，同时也是金融治理的主体。跨国金融企业参与全球金融治理主要体现在以下两个方面：（1）跨国金融企业非中立性和非独立性使其无法成为也不应成为金融规则的制定主体，但这丝毫不影响其在全球金融秩序建立和完善过程中的话语权。跨国金融企业可凭借其雄厚的资金实力、专业的技术手段、丰富的交易经验和翔实的数据信息，间接影响全球金融秩序。（2）跨国金融企业内部设置的风险控制规则和争端解决流程不仅是防范金融危机、维护金融稳定的第一道"防火墙"，还能在一定程度上为国际金融规则制定主体提供可资借鉴的范本。

二、全球金融治理主体碎片化现状及其成因

在金融全球化、自由化的大背景下，各国金融市场再也不是相互孤立、彼此隔离的区割式市场，而是一个彼此紧密联系、相互牵动的全球大市场。2008 年全球金融危机的爆发表明，即便是美国这

[①] See Anne-Marie Slaughter, Global Government Networks, Global Information Agencies, and Disaggregated Democracy, *Michigan Journal of International Law*, Vol. 24, Iss. 4, 2003, pp. 1042-1043.

样一个号称拥有当时世界上最完备的金融监管法制的国家,也无法阻止金融危机的全面爆发、传导和蔓延。即便国际社会已建立以促进全球金融稳定和贸易平衡为宗旨的 IMF,但因其本身存在的制度缺陷,使得其在危机来临前与治理过程中的表现仍不尽如人意。可见,面对金融全球化时代层出不穷的金融创新以及随之而来的纷繁复杂的金融治理问题,只依靠一个国家的力量或仅通过政府间国际组织通过正规程序缔结的国际金融条约,已不足以应对和规制全球性的金融问题。

在此背景下,全球金融治理主体碎片化向两个维度发展:一是治理主体区域化。当传统全球金融治理主体,如多边性金融机构 IMF,存在内部机制缺陷、危机处理能力不足却又难以进行彻底改革之时,世界各主要国家之间往往通过寻求利益共同体、建立区域性金融机构、联合抵御金融危机等途径促进区域内金融市场的稳定发展。金融全球化要求金融治理也应当全球化、多边化,而治理主体区域化却人为地将全球金融治理体制切割成一个个相互竞争、相互独立的"碎片"。二是治理主体非正式化。这不仅体现在非政府组织、跨国金融企业事实上参与全球金融治理以及影响全球金融规则制定的走向,还体现在国家之间通过次政府层面非正式的专业合作形成软法性规则。事实上,正是因为其规则更具弹性且不具有强制约束力,即使成员方违反规则也无须承担法律义务,才使得成员方更易达成一致意见。其典型代表如 BCSB、IOSCO、IAIS、FSB 等跨政府组织网络,正是凭借其非正式治理方式的灵活性,成为制定全球金融标准的主要机构和平台,在全球金融治理舞台上发挥着越来越重要的作用。但是,治理主体非正式化必然会引发包括主体合法性危机在内的诸多问题。

归结起来,造成全球金融治理主体朝着上述两个维度碎片化发展的原因主要有以下三个方面。

(一)全球治理理论与全球金融治理主体碎片化

从全球治理的内涵来看,全球治理理论最明显的特征在于它强调治理主体的多元化。全球治理理论的主要创始人之一詹姆斯·N.罗西瑙曾明确区分"治理"与"政府统治"两个概念,指出两者之间存在的重大区别：与后者不同，前者指的是一种由共同的目标支持的活动，这些管理活动的主体未必是政府，也无须依靠国家的强制力量来实现。除了政府之外，世界政治中至少还存在十个治理单位，包括非政府组织、非国家行动者、无主权行为体、问题网络、政策网络、社会行动、全球公民社会、跨国联盟、跨国游说团体和知识共同体。罗西瑙将这些治理单位称为新的"权威空间"。①

另一位研究全球治理的专家安东尼·麦克格鲁提出，全球治理不仅意味着正式的制度和组织——国家机构、政府间合作等——制定（或不制定）和维持管理世界秩序的规则和规范，而且意味着所有其他组织和压力团体——从多国公司、跨国社会运动到众多的非政府组织——都追求对跨国规则和权威体系产生影响的目标和对象。②

无论是从国内外学者还是从联合国全球治理委员会对于全球治理的研究来看，治理主体的多元化都是全球治理理论的内在要求。同时，全球治理理论也为全球金融治理主体多元化发展提供了理论基础。然而，随着全球金融治理主体范围的不断扩大，也可能出现这种情况：如果治理主体之间缺少合作与协调机制、治理权责界限不明确，则势必导致治理主体"各自为政"，并可能引发治理主体之间的分立和竞争，从而阻碍全球金融秩序的稳定和全球金融体制的发展。这种情况的长期存在即可被归结为全球金融治理主体的碎片化现象。

（二）"权威"的坍塌与新兴市场国家的崛起

20世纪70年代之前，国际金融规则制定主导权完全由西方发达国家牢牢掌握。20世纪70年代布雷顿森林体系崩溃之后，国际社会围绕国际金融主导权展开了十分激烈的竞争和博弈。从结果来看，新兴市场国家参与全球金融治理的代表权和份额有所提升，但尚未在本质上撼动西方发达国家的主导地位。长期被西方国家把持的全

---

① 参见〔美〕詹姆斯·N. 罗西瑙主编：《没有政府的治理——世界政治中的秩序与变革》，张胜军、刘小林等译，江西人民出版社2001版，第5页。

② 参见〔英〕戴维·赫尔德等：《全球大变革——全球化时代的政治、经济与文化》，杨雪冬等译，社会科学文献出版社2001年版，第70页。

球金融治理体制使众多发展中国家在全球金融体制中处于不利地位，发展中国家金融市场甚至成为西方国家转嫁金融风险和金融危机的最终场所。2008年美国次贷危机的爆发不仅让美国、英国、欧盟等西方发达经济体金融业遭受重创，也使其引以为傲的金融监管理念与体制陷入信任危机，饱受质疑和批评。"权威"的坍塌使得国际社会对全球金融治理体制改革的呼声日益高涨。

进入21世纪以来，世界经济呈现多极化发展态势，经济重心逐渐向东转移，新兴市场国家在世界经济中的地位逐步攀升，以中国为代表的新兴市场国家的整体性崛起已是不争的事实。同时，以金砖国家为代表的新兴市场国家谋求在更广范围、更深层次上参与全球金融治理活动的意愿愈发强烈。西方发达国家的相对衰弱与新兴市场国家的崛起，使得南北国家之间的利益矛盾、理念冲突形成新一轮的博弈。当新兴市场国家发现难以对现有治理体制进行全面和彻底的改革时，只能另起炉灶，以期在发达国家占主导的国际金融体制外谋求新发展，从而加速了全球金融治理主体的碎片化进程。

（三）传统正式治理主体难以应对国际金融发展现状

金融全球化、自由化使得全球金融市场相互融合，资金得以合法、快速地跨越国界流动，这在促进全球金融行业繁荣发展的同时，也对当下全球金融治理提出了更高的要求。首先，面对层出不穷的金融创新和纷繁复杂的金融工具，监管标准和规则本身就具有一定的滞后性，更何况传统正式治理主体以条约形式制定治理规则往往耗费时日，即便已经制定完成也有不能获得国内立法机关批准的风险，难以及时应对瞬息万变的金融市场。其次，全球金融市场的相互融合要求全球金融治理应当考虑各国现实情况与核心利益，然而在现有正式治理主体中发达国家占据主导地位，较少兼顾发展中国家国情，甚至可能出现损害发展中国家利益的情形。最后，金融全球化要求世界各国之间开展专业、务实、高效、目的性强的合作。传统正式治理主体往往是各国利益的集合体，带有相当程度的政治色彩，治理过程中需要权衡考量的内容较多，导致其内部效率、目的性相对较弱，无法达成快速有效的治理合作。可见，传统正式治理主体的治理能力无法与国际金融发展现状相匹配，也在一定程度上促进了治理主体碎片化趋势。

三、全球金融治理主体碎片化带来的挑战及应对措施

面对全球金融治理主体呈现出的上述两个维度碎片化趋势及其对全球金融治理带来的一系列挑战,国际社会正在积极寻求并采取有效措施对全球治理体制进行合理改进,以削弱全球金融治理主体碎片化带来的负面影响。

(一)区域金融治理主体推动多边金融治理主体进一步改革

当下,全球金融治理面临这样一个困境:一方面,金融全球化要求金融治理全球化,但金融治理主体的碎片化却使得原本应为一个整体的机制被人为割裂开来;另一方面,多边金融治理改革缓慢,迫使世界各主要国家另辟蹊径,采取区域化的方式寻求有效治理,以维护各自金融领域发展利益。实际上,这个问题看似矛盾和对立,但并非没有破解调和之法。首先,在构建和发展区域金融治理平台时,应当明确金融治理区域化只是手段,其最终目标仍然是实现金融治理的全球化。其次,区域与多边治理主体之间不应是敌对关系,而是一种相互补充、良性竞争的关系。最后,在注意避免两者间产生紧张关系的同时,应当通过利用两者间的良性竞争推动多边治理主体不断改革,以达到区域至多边层面的趋同化发展,从而实现多边治理主体的进一步完善。中国推引创建的亚投行就是最好的例证。中国曾多次申明,创设亚投行不是为了挑战 WB、亚洲开发银行等现有国际货币金融体制,而是"同现有多边开发银行相互补充,应该以其自身优势和特色给现有多边体系增添新活力,促进多边机构共同发展"[1]。

(二)增强金融治理主体的代表性与正当性

全球金融治理主体碎片化给全球金融治理带来的另一难题是如何有效增强金融治理主体的代表性与正当性。从宏观角度来看,包

---

[1] 《习近平在亚洲基础设施投资银行开业仪式上的致辞》,新华网,2016 年 1 月 16 日,http://www.xinhuanet.com/politics/2016-01/16/c_1117796389.htm,2016 年 1 月 16 日访问。

括 IMF、FSB 在内的诸多金融治理主体均存在代表性亟待提升的问题。以 IMF 为例，IMF 理事会由 189 个成员国代表组成，但每个成员国的代表性与它所持有的份额成正比，这就导致南北两类国家投票权先天分配严重不均的现象。尽管从 IMF 生效之日起，各国持有份额经历了 14 次总检查和多番调整，发展中国家在 IMF 中的话语权得到逐步提升，但其所占份额与发展中国家数量仍然不成正比。IMF 理事会于 2010 年年底批准的 IMF 份额和治理改革方案，由于美国多次使用一票否决权，直至 2016 年 1 月 26 日才正式生效。可见，在现有多边金融规则体系下，增加发展中国家在多边金融治理体制中的代表性与话语权任重而道远。

从微观角度而言，全球金融治理理论要求治理主体多元化，但在治理主体范围不断扩大的同时，也应注意治理主体的特殊身份。例如，跨国金融企业具有双重身份，既是被监管者同时也是治理者，因此，它作为金融治理主体参与金融治理过程，尤其是参与全球金融监管及规则制定，应当受到一定的限制，以避免可能存在的利益冲突，从而提升金融治理主体的正当性。

（三）完善全球金融治理主体间的协调机制

在金融治理主体多元化的背景下，全球金融治理主体间完善的协调机制将会提升各治理主体金融治理的效率和能力。反之，如果治理主体间协调机制缺位，则会加剧治理主体碎片化趋势。具体来说，该协调机制有三个核心议题：第一，多元化的金融治理主体需要一个能够强有力整合各个国际金融机构、国际金融监管机构以及各国金融监管当局的权威性机构，而根据 2009 年 G20 领导人伦敦峰会《加强金融体系宣言》设立的 FSB 正是统筹全球金融治理的绝佳平台。《金融稳定理事会章程》第 1 条就明确其目标为"在国际层面协调国内金融当局和国际标准制定机构之间的工作以发展和促进有效规则、监管和其他金融部门政策的执行"。尽管与 IMF 成员国数量相比，FSB 的代表性仍显不足，但与其前身 G7 创设的 FSF 相比，FSB 的代表性有了较大幅度的提升，由原先 7 个发达国家组成的"富国俱乐部"发展至成员包括 25 个国家和地区（其中欧盟作为一个整体）。此外，FSB 对发展中国家较为友好、开放的态度在未来有望吸纳越来越多的国家参与进来,其权威性也将会随之不断提升。

第二,金融治理主体之间的职权划分需要明确、清晰,以避免因职能重合而可能带来的资源浪费和效率缺失,防止因金融监管主体存在交叉监管、恶性竞争而导致监管套利和监管竞次(race to the bottom)。有学者认为,IMF 目前在减贫和发展领域的频繁介入,不仅与其他多边金融机构存在职能重合,造成资源浪费,还可能影响 IMF 实现其自身的核心目标。① 反观亚投行,其职能被限缩在区域内发展领域的公共和私营资本投资,尤其是基础设施和其他生产性领域的发展,② 这就与 WB、亚洲开发银行在职能上形成互补。此外,亚投行还主张与其他多边和双边金融机构紧密合作,推动区域合作和伙伴关系,从而应对发展挑战。③

第三,各治理主体之间还应当进行务实合作和资源整合,共同为全球金融稳定贡献力量。1999 年,WB 和 IMF 利用各自的平台优势联合推出的"金融部门评估规划"(Financial Sector Assessment Program,FSAP)和《关于遵守标准和守则的报告》(Reports on the Observance of Standards and Codes,ROSC)可以说是金融治理主体间开展务实合作的典范。FSAP 和 ROSC 通过对一国金融体系综合状况以及一国遵守国际标准的情况进行评估,对相关国家的金融监管情况起到实际上的督促作用,从而确保金融体系整体的稳健性。

第三节　全球金融治理规则的碎片化困境

当前,全球金融治理主体的多元化是全球性金融治理体制的主

---

① 实际上,减贫和发展领域已有专司其职的多边金融机构,即 WB 和区域开发银行。IMF 在发展领域的过多介入会占用和转移其有限的资源,从而影响其通过政策监督和危机管理来促进全球货币、金融和经济稳定的核心职能。参见廖凡:《国际货币金融体制改革的法律问题》,社会科学文献出版社 2012 年版,第 9—10 页。
② See Asian Infrastructure Investment Bank Articles of Agreement, Art. 2.
③ Ibid., Art. 1.

要特征，治理规则的碎片化则是全球金融治理多元化的直接产物。规则碎片化所带来的规则之间的相互冲突，极大地阻碍了全球金融治理体制的进一步完善。为此，当务之急是要通过客观审视当前国际金融治理规则的现状及其碎片化趋势，剖析现有规则间的矛盾冲突，从而找寻现实可行的破解之策。

一、全球金融治理规则现状及其碎片化趋势

按照性质和内容，作为全球金融治理体制中核心组成部分的全球金融治理规则，大致可分为国际货币制度、金融服务贸易规则和专业性国际金融标准规则。从制定主体来看，这些规则来自不同的规则制定机构，规则间存在明显的差异性。具体来说，规则制定主体的多元化，直接导致规则的碎片化趋势；从规则制定程序上看，规则的提出、修改及最终形成主要在大国主导下进行，小国利益容易被忽视；从规则内容上看，这些规则各有侧重，适用于不同金融领域，但又有相互交叉重合的部分，使得规则之间存在潜在的冲突可能性。

（一）国际货币制度

IMF是国际货币制度的主要构建者。1944年7月，44个国家在美国新罕布什尔州的布雷顿森林召开国际货币金融会议，建立了以美元为中心的国际货币体系，即布雷顿森林体系。同时，会议宣布成立IMF和国际复兴开发银行（WB前身）两大国际金融机构。前者负责向成员国提供短期资金借贷，维持国际收支平衡，以稳定国际货币体系为核心目标；后者通过提供中长期信贷促进成员国经济复苏。随着20世纪70年代布雷顿森林体系的解体，IMF和WB的职能、工作重心以及相关的国际货币制度也发生了改变。如今，WB的工作主要涉及各个社会与经济发展领域，通过提供各种金融产品和技术援助，以实现可持续发展的方式消除极端贫困和促进共享繁荣。而《IMF协定》则在20世纪60年代和70年代先后经历了两次重大修改，尤其是第二次修改形成的《牙买加协定》，在确认浮动汇率合法性的同时，却未对稳定汇率和货币体系作出实质性的安排，即便成员国实施扰乱汇率的行为并危及货币体系稳定，IMF也无权

采取任何制裁措施。因此，该协定形成的牙买加体系也被学者称为"国际无体系"。① 此后，失去维持固定汇率职能的 IMF 只能逐步将工作重心转向汇率监察、政策监督和危机预防。值得一提的是，由于 IMF 和 WB 均采取加权表决制度，而以美国为首的少数西方国家持有 IMF 和 WB 大部分份额和投票权，导致这两个机构的重大决策（包括具体规则的制定）事实上掌握在这些国家手中。

正是不满于西方少数国家长期把控国际货币制度的制定权，新兴市场国家在区域层面推引创设了诸如亚投行、金砖银行、金砖应急储备安排、清迈倡议等一系列颇具成效的货币合作制度和平台。然而，需要特别指出的是，随着类似协定、规则数量的增多，若不能及时进行有机整合，恐会导致国际货币制度的碎片化加剧，这与构建相对统一的国际货币制度的愿景将背道而驰。

（二）金融服务贸易规则

作为 WTO 乌拉圭回合谈判取得的重要成果之一，1995 年 1 月，世界范围内第一个具有法律约束力的《服务贸易总协定》（General Agreement on Trade in Services，GATS）正式生效。GATS 的生效，对推动全球服务贸易自由化、制度化发展产生了深远影响。金融服务贸易作为服务贸易的重要组成部分，因敏感性、重要性而成为 GATS 制定过程中的重点议题之一。从具体规则来看，GATS 金融服务贸易规范主要由两个部分构成，一部分是以最惠国待遇原则、市场准入原则、国民待遇原则为核心的适用于所有服务贸易的一般条款。另一部分是针对金融服务贸易的特别规则，包括《关于金融服务的附件》《关于金融服务的第二附件》《关于服务贸易总协定金融服务承诺的谅解书》② 以及《GATS 第五议定书》，除对"金融服务"的范围和定义、金融审慎例外条款、争端解决、具体承诺的权利义务框架等方面作出更为细化的规定外，还包括 GATS 成员在具

---

① See Joseph Gold, The Second Amendment of the Fund's Articles of Agreement (Bound Offprint From International Monetary Fund, Pamphlet Series, No. 25), 1978, pp. 12–14.

② 《关于服务贸易总协定金融服务承诺的谅解书》独立于 GATS 之外，由参加金融服务贸易谈判的各方自愿选择遵守，是 WTO 体制内关于金融服务贸易的选择性规定。

体承诺表中作出的与金融服务贸易领域相关的市场准入和国民待遇的承诺。

在过去的二十多年中,GATS 对全球服务贸易发展的促进作用是有目共睹的,它所提供的多边服务贸易规则成为 WTO 成员共同遵循的准则,具有划时代的意义。然而,GATS 一般规则以及金融服务特别规则的缺陷也是显而易见的,其稀少的条款数量、狭窄的规范范围实际上无法涵盖当今金融服务贸易更为广泛的畛域,难以适应当前全球金融服务贸易高速发展的现状。更为重要的是,WTO 多哈回合的停滞不前使得金融服务贸易规则的更新举步维艰,进展缓慢。因此,世界各主要国家,特别是西方发达国家为保持自身服务贸易领域的优势,只能通过区域合作的方式推动金融服务贸易规则的升级。其中,最引人注目的是以美澳为主导的《服务贸易协定》(Trade in Services Agreement,TiSA)谈判。[①] 无论是从谈判目的还是谈判方在全球金融服务贸易领域的影响力来看,可以预见的是,TiSA 一旦达成,将在极大程度上影响全球金融服务贸易规则的走向,很有可能如谈判方所期望的那样成为 GATS 规则的 2.0 版。2015 年 3 月 10 日,欧盟首次对外公布 TiSA 谈判指令,明确其在 TiSA 谈判中的立场。该谈判指令第 2 条提出,为使 TiSA 将来能够顺利纳入 GATS,TiSA 将吸纳 GATS 的核心条款,同时还会设置加入条款,以便更多的 WTO 成员可以选择加入。[②]

除了发达国家之间的合作,包括中国在内的发展中国家同样也在采用区域合作模式,以期扩大自身的影响力,在全球金融服务贸易新秩序构建过程中发出更大声音。以中国为例,截至 2020 年 12 月底,中国已签署 19 个自由贸易协定(Free Trade Agreement,FTA),涉及 26 个国家或地区。其中,中国在中韩 FTA 谈判中,首

---

① 由于多边框架下服务贸易自由化谈判几乎陷于停滞,因此,美国、欧盟、澳大利亚、日本等尝试通过诸边协商方式,推动服务贸易自由化进程和主导高标准的全球服务贸易投资规则制定。这 24 个经济体于 2012 年初启动关于 TiSA 的早期磋商,于 2013 年 3 月开始正式谈判。

② 参见谢伟:《欧盟宣布加入诸边服务贸易协定谈判》,人民网,2013 年 3 月 29 日,http://world.people.com.cn/n/2013/0329/c157278-20969180.html,2017 年 9 月 28 日访问。

次专门设置金融服务章节,在 GATS 的基础上,对透明度、金融审慎例外及相关措施、支付与清算系统以及金融服务争端解决作出更为细化和具体的规定,与 GATS 条款相比,具有更强的实际可操作性。综上所述,不难发现,在金融服务贸易规则领域同样也呈现出区域化、碎片化的趋势。

(三)专业性国际金融标准规则

事实上,当前全球金融治理的大部分规则均来自跨政府组织网络,拥有国际金融规则制定职能的跨政府组织网络也被称为"国际金融标准制定机构"(standard-setting bodies),其制定和发布的规则即是专业性国际金融监管标准规则。例如,BCBS 制定的《巴塞尔协议Ⅰ》到《巴塞尔协议Ⅲ》,IOSCO 制定的《证券监管目标与原则》,IAIS 发布的《保险公司治理的核心监管原则》等。从数量上看,国际金融标准与规则数量众多,由分散的、相对独立的各个专业性国际金融标准制定机构主导制定,碎片化现象明显。就内容和效力而言,这些规则特点鲜明,均呈现出专业化、软法化的发展趋势。前者体现在特定的国际金融标准制定机构制定与其专业相匹配领域的规则,如 BCBS 专门制定银行业规则,IOSCO 和 IAIS 分别制定证券、保险行业监管规则;后者则反映在这些规则通常是在各国监管机构和财政部门之间达成,而监管机构无权单方面或单独制定国际条约,因此非正式性就成为机构间跨境合作的必然特性,达成的规则并无法律上的约束力。①

专业性国际金融监管标准规则呈现出前述发展动态,究其原因,主要是源于金融领域本身专业性、敏感性、多变性的特征。首先,国际金融治理的专业性、技术性极强,需要大量相关领域专家以及富有监管实践经验的各国监管机构进行合作,才能制定出高质量的、专业性强的监管规则。同时,以专业划分金融监管标准制定机构有利于聚集资源,能够在一定程度上提升效率。其次,国际金融监管具有敏感性的特质。长期以来,金融管制都属于一国国内事务,他

---

① See Chris Brummer, How International Financial Law Works (and How It Doesn't), *Georgetown Law Journal*, Vol. 99, Iss. 2, 2011, pp. 257-285.

国无权干涉。同时,金融业对一国经济发展和国家安全的重要性不言而喻,各国对国际金融监管规则制定以及相关责任义务的承担十分慎重。加之各国国情不同,其核心金融利益存在较大的差异性。因此很难在多边范围内达成专业性的金融监管条约。最后,面对金融创新日新月异的挑战,金融监管规则也应适时地作出调整,才能迅速、及时、有效地填补监管漏洞,防止监管套利的发生。但是,签订正式的国际条约往往需要较长的时间周期,耗费大量的人力、物力。条约签订后,还需要经历国内审批程序。从起草条约到条约真正发挥实际作用已颇耗时日,更别提条约生效后为了能够跟上国际金融市场的发展需要迅速、及时、有效地对其加以修改了。

二、全球金融治理规则碎片化带来的影响

当下全球金融治理规则呈现出的碎片化发展走向,势必对全球金融治理带来深远的影响,具体体现在以下三个方面:

(一)全球金融治理规则间的冲突问题

由于国际统一立法机关的缺位,导致目前全球金融治理规则间缺乏协调一致性,规则之间不可避免地存在差异性,进而引发条约规则的冲突与矛盾,阻碍国际金融的长远发展。

任何法律秩序中都有规则冲突的现象。[1] 从世界范围来看,学界对国际规则间的冲突研究由来已久,对于条约规则冲突形成狭义与广义的两种理解,前者将条约规则冲突限制在义务性规则之间,而后者则认为条约规则冲突不但发生在义务性规则之间,也发生在义务性规则与授权性规则之间。[2] 事实上,IMF 与 WTO 规则之间在"资本流动"(capital movement)议题上存在着义务性规则与授权性规则的冲突,导致这一问题产生的原因在于 GATS 与《IMF 协定》

---

[1] See Report of the Study Group of the International Law Commission: Fragmentation of International Law: Difficulties Arising from the Diversification and Expansion of International Law, 13 April 2006, A/CN.4/L.682, para 26.

[2] 关于条约规则冲突的界定问题,参见张宇舟:《国际条约规则冲突的界定与应用》,载《法律适用》2014 年第 5 期,第 38—42 页。

资本流动规则的差异和冲突。① 根据《IMF 协定》，成员国不得限制经常交易支付，而对于国际资本流动各国享有规制权。② 但在 GATS 规则下，除了出现严重国际收支平衡困难、金融审慎例外以及 IMF 要求之外，成员不得对资本交易作出任何限制。③ 根据 GATS，成员如果对特定服务贸易领域作出准许开展跨境服务（模式一）的承诺，且资本流动是服务本身必需的部分，则不得对此作出任何限制；如果对特定服务贸易领域作出允许开展商业存在（模式三）的承诺，则不得对资本流入作出限制。④ 此外，GATS 中对短期资本流动，如"国际游资"（international fluid capital），没有作出特别的例外规定。但是，如果 GATS 成员严格履行其条约义务，则会面临极大的金融风险。这也解释了为什么在实践中拉丁美洲及东南亚国家常常会对资本流动施加限制，即便这样会违反其根据 GATS 作出的资本账户自由化承诺。⑤

除此之外，IMF 与 WTO 规则之间相互重合交叉的部分，可能导致 IMF 与 WTO 之间的管辖权冲突。一般而言，国际货币领域的问题原则上由 IMF 处理，国际贸易问题则由 WTO 管辖。但是，根据 WTO 相关规则，在出现严重国际收支不平衡的情况下，一国可以采取数量限制等贸易措施来减少国际贸易逆差，或者通过实施外汇措施来限制对外支付，以起到阻止外国商品或服务进口的效果。正是由于外汇措施和贸易措施在目的和效果上具有混合交叉的性质，使得相关问题的管辖权界定变得相对困难起来。即便

---

① See Gabriel Gari, GATS Disciplines on Capital Transfers and Short-term Capital Inflows: Time for Change?, *Journal of International Economic Law*, Vol. 17, Iss. 2, 2014, p. 399.

② 《IMF 协定》第 6 条"资本转移"之第 3 款"资本转移的管制"规定："成员国可以采取必要的管制，以调节国际资本流动，但这种管制，除第七条第 3 款（b）项及第十四条第 2 款规定外，不得限制经常性交易的支付或者不当地阻滞清偿债务的资金转移。"

③ 参见 GATS 第 11 条、第 12 条。

④ 参见 GATS 第 16 条。

⑤ See Federico Lupo Pasini, The International Regulatory Regime on Capital Flows, https://www.adb.org/sites/default/files/publication/156194/adbi-wp338.pdf, last visited on June 20, 2019.

IMF 与 WTO 通过长期实践与合作在国际收支平衡问题上形成共识,[①]但如果缺乏有效的协调合作机制,那么该冲突仍无法得到妥善解决。

(二) 全球金融治理规则适用的复杂性与不确定性

全球金融治理规则碎片化往往会造成规则适用上的复杂化与不确定性,从而不利于全球金融治理规则体系的建立。对于数量庞杂且与其他国际经贸规则相交杂的国际金融治理规则,规则适用的复杂性不言而喻。举例而言,随着 FTA 的数量不断增加,不同国家之间适用不同 FTA 中的规定,不仅增加了国家行政监管部门的工作负担,还可能由于 FTA 中金融服务规则的差异性,造成金融服务提供者"挑选协定"(treaty shopping)的情况出现。另外,国际金融标准制定机构制定的一系列监管原则和标准,其执行需要经过各国国内监管机构的解释方得适用,但对于完全相同的条款,不同的监管机构也可能作出完全不同的解读,这在一定程度上增加了规则适用的不确定性,不利于规则制定目的的最终实现。值得一提的是,规则本身的模糊性,也是导致规则适用不确定性的根源之一。例如,GATS 中金融审慎例外条款[②]适用范围的模糊性,导致该条规定缺乏实际可操作性,同时也增加了成员援用该条款的举证压力。

(三) 全球金融治理规则缺乏有效的约束力和执行力

一方面,与现有国际贸易规则体系相比,国际金融治理体制最显著的不足在于其缺少争端解决机制,这是国际金融治理规则缺乏约束力和执行力的重要原因之一。《IMF 协定》虽然几经修改,但国

[①] 在外汇措施与贸易措施的区分问题上,如果一项措施直接影响到外汇的取得和使用,就构成外汇措施,由 IMF 遵循技术方法来管辖;如果一项措施属于对货物和服务的限制,则构成贸易措施,由过去的《关税与贸易总协定》(General Agreement on Tariffs and Trade, GATT) 和当今的 WTO 规则来处理。详细论述参见韩龙:《论 IMF 与 WTO 在国际收支平衡问题上的分工合作关系》,载《江苏行政学院学报》2006 年第 2 期,第 96—102 页。

[②] 《关于金融服务的附件》第 2 条"国内法规"第 1 款第 1 句规定:"尽管有本协定任何其他规定,但是不得阻止一成员为审慎原因而采取措施,包括为保护投资人、存款人、保单持有人或金融服务提供者对其负有信托责任的人而采取的措施,或为保证金融体系完整和稳定而采取的措施。"

际社会仍未能在 IMF 框架内建立起争端解决机制。实际上,正是 IMF 实施强制措施的权力未能得到确认,才使得其在面对成员国违反条约义务时显得无所适从或无能为力。

另一方面,由于超国家立法和执法机构的缺位,使国际法在强制性和约束力上逊于国内法,而在国际金融法领域,规则约束力和执行力问题尤为严重。如前所述,在全球层面大量存在的专业性国际金融标准规则并非一般意义上的国际法,通常被认为是国际金融软法。《国际法院规约》第 38 条第 1 款是关于国际法渊源的权威阐述。① 从该条款规定来看,专业性国际金融标准规则显然并未被涵盖,它们既非国际协约,也未被认为构成国际习惯,故并不具有国际法上的约束力。

尽管国际金融软法没有法律上的约束力,但这并不意味着国际金融软法未发生实际效力,只不过其效力存在高低之分。② 事实上,国际金融软法实际效力高低主要取决于各国对国际金融软法的认可程度。国内立法与监管机构对规则认可程度越高,其执行力自然越强,越有可能转化为国内法而强制适用,或者被纳入与其他国家达成的条约。而各国对特定规则的认可度与规则的正当性和实施的有效性密切相关。规则的正当性是指民主治理背后的价值观。法只有符合民主原则才具有正当性,这是世界各国普遍接受的准则,因此,各国在国际金融规则制定过程中的参与程度决定了这些规则的正当

---

① 《国际法院规约》第 38 条第 1 款规定:"法院对于陈诉各项争端,应依国际法裁判之,裁判时应适用:(子)不论普通或特别国际协约,确立诉讼当事国明白承认之规条者。(丑)国际习惯,作为通例之证明而经接受为法律者。(寅)一般法律原则为文明各国所承认者。(卯)在第五十九条规定之下,司法判例及各国权威最高之公法学家学说,作为确定法律原则之补助资料者。"

② IMF 和 WB 联合推出的 FSAP 曾对诸多典型国际金融软法进行了调查,其结果表明不同国际金融标准制定机构制定的国际金融软法在实践中的效力大不相同,市场参与者对不同软法规则的使用情况也不相同。按照 5 级评分(1 分代表"几乎不使用",5 分代表"绝大部分使用")来打分,巴塞尔核原则得分为 3.39,IAIS 发布的准则得分为 1.42,IOSCO 发布的准则得分为 1.70。See Prepared by the Staffs of the International Monetary Fund and World Bank: The Standards and Codes Initiative—Is It Effective? And How Can It Be Improved?, July 1, 2005, http://www.imf.org/external/np/pp/eng/2005/070105a.pdf, last visited on June 26, 2009, p. 41.

性。尽管各国的民主参与实际上只是对规则制定机构行为的一种象征性确认,但这仍是使各国感受到规则约束力的关键所在。[①] 具体来说,正当性主要包含立法主体的合法性和立法程序的民主性两个方面。在全球金融规则的制定中,立法主体的合法性体现在立法机构是否允许更多的国家参与进来以及是否拥有相应的专业能力制定规则,即立法主体本身的代表性和专业性。立法程序的民主性表现为立法的最终决策是否民主,是否充分考量各方的利益诉求;规则实施的有效性则更关注规则的实效性,即规则的实施是否能够对稳定国际金融市场、预防金融危机发生产生实际效果。正是由于现有国际金融规则在正当性和实施的有效性上存在或多或少现实的不足,致使其约束力与执行力存在欠缺。

三、破解全球金融治理规则碎片化困境之路径选择

从现实来看,尽管通过达成全面的多边金融监管条约以解决全球金融治理规则碎片化问题几乎是不可能的,[②] 但这并不代表国际社会对规则碎片化带来的一系列问题无能为力。相反,世界各国更应携起手来,积极采取应对措施,以削弱全球金融治理规则碎片化带来的负面影响。

(一)建立和完善国际组织之间常态化冲突协调与合作机制

建立国际组织之间常态化冲突协调与合作机制是解决现有规则权利义务冲突的有效路径。目前,WTO与IMF之间的协调合作模式已为其他国际组织之间建立冲突协调与合作机制提供了可资借鉴的范本。

在建立WTO过程中,谈判方就已考虑到WTO应如何处理其与

---

① See Robert P. Delonis, International Financial Standards and Codes: Mandatory Regulation Without Representation, *New York University Journal of International Law and Politics*, Vol. 36, Iss. 2, 2004, pp. 618-619.

② 即便是在高度一体化的欧盟,缔结全面金融监管条约的想法也在20世纪80年代就已被放弃。欧盟关于监管一致性的初期实验证明,以硬法条约为基础达到金融监管的完全一致性显然是不可能的。参见〔美〕道格拉斯·沃纳、〔英〕迈克尔·泰勒:《全球金融危机和金融稳定委员会:硬化国际金融软法?》,管斌、杨阳译,载《金融服务法评论》2013年第5卷第2期,第272—296页。

包括 IMF 在内的国际组织的关系。1993 年 12 月 15 日，贸易谈判委员会通过一份部长决定和宣言《关于世界贸易组织对实现全球经济决策更大一致性所做贡献的宣言》，明确规定了 WTO 与其他国际组织进行合作的基本准则。[①] 首先，明确协调合作的目标，即实现全球经济决策的一致性。决策的非一致性是规则冲突的根源，而目标的明确能够对国际组织间合作起到方向指引的作用。其次，确定协调合作的基本规范。国际组织间开展合作应建立在尊重各自独立性的基础上。开展合作不得侵犯各机构内部的保密要求，不得逾越机构授权的事项，并且保证合作方在最终决策中享有必要的自主权。最后，对协调合作的最终成果作出一定的限制。决策的结果应避免对各国政府强加交叉条件或额外条件。1996 年 11 月 25 日 WTO 与 IMF 签订的《IMF 和 WTO 合作协定》则是双方针对国际收支平衡问题管辖权冲突作出的进一步协调合作规范，具体规定了包括相互协商、相互出席对方的各种会议、相互交换文件和信息资料以及共同协调的合作义务。[②] 这些原则性条款共同构成 WTO 与 IMF 常态化冲突协调与合作机制的基本框架。在金融混业经营的背景下，诸多以行业划分的专业性国际金融标准制定机构同样存在规则权利义务与管辖权的冲突问题。因此，国际金融标准制定机构应合理借鉴 WTO 与 IMF 之间的合作模式，互相之间通过签订协议或者谅解备忘录的形式达成一致，使协调合作机制向制度化、常态化的方向发展，以应对全球金融治理规则的冲突和挑战。

（二）积极推动全球金融治理规则硬法化

面对数量庞杂并呈碎片化的国际金融治理规则，积极推动全球

---

① 《关于世界贸易组织对实现全球经济决策更大一致性所做贡献的宣言》第 5 段提出，经济政策不同方面的相互联系要求负责每一领域的国际机构遵循一致和相互支持的政策。因此，WTO 应推行和发展与负责货币与财政问题的国际组织的合作，同时遵守每一机构的授权、保密要求以及在决策中的必要自主权，并避免对各国政府强加交叉条件或额外条件。此外，部长们还提请 WTO 总干事与 IMF 总裁和 WB 行长一起审议 WTO 与布雷顿森林体系机构合作的职责所产生的含义以及此种合作可能采取的形式，以期实现全球经济决策的更大一致性。

② See IMF, Press Release: WTO and IMF Sign Cooperation Agreement, December 9, 1996, https://www.imf.org/en/News/Articles/2015/09/14/01/49/pr9661, last visited on Dec. 27, 2017.

金融治理规则硬法化无疑是缓解全球金融治理规则，尤其是专业性金融监管标准规则软法化的一剂"良药"。问题的关键在于，以何种形式硬化规则以及硬化哪些规则。

对于以何种方式硬化规则，我们认为不应只立足于从法律上硬化规则，而是应该从规则执行的角度入手，通过事实上的硬化①与法律上的硬化相结合的方式，提升国际金融软法对各国的实际约束力。国际法学者韦斯认为，随着时间的推移，软法大致会向以下四个方面发展：一是成为正式条约的规定，二是成为国内法的一部分，三是成为进一步合作的框架和制定更具体规则的过渡，四是成为习惯法。②从效果来看，这种观点强调软法在法律层面上的硬化：（1）软法向国际法的转变，包括各国认可软法中的相关规定从而缔结正式条约，或者经过各国长期实践达到法律确信使软法规范成为一种国际习惯法。（2）软法向国内法的转变，国家立法机关将特定软法规范纳入国内法，从而产生强制适用的法律效果。值得注意的是，与其他国际经济领域治理相比，全球金融治理领域具有特殊性。如前所述，全球金融治理规则呈现出软法化的发展趋势主要是由于金融领域本身专业性、敏感性和多变性的特征，因此全球金融治理领域可能长期需要依靠国际金融软法，仅强调法律层面上的硬化方式，不具有现实可操作性。

事实上，对于国际金融软法的硬化路径，除了法律上的硬化，还可以通过事实上的硬化，从而达到提升全球金融治理规则约束力和执行力的目的。例如，反洗钱金融行动特别工作组（Financial Action Task Force on Money Laundering，FATF）就曾通过定期对成员方和非成员方反洗钱标准的执行情况进行评分，将评分不合格者列入"不合作国家和地区"（Non-Cooperative Countries and Territo-

---

① 事实上的硬化是指运用事实上的强制力或者政治、经济方面的影响力来保证国际社会对软法的遵守，尤其表现为通过特殊的激励或者惩罚机制来保证软法的实施。参见漆彤：《国际金融软法的效力与发展趋势》，载《环球法律评论》2012年第2期，第157—159页。

② See Edith Brown Weiss, Conclusions: Understanding Compliance with Soft Law, in Dinah Shelton (ed.), *Commitment and Compliance: The Role of Non-Binding Norms in The International Legal System*, Oxford University Press, 2000, pp. 535-553.

ries)名单并进行"点名羞辱"(naming and shaming),利用这种非法律层面的方式来向相关国家或地区施加压力,迫使其遵守标准。从实际效果看,经过这种监督性的评估,"不合作国家和地区"已从2001年的23个降到2006年的0个,足见其效果显著。

至于硬化哪些规则,即哪些规则具有可硬化性,首先应当考虑的是对象规则的正当性和实施的有效性。如本节第二部分"全球金融治理规则缺乏有效的约束力和执行力"中所述,规则的正当性和实施的有效性直接决定了各国对规则的认可程度,只有达到相当高认可程度的软法规则才有硬化的可能性。

从现实操作层面来说,国际金融软法硬法化可通过建立常态化的机制得以逐步实现。首先,FSB可在碎片化的国际金融软法中挑选对国际金融稳定具有特别重要性和迫切性的原则和标准作为硬法化的对象,并向G20领导人峰会报告。作为协调各个国际金融组织及国际金融标准制定机构的统筹平台,FSB有充分的能力挑选出具有规则正当性、实施有效性的专业性国际金融监管标准。其次,由G20领导人峰会进行审议,决定是否采纳FSB的报告,并将专业性国际金融标准规则升级为具有国家意志性的"峰会承认的国际金融监管标准"[①]。考虑到G20领导人峰会采取协商一致的决策方式,因此"峰会承认的国际金融监管标准"的实际效力和执行力会超过一般专业性国际金融标准规则。最后,对"峰会承认的国际金融监管标准"采用事实与法律硬化相结合的方式,切实提升全球金融治理规则的约束力和执行力。

第四节 全球金融治理体制中的不公平困境

目前,全球金融治理体制中存在诸多困境,包括美元霸权的不

---

① G20领导人峰会同意或者承诺实施的国际金融监管标准称为"峰会承认的国际金融监管标准",这些标准不但是相关国家金融监管立法和实践的反映,而且也是G20领导人基于维护全球金融稳定的共同利益达成的意志协调,具有国家意志性。参见周仲飞:《全球金融法的诞生》,载《法学研究》2013年第5期,第178页。

公平性、全球金融治理结构的失衡性、全球金融治理规则制定的不透明性等,这些现象背后是世界各国经济发展水平的极端不平衡性以及金融治理体制内在价值与理念的缺陷性。面对当前的困境,国际社会应当在避免不公平现象进一步恶化的基础上,采取必要的改革措施以期建立更加公平合理的全球金融治理体制。

一、全球金融治理体制不公平困境及其根源

全球金融治理体制存在的现实不公平性,不仅会打击世界各国,尤其是新兴市场国家参与全球金融治理的积极性,降低其对现有治理体制的认同感,从长远看更会成为阻碍全球金融业发展的一大负面因素。因此,有必要在探寻全球金融治理体制不公平现状及其根源的基础上,寻求有效的解决路径。

(一)美元霸权的不公平性

二战后期,美英两国政府出于本国利益的考虑,分别提出了"怀特计划"和"凯恩斯计划"。但是,英国经济因遭受战争的沉重打击,已难续往日的辉煌,而美国却在战争中大发横财,一跃成为世界最大的债权国,并在经济、政治、军事各方面形成压倒性的优势,因此"怀特计划"最终胜出。紧接着,国际社会于1944年7月建立起以"怀特计划"为蓝本的国际货币金融体系,即布雷顿森林体系。诚然,该体系的建立使因战争造成的国际货币金融关系混乱局面得以平复,对战后世界经济的恢复、发展和稳定起到了一定的积极作用,具有重要的历史意义。但是,就规则本身而言,该体系是英美两个国家为维护战后自身利益进行斗争、达成妥协的结果,更多反映的是美国在当时全球经济中的绝对霸主地位和利益,带有明显的西方金融霸权主义的色彩。该体系使美元作为世界货币的地位在法律上得到确认,直接导致美元霸权的产生。

然而,由于"特里芬难题"的存在,以美元为中心的布雷顿森林体系注定无法长久维持下去。加之短短10年内连续爆发的1959年、1968年两次美元危机,导致布雷顿森林体系最终解体。然而,美元的霸权地位却并未随之烟消云散,反而在浮动汇率制下获得了

更多特权。①

除了美元作为世界货币给美国带来丰厚的"铸币税"(seigniorage)收益外,美元霸权更使美国获得了巨大的不平等利益。② 同时,与巨大的美元霸权利益不相匹配的是,无论是布雷顿森林体系还是浮动汇率制,要求美国付出的成本都是微乎其微的,几乎可以忽略不计。在浮动汇率制下,美元甚至获得了更多特权。在实践中,亚洲部分国家被迫重复日本、欧洲国家在布雷顿森林体系下的发展老路:低估本币、盯住美元、促进出口、积累美元储备并将其投资于美国国债。③ 美国在享有霸权利益的同时,却并未承担相应的国际义务,国际社会也未形成有效机制对其实施监督与限制,以致美国可以堂而皇之地把调整经济失衡以及缓解金融危机的负担转嫁给全球其他国家。例如,为了能够尽快走出2008年次贷危机的阴影,美联储一而再地实行量化宽松货币政策,浑然不顾美元贬值和投机资本的涌入给新兴市场国家经济复苏带来的负面影响。正如时任美联储主席格林斯潘1999年所说,美国的货币政策不会像关注美国的福利状况那样关注世界其他地方的福利。④

(二)全球金融治理结构的失衡性

美元作为当今全球最为主要的世界货币,对全球金融市场稳定影响程度之深不言而喻。然而,作为国际货币体系监管核心组织的

---

① 在布雷顿森林体系下,美国有义务维持美元汇率稳定。而在浮动汇率制下,美国已被免除这项义务。面对20世纪90年代开始不断增加的对外债务,美国仍然可以实施低利率政策,并在泡沫经济崩溃之后实施大规模的财政赤字政策。

② 为满足其他国家对美元的巨大需求,对外直接投资就成为美元输出的一个主要渠道。以本国发行的价值被高估的货币购买其他国家的资产,其收益是不言自明的;美元被人为高估使美国处于一个非常特殊的地位:它可以入不敷出,保持经常账户的赤字,而不用担心美元的贬值。即欧洲国家和日本等(外围国家)为了保持在美国商品市场上的竞争地位,需要不断地买入美元,以避免本币对美元的升值。它们选择低估本币,控制资本流动和贸易,积累外汇储备,运用美国(中心国家)作为金融中介融资。参见李向阳:《布雷顿森林体系的演变与美元霸权》,载《世界经济与政治》2005年第10期,第14—16页。

③ 有学者将这种汇率制度安排称为"复活的布雷顿森林体系"。See Michael P. Dooley, David Folkerts-Landau and Peter Garber, An Essay on Revived Bretton Woods System, NBER Working Paper No. 9971, Sep. 2003, p. 1.

④ 参见〔美〕戴维·德罗萨:《金融危机真相》,朱剑峰、谢士强译,中信出版社2008年版,第66页脚注2。

IMF，对美国施行的一系列货币政策缺乏有效监管手段也是不争的事实。究其原因，正是全球金融治理结构失衡所致。

不同于其他政府间国际组织，无论是 WB 还是 IMF，均实行加权表决制，即成员方所占份额的高低决定了其在 WB 和 IMF 中的话语权大小。事实上，投票权份额与治理结构一直以来都是 IMF 改革的重点议题之一，并已进行过多次修改。IMF 于 2010 年 12 月正式通过的投票权与治理结构改革方案是在此议题上达成的最新进展，该方案的主要意义在于：将基金组织的份额翻倍；将 6% 以上的份额从发达国家转移到发展中国家；将代表欧洲发达国家的执行董事（以下简称"执董"）减少 2 名，改由发展中国家选举产生；终止由份额排名前 5 位的成员国单独指定执董的权利，改为全部执董均通过选举产生。这些变化无疑对改善 IMF 内部治理结构失衡起到很好的推进作用，但该方案同时也触及了美国等西方发达国家的核心利益。根据《IMF 协定》第 28 条（a）项，该方案在理事会表决通过后，还需持有 85% 以上投票权的 3/5 以上数量的成员国以书面方式表示接受方可生效，而仅美国一国就持有 IMF 超过 17% 的投票权。也就是说，美国对该方案拥有一票否决权。正是美国国会迟迟未能批准接受该方案，致使 IMF 改革长期止步不前。直至 2015 年 12 月，迫于国际社会的压力，美国国会才最终批准接受该方案。需要指出的是，虽然 IMF 份额和投票权制度几经修改，但从最后的结果来看，其决策权事实上仍掌握在少数国家或国家集团手中。特别是美国，至今仍拥有 IMF 超过 15% 的投票权，对于 IMF 重大事项仍拥有一票否决权。

（三）全球金融治理规则制定的不透明性

长期以来，全球金融治理规则制定的主导权牢牢掌握在西方发达国家手中，由此引发的规则制定透明度问题同样不容回避。尤其是随着全球金融治理规则区域化、碎片化进程的不断加剧，规则制定透明度问题也愈发凸显。

在服务贸易规则领域，由部分 WTO 成员组成的"服务业挚友"（Real Good Friends of Services，RGF）集团正致力于建立新的、反映当下贸易需求的服务贸易自由化规则，并就 TiSA 展开了谈判。

美国方面的数据称,TiSA 覆盖了全球 70% 的服务贸易,年贸易规模可达 4 万亿美元。①足见 TiSA 对全球服务贸易规则重构的影响力。针对金融服务,TiSA 在其金融服务附件中纳入许多创新条款,诸如数据信息可跨境自由流动条款、服务器去地方化条款、网络开放条款等。在信息技术与新型贸易模式高速发展的背景下,这些高标准的新规则将会进一步打破各国之间跨境金融服务贸易壁垒,促进金融服务自由化程度的提高,加速金融市场更深度的融合,不仅会对一国金融领域监管带来新的挑战,更会对全球金融服务贸易整体格局产生深远影响。

然而,未来有望取代 GATS 的 TiSA 却采取暗箱操作的谈判方式,不仅谈判文本不对外公开,而且对新谈判方的加入设置诸多门槛。例如,2013 年 10 月,中国官方正式宣布申请加入 TiSA 谈判。同年 10 月 29 日,美国贸易谈判代表迈克尔·弗罗曼向中国提出加入 TiSA 谈判的五个评估标准,具体包括:中国在与美国谈判双边投资协议时的立场、上海自由贸易试验区中的改革情况、十八届三中全会宣布的改革政策、中国在过去谈判中是否积极作出高规格的服务贸易承诺,以及中国是否完全执行两国电子支付服务争端的 WTO 裁决。②对此,中国当即表示拒绝。时至今日,作为世界第二大经济体的中国仍被挡在 TiSA 谈判的大门之外。

(四)全球金融治理体制不公平现象根源分析

"利益"(interests)与"价值"(values)是国际法研究的两大考察维度。③在全球金融治理体制诸多不公平现象的背后,折射的正是世界各国在利益层面与观念层面的深层次矛盾。

从利益层面看,世界各经济发展水平极端不平衡是全球金融

---

① 参见吴家明:《多国欲加入美国主导的 4 万亿美元服务贸易协定》,证券时报网,2013 年 9 月 25 日,http://epaper.stcn.com/paper/zqsb/html/2013-09/25/content_505675.htm,2017 年 10 月 28 日访问。

② 参见杜琼、傅晓冬:《服务贸易协定(TiSA)谈判的进展、趋势及我国的对策》,载《国际经贸导刊》2014 年第 31 期,第 26 页。

③ See Kenneth W. Abbott and Duncan Snidal, Values and Interests: International Legalization in the Fight Against Corruption, Journal of Legal Studies, Vol. 31, Iss. S1, 2002, p. 141.

治理体制存在不公平现象的客观现实原因，国际治理体制的形成过程往往就是各国之间利益分配的博弈过程。一般而言，在国际治理体系中总是"强国制定规则，弱国遵守规则"，强国获得比弱国更大的利益，即遵循"能者通吃、强者主控"这一纯市场化逻辑。[①] 在国际经济秩序构建过程中也是如此，经济实力较强的国家为了获取和维护自身优势，极力推动创设能够使自身利益最大化的全球治理体制。而经济实力相对弱小的国家则存在规则创设能力和讨价还价能力的先天不足，为了谋求发展不得不在开放国内市场、让渡部分监管权力以及设置具体规则等方面作出妥协和让步。同时，各国经济实力天然存在的差异性也导致各国经济利益的非相似性，因此，这些规则体制会不可避免地在一定程度上有损于或者不利于弱国的利益。1949年阿根廷经济学家劳尔·普雷维什提出的"中心—外围"理论（Core and Periphery Theory）从国际贸易的角度深刻地揭示了中心国家与外围国家之间的整体性、差异性和不平等性，反映了世界各国经济发展水平的极端不平衡性与不公平性。在"中心—外围"框架内，技术发达的国家成为世界经济体系的"中心"国家，而技术落后的国家则沦为"外围"国家。更重要的是，"外围"国家与"中心"国家之间的不平等将随着初级产品贸易条件的长期恶化而逐步加深。也就是说，"中心"与"外围"国家之间的发展水平并不会随着贸易交往而趋同化，而是差距不断扩大。[②]

从价值层面看，全球金融治理体制蕴含的价值观——激进的自由化理念内在缺陷性与不公平性会进一步引发全球金融治理体制不公平现象的出现。新自由主义作为西方重要的经济理论流派，是西方发达国家对外推行经济政策、建立全球经济秩序所遵循的主要价值观和基本逻辑，其核心在于反对国家对经济活动的干预，主张私有化、自由化与市场化。全球金融治理作为全球经济治理的一部分，所反映的也是相同的治理价值观。不可否认，金融自由化对促进资

[①] 参见徐崇利：《软硬实力与中国推引局域性国际经济法律制度的创建——以"原则"为制高点的"自上而下"之路径》，载《国际商务研究》2018年第2期，第27页。

[②] 参见董国辉：《经济全球化与"中心—外围"理论》，载《拉丁美洲研究》2003年第2期，第50—52页。

本跨境流动从而提升全球资源配置效率起到了正面积极的作用，但在全球金融治理体制中注入激进的自由化理念则会引起诸多负面问题。20世纪90年代在拉美国家乃至世界范围内传播的"华盛顿共识"[①]正是以新自由主义作为基本理论依据而推引创立的，其本质是新自由主义极端化、教条化的结果，倡导的正是激进的自由化的治理理念，对世界各国尤其是发展中国家经济治理政策以及全球经济治理规则的制定产生了深远影响。然而，"华盛顿共识"应用于广大发展中国家的失效和失败充分证明，这种激进的自由化理念是不合理且不公平的。从实践结果来看，"华盛顿共识"在发展中国家的推行常常导致金融与货币危机的发生，并进而使发展中国家不得不承受随之而来的经济衰退和社会动荡。一方面，"华盛顿共识"主张的资本自由化和金融市场开放为大规模国际投机资本的进出大开方便之门，使得金融运行不稳定因素增多，尤其是在金融监管机制尚不健全的发展中国家，贸然实行汇率和利率市场化政策可能导致大量资本外流，金融风险急剧增加，从而使得金融与货币危机频繁发生。典型的有1994年墨西哥金融危机、1997年亚洲金融危机、1999年巴西货币危机以及2001年阿根廷金融危机，这一系列危机背后反映的正是"华盛顿共识"乃至新自由主义价值与理念的内在缺陷性。[②]另一方面，西方发达国家在获取新兴市场国家金融市场开放带来的丰厚收益的同时，却让新兴市场国家承担与其收益不相匹配的巨大风险，这是激进的自由化理念自身存在极端不公平性的体现。

二、全球金融治理体制公平化改革构想

面对现实存在的不公平现象，全球金融治理理念的改革应是全球金融治理体制公平化改革的基础。与此同时，建立多元化的国际

[①] 美国国际经济研究所的约翰·威廉姆森总结出针对拉美国家经济改革的十条政策措施，称作"华盛顿共识"。See John Williamson (ed.), *What Washington Means by Policy Reform, Latin American Adjustment: How Much Has Happened*, Washington D.C.: Institute for International Economics, 1990, p.15.

[②] 关于新自由主义与"华盛顿共识"存在的内在逻辑陷阱，参见保建云：《论新自由主义逻辑陷阱、内生极端化与华盛顿共识困境》，载《马克思主义研究》2017年第12期，第142—150页。

货币体系、优化全球金融治理结构以及提升全球金融治理规则制定的透明度则是全球金融治理体制公平化改革的重要议题。

（一）全球金融治理体制的内在价值和理念改革

事实已经证明，西方发达国家奉行的私有化、市场化、自由化三位一体的激进的自由化的金融治理理念存在内在缺陷和不公平性，已经在全球金融治理体制内引发一系列的不公平现象。因此，有必要对全球金融治理理念进行合理性改革，避免不公平困境的进一步恶化。

考虑到金融治理的区域性、复杂性和风险性，以及确保金融安全、金融稳定对一国乃至世界各国政治、经济、社会发展的极其重要性，全球金融治理理念首先应当去激进化。与此同时，金融自由化具有增强金融市场的竞争性、提升全球资源配置效率、促进各国金融业不断发展等有利的一面，故世界各国，包括新兴市场国家，均不应摒弃金融自由化之总体发展思路，而是对金融自由化实现方式作出一定的限制。

我们认为，全球金融治理理念从激进的自由化向平稳的自由化的转变是现实可行的改革方案。对于平稳的自由化而言，"平"和"稳"是改革的重点和核心。其中，"平"包含利益平衡与公平合理之内涵，即在全球金融治理体制内注入利益平衡、公平合理的发展观念。通过开展国家间互利共赢的友好协作，让全世界各国共同享受金融全球化带来的发展红利，减少世界各国经济发展水平的不平衡性，从源头上缓解不公平困境带来的负面影响。同时，在全球金融治理体制构建和完善过程中，要改变实力决定收益、强者主控的纯市场化逻辑，倡导公平合理的基本观念。特别是要在全球治理体制内建立起公平合理的责任承担机制，在认识到各国能力和水平有差异的基础上，奉行共同但有区别的责任原则，从而实现利益和责任分配对等化。近年来，中国提出的"人类命运共同体"全球治理观，就是要在追求本国利益时兼顾他国合理关切，在谋求本国发展中促进各国共同发展，是对利益平衡与公平合理价值观的中国式解读。中国将国家与国家之间的关系视为合作伙伴关系，而不是发达国家所持的竞争对手观念。① 这就使得国与国之间的敌对意味降低，从而增加了合作的可能性。

"稳"包含安全稳定和稳健有序两个金融自由化进程中各国（尤其是新兴市场国家）应当秉持的基本原则。具体而言，安全稳定是指各国应实行安全稳定的金融监管政策，其核心在于合理利用"看不见的手"和"看得见的手"，努力形成市场和政府二元作用的有机统一。政府监管不仅应注重单个层面对具体金融机构、特定金融行业的微观审慎监管，还应重视整体层面针对系统性风险的宏观审慎监管。稳健有序是指各国应实行稳健有序的金融市场开放政策。即金融市场的开放应坚持稳健有序的基本原则，不应操之过急，这样一方面可为国内相对羸弱的特定金融行业的发展争取时间，避免对发达国家金融服务业形成依赖性；另一方面，要加快建立和完善国内相关领域的监管机制，以减少金融市场开放而导致危机爆发的可能性。目前，以银行业为主的传统金融服务业已带有本土化与区域化的特点，而以资本市场为依托的投资银行业或者证券行业，涉及资本项目的开放，事关国家的深层次金融安全，发展中国家于此应更为谨慎。②

（二）建立多元化的国际货币体系

历史经验证明，单一国际储备货币不利于金融体系的稳定，储备货币多元化才是国际货币金融体系的必然发展方向。③ 在牙买加体系下，国际储备货币呈现多元化局面，日元、英镑、德国马克（后转化为欧元）等其他强势国家的信用货币也成为国际储备货币，美元作为国际储备的份额有所下降，美元霸权地位有所削弱，但美元仍是全球主导性的国际货币。2008年美国次贷危机造成的巨额损失

---

① 参见徐崇利：《软硬实力与中国推引局域性国际经济法律制度的创建——以"原则"为制高点的"自上而下"之路径》，载《国际商务研究》2018年第2期，第27页。
② 参见李国安主编：《国际金融监管法制现代化研究》，法律出版社2016年版，第9页。
③ 理论上，在一个相互竞争、相互抗衡的多元国际货币结构下，国际货币之间的竞争必然会在一定程度上对货币发行国形成约束与制约，这将促使国际货币发行各方实行更加稳健、更加负责的国际货币政策，从而促进国际货币体系的稳定。参见熊爱宗、黄梅波：《国际货币多元化与国际货币体系稳定》，载《国际金融研究》2010年第9期，第21—28页。

让世界各国深刻认识到美元霸权对世界各国财富进行掠夺的本质,美国金融危机的爆发进一步暴露了以美元为主导的国际货币体系的内在缺陷与风险。[①] 遭到危机重创的世界各国都在思考如何摆脱美元控制,构建一个多元化货币金融体系。

事实上,中国的经济总量早在2010年就超过日本,成为仅次于美国的全球第二大经济体。2013年,中国的货物贸易总额首次超越美国,成为全球第一大货物贸易国。但是,人民币的国际地位和中国作为世界第二大经济体和最大货物贸易国的地位是不相符的。在此背景下,中国政府推行人民币国际化,积极推进人民币的国际结算业务和人民币的国际债券业务是合理而且必要的。可喜的是,2016年10月1日,人民币正式被纳入IMF"特别提款权"(Special Drawing Right, SDR)货币篮子。这是IMF对人民币作为国际货币的信用背书,反映了国际社会对中国经济实力和人民币国际地位的认可。同时,这有利于国际市场把人民币作为储备货币、结算货币、投资货币,从而全面推进人民币国际化的进程,也为中国在国际货币体系多元化进程中做出更大贡献打下了坚实基础。

(三)优化全球金融治理结构

优化全球金融治理结构是全球金融治理体制公平化改革的重要一环。然而,无论是WB还是IMF,其有效运行和改革决策均严重受制于美国等少数发达国家。在此环境下,新兴市场国家对这种不公平现象作出了强有力的回应。如亚投行,中国作为最大股东,拥有一半的股份,但也只获得26.06%的投票权。同时,中国在亚投行取得的这种投票权,是根据各方确定的规则和中国在亚投行成立初期占有的股份所得出的自然结果,并非中国刻意谋求一票否决权。[②] 今后,随着新成员的加入,中国和其他创始成员的股份和投票权比

---

① 参见周小川:《关于改革国际货币体系的思考》,载《中国金融》2009年第7期,第8—9页。

② 《亚洲基础设施投资银行协定》(以下简称《亚投行协定》)第28条第2款第2项规定:"理事会超级多数投票通过指:理事人数占理事总人数三分之二以上,且所代表投票权不低于成员总投票权四分之三的多数通过。"也就是说,目前中国仅对需经理事会超级多数投票通过的少数亚投行重大决策拥有一票否决权。

例均可能被逐步稀释。① 又如，在作为对 IMF 全球货币储备机制有益补充的金砖国家应急储备安排中，中国出资 410 亿美元，占总出资的 41%，但因该应急储备安排采用部长级理事会和常务委员会的双层治理与决策机制，前者以共识决定发展问题，而后者以共识或简单多数决定业务问题。也就是说，中国在金砖国家应急储备安排中并未拥有一票否决权。新兴市场国家所作出的这一系列集体行动，无疑将产生积极的表率效应，并对多边金融机构内部治理结构优化改革起到倒逼和促进的作用。

（四）提升全球金融治理规则制定的透明度

TiSA 作为全球服务贸易规则重构的代表，其中关于金融服务贸易的新规则一直是各方关注的焦点。然而，TiSA 对外保密的谈判方式使外界无法获得其第一手谈判资料，透明度极低。同时，由于中国拒绝美国提出的五大捆绑式评判标准，TiSA 的大门始终未向中国打开。事实上，包括欧盟在内的大多数 TiSA 谈判方都同意中国的加入，只有美国和日本持反对态度。② 美日两国排斥中国、印度、巴西等新兴市场国家加入 TiSA 谈判的做法，究其目的，除了担心这些国家的加入会大大延长 TiSA 最终成型的时间外，更为重要的是，通过遏制新兴市场国家，尤其是遏制中国在全球服务贸易规则重构中的影响力，将规则制定权掌握在自己手中，以确保自身利益最大化，保持对新兴市场国家服务贸易的相对优势，并进而通过"既成事实"逼迫新兴市场国家接受西方发达国家业已形成的新规则以及进行自发性的改革。

尽管这些困难客观存在，但并不表明包括中国在内的广大发展中国家在全球服务贸易新规则制定中就无能为力或只能袖手旁观。恰恰相反，发展中国家可以通过多种方式的集体努力影响规则的最终成型。首先，通过 TiSA 谈判方中与发展中国家利益目标相同或

---

① 参见《史耀斌副部长就〈亚投行协定〉相关问题答记者问》，财政部官网，2015 年 6 月 29 日，http：//www.mof.gov.cn/zhengwuxinxi/caizhengxinwen/201506/t20150629_1262934.htm，2018 年 4 月 1 日访问。

② See New TiSA Round in Geneva this week，http：//www.borderlex.eu/new-TiSA-round-geneva-week/，last visited on June 10, 2017.

相似的国家，如巴基斯坦、墨西哥、毛里求斯等，在 TiSA 谈判中提出符合发展中国家利益的提案与看法。其次，继续加强与 TiSA 谈判方中发达和较发达国家的沟通和合作，通过达成服务贸易规则的新共识，起到潜移默化的作用，间接影响 TiSA 谈判的走向。最后，发展中国家之间也应团结起来、协商合作，采取更加透明的规则制定方式，以期形成更加公平合理且兼顾各国利益的服务贸易新规则，同时也与 TiSA 暗箱操作的谈判方式形成对比，倒逼 TiSA 谈判提升透明度，从而形成真正有利于全球金融服务贸易秩序稳定的多边规则。

第二章
新兴经济体的崛起对全球金融治理的影响

2008年全球金融危机以来,世界经济进入转型期,整个世界经济增长重心"由西向东"转移,新兴经济体成为世界经济增长的新引擎。与此同时,新兴经济体队伍逐渐壮大,南北力量对比已悄然发生变化。由新兴经济体组成的诸如"金砖五国""展望五国""新钻十一国"等新兴经济群体已遍布亚非欧等多个地区,所形成的合力已成为推动全球经济发展的重要力量。毫无疑问,新兴经济体的崛起势必对全球金融治理格局产生深远影响。

第一节 新兴经济体的崛起与新型国际货币金融体制

早在20世纪70年代,世界银行(WB)就率先提出"新兴市场经济体"概念,意指那些经济发展较快、增长速度较稳定但还未成为新兴工业化国家或地区的经济体。最初的"新兴市场经济体"包括日本、新加坡等相对发达的国家,但这些国家在收入水平达到发达国家或地区水平后就自然转变为"新兴工业化国家或地区"。目前,"新兴工业化国家或地区"指的是以日本、新加坡等为代表的发达国家或地区,而本章探讨的"新兴经济体"主要是指发展中国家或地区"新兴市场经济体",特别是指包括中国、俄罗斯、巴西等在内的金砖国家。"金砖国家"概念最早出现于2001年,由美国高盛证券首席经济学家吉姆·奥尼尔(Jim O'Neil)在该机构发表的全球经济报告《全球需要更好的经济之砖》(The World Needs Better Economic BRIC)中首次提出,特指新兴经济体代表,他用"BRIC"这个英文词圈出了世界最具潜力的四个发展中国家,即巴西(Brazil)、俄罗斯(Russia)、印度(India)和中国(China)。2010年,在南非(South Africa)被纳入之后,"BRIC"成为"BRICS"(金砖国家)。2005年,高盛证券在其年度报告《下一个十一国》(The Next Eleven,N-11)

中提出包括埃及、印度尼西亚、伊朗、墨西哥、越南等在内的十一个发展潜力明显的新兴市场国家构成"新钻十一国"。① 其后,日本学者门仓贵史 2005 年在日本《经济学人》周刊撰文提出越南、印度尼西亚、南非、土耳其和阿根廷等五个发展潜力巨大的国家构成"展望五国"。至此,新兴经济体在世界舞台上扮演着越来越重要的角色。在经济上,它们与发达国家的差距正在逐步缩小;在政治上,它们在国际上不断扩大影响力和话语权,并作为一股新兴而富有活力的力量逐步推动着国际货币金融体制的改革。②

自 2008 年全球金融危机爆发以来,以美国为首的西方发达国家先后陷入经济衰退,货币贬值,政府债台高筑,失业率居高不下。新兴经济体也受到猛烈的冲击,出现巨额外汇储备缩水、大量热钱进出以及输入型通货膨胀加剧。因此,新型国际货币金融体制的构建,对于缓和经济危机带来的冲击以及平衡西方主要发达国家与新兴经济体在经济实力与国际货币金融地位的不平等上起着至关重要的作用。

一、新兴经济体群体性崛起

2008 年金融危机席卷全球,美国首当其冲,遭遇了二战后最大的经济危机。此次金融危机也导致世界经济大幅衰退,西方发达经济体受到直接的冲击,而新兴经济体由于金融体系尚不发达,受到的直接影响反而相对较小,且复苏更为迅速。近些年来,新兴经济体崛起的势头愈发强劲,使得全球经济与贸易重心正在由西方发达经济体向新兴经济体转移。经历这一此消彼长之后,新兴经济体在世界经济格局中的地位得到不断抬升,同时冲击着以美元为代表的国际货币金融体制。

---

① See Goldman Sachs, Beyond the BRICs: A Look at the "Next 11", April 2007, https://www.goldmansachs.com/insights/archive/archive-pdfs/brics-book/brics-chap-13.pdf, last visited on July 7, 2021.
② 参见陆忠伟:《世纪之交的国际经济形势与经济安全》,载《现代国际关系》1999 年第 6 期,第 2—7 页。

（一）经济增长迅速、外汇储备大量积累

近些年来，新兴经济体对全球经济的增长起到了极大的拉动作用，其贡献率一直超过50%。特别是2008年全球金融危机爆发后，新兴经济体更是强势反弹，成为稳定世界经济增长的重要支柱，对全球经济增长的贡献率超过70%。近几年来，虽然新兴经济体经济增长有所放缓，但仍明显高于发达国家。西方发达国家的经济虽然开始复苏，但内需依旧疲软，贸易额依然处于低位，对世界经济增长的贡献仍不够强劲。据IMF统计，2019年上半年，新兴经济体的平均"国内生产总值"（Gross Domestic Product，GDP）增长速度为4.4%，中国的GDP增长高达6.3%，而发达国家的平均GDP增长仅为1.8%。[1] 由此可见，即使新兴经济体的增长放缓，但依然是世界经济发展的主要原动力。[2]

根据IMF公布的2018年第一季度数据，中国持有3.16万亿美元的外汇储备，占全球外汇储备近四成。印度、巴西和俄罗斯的外汇储备分别为3972亿美元、3583亿美元和3565亿美元，新兴经济体的全球外汇储备份额总和已经远远超过全球外汇储备资产的一半。[3] 新兴经济体的对外资产余额超过对外债务余额，成为对外净债权国。反观西方发达国家，除个别国家外，大多数为对外净债务国。其中，美国的债务屡创新高，在2018年已经突破21万亿美元，而它的外汇储备却仅有440亿美元。IMF最新报告显示，到2023年美国的债务与GDP比例将达到116.9。按照这个数据，美国的债务负担沉重程度，甚至比布隆迪、莫桑比克还要糟糕。[4] 中美贸易战、欧

---

[1] See IMF, Real GDP Growth, Annual Percent Change, https://www.imf.org/external/datamapper/NGDP_RPCH@WEO/OEMDC/ADVEC/WEOWORLD/DA, last visited on July 9, 2019.

[2] 参见曾会生：《新兴经济体引领全球经济增长》，中新网，2013年12月24日，http://www.chinanews.com/cj/2013/12-24/5654667.shtml，2017年6月12日访问。

[3] 参见李鑫：《全球外汇储备最多的国家和地区》，资本实验室，2018年6月2日，http://baijiahao.baidu.com/s?id=1602060883620834767&wfr=spider&for=pc，2019年7月10日访问。

[4] 参见《2023年美国债务与GDP比将达到116.9 比意大利还糟》，中金网，2018年4月19日，http://news.cngold.com.cn/20180419d1702n224504050.html，2021年7月7日访问。

债危机、美债危机持续发酵,成为近年来国际金融市场不稳定的主要因素。

(二)新兴市场国家或地区群体合力提升国际话语权

目前,新兴经济体及发展中国家或地区在现有国际金融秩序下应享有的权利与其对世界经济增长的贡献不匹配是全球治理与金融稳定的突出问题。发展中国家或地区虽然表面上在国际主要会议中已有一席之位,但并没有被赋予相对应的实际权利,更多只是停留在参与层面。但新兴经济体随着二十国集团(G20)峰会从幕后走到台前,体现出当下国际政治格局的新变化,标志着新兴经济体及发展中国家或地区与传统发达经济体的合作开始迈向新台阶。在 G20 成员中,新兴经济体占 11 个。新兴经济体群体性崛起,在世界经济中的地位和作用不断凸显,逐渐取得越来越多的国际话语权,在国际博弈中议价能力也随之提高。2008 年年底的 G20 华盛顿峰会和 2009 年 9 月的 G20 匹兹堡峰会,都鲜明地展现了一个具有历史意义的事实:有新兴经济体参与的 G20 已经正式取代了由发达国家组成的七国集团(G7),成为今后影响世界经济发展的主要平台,并由此形成未来国际经济合作的新架构。尤其是在匹兹堡峰会上,发达经济体同意把至少 3% 的 WB 投票权转移给新兴经济体,并承诺新兴经济体在未来全球经济治理中将拥有更大的话语权。

发展和完善 G20 对话机制,是新兴经济体推动世界金融稳定和全球金融治理结构改革的有效途径。包括新兴经济体在内的 G20 成员被主动邀请加入改制后的金融稳定理事会(FSB)和巴塞尔银行监管委员会(BCBS)等并参与其开展的一系列全球性的改革,意味着新兴经济体在全球金融治理中的地位得到空前的提高,并对国际金融秩序的平衡和稳定起着至关重要的作用。①

2016 年 IMF 通过《董事会改革修正案》,该修正案规定把超过 6% 的份额从日本、法国、德国等发达国家转移给新兴经济体及发展

---

① See FSB holds inaugural meeting in Basel, Switzerlandel, 27 June 2009, https://www.fsb.org/2009/06/financial-stability-board-holds-inaugural-meeting-in-basel/, last visited on Dec. 27, 2017.

中国家。而中国的认缴份额由此前的 3.994% 增加至 6.394%，排名也因此从第六位升至第三位，成为仅次于美国和日本的第三大份额国。美国的份额微幅降至 17.4%，同时保留其否决权。中国、巴西、印度、俄罗斯与美国、日本、法国、德国、意大利、英国同时跻身 IMF 前十大份额认缴国。在 IMF 原份额排名中，前六位依次是美国 17.661%、日本 6.553%、德国 6.107%、法国 4.502%、英国 4.502%、中国 3.994%。改革方案生效后，排名前六位的依次是美国 17.398%、日本 6.461%、中国 6.394%、德国 5.583%、法国 4.225%、英国 4.225%。IMF 的资金规模也从原来的 2385 亿 SDR 翻一番至 4770 亿 SDR。① 同时，在 2015 年 11 月 30 日，IMF 执行董事会（以下简称"执董会"）决定将人民币纳入 SDR 货币篮子，SDR 货币篮子相应扩大为美元、欧元、人民币、日元、英镑 5 种货币，人民币在 SDR 货币篮子中的权重为 10.92%，美元、欧元、日元和英镑的权重分别为 41.73%、30.93%、8.33% 和 8.09%。新的 SDR 货币篮子于 2016 年 10 月 1 日正式生效，人民币成为继美元、欧元、日元和英镑之后的又一个重要国际储备货币。新兴经济体在 IMF 中所占的份额与传统发达经济体越来越接近。值得一提的是，IMF 总裁格奥尔基耶娃于 2021 年 8 月 23 日宣布，历史上最大规模的 SDR 分配方案正式生效，本轮新增 6500 亿美元 SDR（约 4560 亿 SDR）将按照现有份额比重分配给 IMF 各成员国。其中，新兴经济体及发展中国家或地区将获得约 2750 亿美元支持，包括向低收入经济体提供的 210 亿美元，相当于部分低收入经济体 6% 的 GDP 总量。② 新兴经济体持有的 SDR 份额得以进一步增长。

新兴经济体及发展中国家或地区在现行国际货币金融体制核心机构 IMF 的份额提高及其主权货币成为国际储备货币的一系列改

---

① 参见聂琳：《IMF 改革方案正式生效 中国成第三大份额国》，界面网，2016 年 1 月 28 日，http://www.jiemian.com/article/527073.html，2017 年 8 月 24 日访问。

② See IMF Managing Director Announces the US $ 650 billion SDR Allocation Comes into Effect, https://www.imf.org/en/News/Articles/2021/08/23/pr21248-imf-managing-director-announces-the-us-650-billion-sdr-allocation-comes-into-effect, last visited on Aug. 31, 2021.

革，表明新兴经济体在现行国际货币金融体制中的地位与话语权正在不断提高。①

（三）国际竞争力增强催生以新兴经济体为主导的国际金融机构

虽然在 2008 年全球金融危机中，新兴经济体及发展中国家或地区也受到不同程度的冲击，但亚洲经济表现出强大的恢复能力。在 2011 年洛桑世界竞争力排名中，中国排名第 18 位，较 2009 年上升两位，位居新兴经济体之首。同时，其他新兴经济体及发展中国家如韩国、印度尼西亚、巴西、南非、俄罗斯等排名均有明显上升。《博鳌亚洲论坛亚洲竞争力 2016 年度报告》显示，亚洲竞争力总体平稳，已逐步形成六大梯队效应。第一梯队为亚洲新兴工业化经济体（"亚洲四小龙"：中国香港、中国台湾、韩国、新加坡），2015 年度亚洲新兴工业化经济体在 37 个亚洲经济体中的综合竞争力排名和分项竞争力排名均位居前列。第二梯队为亚洲传统发达经济体，如日本、以色列，综合竞争力排名紧跟在新兴工业化经济体之后，展现出传统发达经济体强劲的竞争态势。第三梯队为亚洲的金砖国家，如中国、印度，均表现出非常好的发展形势。第四梯队为具有良好的发展基础和潜力的东盟新兴经济体。第五梯队为西亚、中亚，雄厚的资源和发展前景是这一梯队的主要竞争优势。第六梯队为正在奋起直追的南亚其他国家。

基于不断攀升的国际竞争力，2012 年 6 月，金砖国家领导人在墨西哥洛斯卡沃斯举行的 G20 峰会期间正式启动建立应急储备安排的磋商。2014 年 7 月 15 日，中国人民银行行长周小川代表中国政府与其他金砖国家代表在五国领导人见证下，在巴西福塔莱萨签署了《关于建立金砖国家应急储备安排的条约》。该条约的签署具有里程碑意义，它将使由国际货币基金组织（IMF）、区域金融安排、中央银行间双边货币互换协议及各国自有的国际储备等构成的全球金融安全网得到补充和强化。

2014 年 7 月 15 日至 16 日，金砖国家领导人第六次会晤在巴西

---

① 参见徐忠、孙青：《金融危机、国际货币体系改革及中国的选择》，载《世界经济》1999 年第 4 期，第 4—8、48 页。

举行，确认了呼吁已久的金砖银行的设立。2015年7月21日，金砖国家新开发银行在上海虹桥迎宾馆正式开业，它将成为建立"金砖能源联盟"的重要纽带。

金砖银行的成立，有望进一步促进南南资本流动和技术合作，在解决某些项目的主权担保及风险分担方面具有一定的优势，同时可以推动一些单一国家金融机构不易操作的项目建设。

金砖银行与金砖国家应急储备安排（外汇储备库）所对应的职能恰似WB与IMF，分别从事提供中长期的开发性贷款和提供短期的平衡国际收支及救援金融危机的贷款。

2014年10月24日，包括中国、印度、新加坡等在内的21个首批意向创始成员的财长和授权代表在北京正式签署《筹建亚洲基础设施投资银行备忘录》（以下简称《筹建亚投行备忘录》），共同决定成立亚洲基础设施投资银行（以下简称"亚投行"）。2016年1月16日，亚投行在中国北京钓鱼台国宾馆正式举行开业仪式。其设立目的在于，通过支持基础设施建设，促进亚洲区域的建设互联互通和经济一体化的进程。

以新兴经济体及发展中国家或地区为主导的国际金融机构的设立，象征着新兴经济体国际影响力的提高。同时，新兴经济体及发展中国家或地区间合作的不断加强也更好地弥补了其国际社会话语权不足的缺陷，使新兴经济体及发展中国家或地区在国际货币金融体系中的不平等地位初步得到改善。

二、新型国际货币金融体制之构建

国际货币金融体制包括国际货币体系、国际金融组织体系和国际金融监督体系。国际货币体系是世界各国政府为适应国际贸易与国际支付的需要，对货币在国际范围内发挥世界货币职能所确定的原则、采取的措施和建立的组织形式的总称。[1] 在国际货币金融体制刚形成时，由于冷战的两极对峙格局以及国际货币金融体制初期的

---

[1] 参见廖凡：《国际金融法学的新发展》，中国社会科学出版社2013年11月版，第9页。

时代局限性，国际货币金融体制的力量和影响力在国际关系中所发挥的作用相对较小。20世纪90年代后，国际货币金融体制在国际关系中的作用和影响力有了显著的提高。其主要原因可归纳为四个：(1) 国际金融机构数量增加及影响力增大。随着IMF、G20峰会等国际机构及国际论坛的建立，国际货币金融体制的规则及其影响力在各国的法律与经济运行中得以落地和实施。(2) 经济全球化。随着科学技术的爆炸式发展，各国的资本、技术、商品在全球范围内的自由流动和配置日益频繁，加深了世界各国经济的相互渗透、依存和影响。同时，世界各国对于外部经济环境的脆弱性和敏感性反应不断增强。(3) 国际货币金融体制的规模不断扩大。据国际清算银行（BIS）统计，截至2016年4月，全球外汇市场日交易额高达5.1万亿美元，现货交易额达1.7万亿美元，外汇掉期活动增加至每日2.4万亿美元，直接远期交易增长至每日0.7万亿美元。① 随着国际资本作用的日益明显，浮动汇率制和多样化的储备货币使得国际资本的投机空间不断扩大。同时，随着股票及债权市场的不断发展，国际金融业也获得不断创新，而期权交易的创立又进一步推动了金融衍生产品及工具的进步，使得国际资本的运行与实际经济的发展益发背离。(4) 世界各国战略重点的变化。冷战结束后，大国竞争由原先的以军事和科技为核心的竞赛转变为以经济和科技为主的综合国力竞争，其中经济因素在国际关系中的作用和力量得到极大的增强。相应地，各国也把经济安全列为战略重心。

(一) 国际货币金融体制的演进及发展

在国际交流日益频繁的国际关系中，国际货币金融体制有着越来越重要的地位。19世纪之前，西方传统发达国家的货币金融体制实行金银复本位制；19世纪开始，各国相继实行以黄金进行国际结算的金本位制。由于西方发达国家经济规模和国际贸易量的爆炸式增长，使得作为世界货币的黄金的需求量急剧增加。同时，由于黄

---

① 参见《2016年4月全球外汇交易额每天平均达51000亿美元 现货交易有所下跌，而外汇掉期有所上升》，BIS新闻稿，2016年9月1日，http://www.bis.org/press/p160901a_zh.pdf，2017年9月10日访问。

第二章
新兴经济体的崛起对全球金融治理的影响

金产量的有限性及其分布不均衡性，加上西方发达国家为了备战、发起战争以及殖民统治而到处搜刮黄金，使得可流通的黄金不断减少，动摇了金本位的基础。而发生于 20 世纪 30 年代的全球经济大危机，更进一步动摇了金本位制，最终使得金本位的国际货币金融体制崩溃。

1944 年 7 月 1 日，美国邀请 44 个国家的代表在美国新罕布什尔州的布雷顿森林召开国际货币金融会议。会议通过了《IMF 协定》和《国际复兴开发银行协定》，确立了以"美元与黄金挂钩，各国货币与美元挂钩"为原则的"布雷顿森林国际货币金融体系"，并规定各国货币对美元汇率只能在美元汇率平价上下 1% 的幅度内浮动。这一体系使得美元代替黄金成为国际主要货币和国际储备工具，确定了美元在国际货币金融体制中的主导地位。[①] 孔茨（Kunz）在《美元秩序的衰落：美国正在失去世界的主导地位》一文中写道："政治权力与金融权力是相互依赖、相互支持的；不重视支配国际货币体系的权力及其能够带来的好处是不对的。"[②] 这一论断深刻剖析了 19 世纪英国利用金本位制获得和发展其国际霸权以及 20 世纪美国利用以美元为主导的布雷顿森林体系建立和巩固世界霸权的基本原因。

虽然布雷顿森林体系的建立使得 20 世纪 30 年代以后混乱的国际货币金融秩序趋于稳定，并对二战后世界各国经济的恢复及发展发挥了积极的作用，但是美国通过布雷顿森林体系获得国际货币体系的霸权地位及铸币税收益，并通过大量印发美元和制造美元实际上的贬值弥补其国际收支赤字。可见，这一体系对其他国家是十分不公平、不合理的，即构成美元对其他国家资源的实质上剥削和掠夺。虽然布雷顿森林体系确定的"美元与黄金挂钩"的原则意味着美元的发行量受到黄金储备的制约，但美国根本无视该制约的存在，通过大量印发美元加大其对外投资、货物进口和收购他国黄金等，达到其对外掠夺的目的。

---

① See Douglas W. Arner, *Financial Stability, Economic Growth, and the Role of Law*, Cambridge University Press, 2007, p. 15.
② Diane Bernstein Kunz, The Fall of Dollar Order: The World of the United States is losing, *Foreign Affairs*, Vol. 74, Iss. 4, 1995, p. 22.

在布雷顿森林体系建立初期，美国的黄金储备达到世界黄金储备 59% 的垄断地位。20 世纪 50 年代末，由于美国的短期外债激增至 210 亿美元，远远超过其黄金储备 178 亿美元，使美国国际收支信用大大降低，最终导致美元过剩和美元贬值，进而引发国际货币市场大规模抛售美元，同时抢购黄金和其他货币，二战后首次美元危机于 1960 年爆发。到 1972 年年底，美国的短期外债已经达到其黄金储备的八倍，偿债能力和信誉都跌到最低点，并因此引发了国际金融市场大量抛售美元以及买进黄金、日元、德国马克和瑞士法郎的风潮。1973 年 2 月，在 1971 年 12 月宣布美元兑黄金贬值 7.89% 之后，美国再次宣布美元兑黄金继续贬值 10%，但美元危机并没有得到化解。1973 年 3 月，国际货币市场再次发生抛售美元、抢购黄金及其他货币的风潮，伦敦黄金市场金价一度由一盎司 42.22 美元暴涨至 96 美元，日本和西欧的外汇市场被迫关闭交易达 17 天。此后，一些西方传统发达国家纷纷实行联合浮动汇率制度或单独浮动汇率制度。同时，美国宣告停止世界各国以美元兑换黄金，布雷顿森林体系彻底崩溃。

1972 年，IMF 成立一个由美国、英国、日本等 11 个发达国家和巴西、印度等 9 个发展中国家组成的"国际货币制度改革和有关问题专门委员会"，即"二十国委员会"。1976 年 1 月，"二十国委员会"在牙买加首都金斯敦召开会议，修改了《IMF 协定》的某些条款，形成《牙买加协定》，该协定于 1978 年 4 月 1 日正式生效。

《牙买加协定》奠定了现代国际货币金融体制的基本框架，对稳定国际货币金融格局起到了一定作用，其主要内容包括：(1) 承认浮动汇率制的合法性，汇率安排多样化；(2) 国际储备多样化，将特别提款权（SDR）作为主要国际储备资产；(3) 增加 IMF 成员国的基金份额；(4) 扩大对发展中国家的资金融通数量和限额；(5) 黄金非货币化，降低黄金在国际货币金融体制中的作用；(6) 国际收支调节机制多样化，一定程度上改变了布雷顿森林体系国际收支调节渠道的有限性和因调节机制失灵而出现的全球性国际收支失衡现象。

然而，在《牙买加协定》的基础上形成的国际货币金融体制并非对布雷顿森林体系的全盘否定。其一，虽然有更多的国际储备货币与美元并存，但美元作为主要国际储备货币的地位依然存在。其二，由布雷顿森林体系诞生的 IMF 依然在国际经济舞台上发挥着重要作用。

此外，牙买加体系又被称为"没有体系的体系"，原因在于它没有制度化的国际收支调节机制，缺乏对国际储备货币发行的约束，汇率体系不稳定，权力和责任失衡，决策机制存在重大缺陷。

（二）新型国际货币金融体制初步形成

从国际货币金融体制的发展历程可以看出，现行国际货币金融体制主要是根据西方传统发达国家订立的规则设立的，同时以美国为首的西方各国又利用自身的优势地位使现行国际货币金融体制的运行规则更有利于自己的国家利益，不公平地让包括新兴经济体在内的发展中国家或地区受制于不平等的制度。但是，目前西方传统发达国家之于发展中国家或地区的优势已不再具有 18、19 世纪那样的绝对性，两者的综合实力已慢慢趋于平衡，特别是新兴经济体及发展中国家或地区迅速发展并成为拉动世界经济发展的主要驱动力，使得现行国际货币金融体制已经不再适应当下多极化世界格局的发展需要，反而成了世界货币金融不稳定及金融危机频繁发生的罪魁祸首之一。

《清迈倡议多边化协议》的签署，亚投行、金砖银行以及金砖国家应急储备基金的设立，代表以新兴经济体及发展中国家或地区为主导的新型国际货币金融体制的初步形成。当然，新型国际货币金融体制并非完全否定或取代以美国为首的现行国际货币金融体制，而是对现行国际货币金融体制的补充，以尽力平衡当下国际货币金融格局，弥补现行国际货币金融体制的不足，提升发展中国家的话语权，保障发展中国家或地区的权益，减少发展中国家或地区在现行国际货币金融体制中受到的不公平待遇。

1. 清迈倡议多边化

2003 年 10 月，温家宝总理在第七次东盟与中日韩（10＋3）领导人会议上首次提出推动"清迈倡议多边化"的倡议，建议将清迈倡议下较为松散的双边货币互换机制整合为多边资金救助机制，以深化东亚、东南亚金融合作，增强区域性危机的自救能力。2009年12月底，东盟十国与中日韩及中国香港正式签署《清迈倡议多边化协议》。该协议的最初资金总额为1200亿美元，后各方于2014年修订该协议，将资金总额提高到2400亿美元。① 2020年6月23日，《清迈倡议多边化协议》修订稿正式生效，修订的主要内容包括：(1) 为清迈倡议多边化贷款条件奠定法律基础，以便通过政策建议及资金支持帮助成员应对自身风险及脆弱性；(2) 提高清迈倡议多边化与IMF贷款挂钩部分融资期限灵活性，以便与IMF贷款保持一致并加强与IMF的协调；(3) 明确了其他法律上存在歧义的问题。②

2. 亚投行的创立

亚投行是一个政府间的区域性多边开发机构，重点支持基础设施建设，成立宗旨是为了促进亚洲区域的建设互联互通化和经济一体化的进程，加强中国及其他亚洲国家和地区的合作，是首个由中国倡议设立的多边金融机构。2013年10月2日，习近平主席在雅加达与印度尼西亚总统苏西洛举行会谈，中方倡议筹建亚投行，促进本地区互联互通建设和经济一体化进程，向包括东盟国家在内的本地区发展中国家基础设施建设提供资金支持。2014年10月24日，包括中国、印度、新加坡等在内21个首批意向创始成员的财长和授权代表在北京正式签署《筹建亚投行备忘录》，共同决定成立亚投行，标志着这一中国倡议设立的亚洲区域新多边开发机构的筹建工作进入新阶段。根据《筹建亚投行备忘录》，亚投行的法定资本为1000亿美元，中国初始认缴资本目标为500亿美元左右；中国出资50%，为最大股东。截至2015年12月25日，缅甸、新加坡、文莱、澳大利亚、中国、蒙古、奥地利、英国、新西兰、卢森堡、韩国、格鲁吉亚、荷兰、德国、挪威、巴基斯坦、约旦共17个意向创始成员已批准《亚投行协定》并提交批准书，从而达到《亚投行协

---

① 参见《央行：清迈倡议多边化协议修订稿生效》，中国新闻网，2014年7月18日，http://www.chinanews.com/fortune/2014/07-18/6402968.shtml，2019年5月18日访问。

② 参见《清迈倡议多边化协议修订稿生效》，中国新闻网，2020年6月23日，https://www.chinanews.com/cj/2020/06-23/9219699.shtml，2021年1月29日访问。

定》规定的生效条件,即至少有 10 个签署国批准并且签署国初始认缴股本总额不少于总认缴股本的 50%,亚投行正式成立。2016 年 1 月 16 日,亚投行开业仪式在北京举行。开业仪式的举行意味着全球迎来了首个中国倡议设立的多边金融机构的开张运营。亚投行的设立,一方面推动着 IMF 和 WB 的进一步改革,另一方面也对 WB 和亚洲开发银行在亚太地区的投融资与国际援助发挥着补充职能。2020 年 7 月 28—29 日,亚投行以视频会议方式举办了第五届理事会年会,会议批准了利比里亚加入亚投行的申请,使其成为亚投行第 103 个成员。亚投行行长金立群在会上宣布成立一支初期额度为 100 亿美元的新冠危机救助基金,以帮助成员应对疫情、恢复经济。①

3. 金砖银行的设立

金砖银行的设立,主要是为包括金砖国家在内的发展中国家的基础设施和可持续发展筹措资金,弥补发展中国家长期融资和外国直接投资不足问题,对金砖国家及其他发展中国家具有重要的战略意义。

2014 年 7 月 15 日至 16 日,金砖国家领导人第六次会晤在巴西举行,确认了呼吁已久的金砖银行的设立。2015 年 7 月 21 日,金砖银行在中国上海正式开业,启动资金为 1000 亿美元。与其他许多国家相比,金砖国家具有人口和市场两大优势。同时,金砖国家的经济具有较大的差异性和互补性。金砖银行的成立,不仅有助于解决金砖国家在基础设施等领域的资金短缺,而且有助于新兴经济体及发展中国家抵御来自国际市场的波动性和不确定性,增强发展的信心,并且对全球经济的稳定也具有重要作用。2020 年 11 月,金砖银行合作机制 2020 年年会暨金砖国家金融论坛采用视频方式召开,会议签署了《负责任融资共同原则》,强调把经济、社会、环境影响分析以及人权、《巴黎气候协定》的原则等纳入项目评估的义务,使得项目透明度最大化。同时,2020 年前三个季度,中国国家开发银行发行了 450 亿元人民币的特殊"绿色"(用于落实生态领域项目)债

---

① 参见《亚洲基础设施投资银行成员数量增至 103 个》,央视新闻,2020 年 7 月 29 日,https://baijiahao.baidu.com/s?id=1673542796050654837&wfr=spider&for=pc,2021 年 1 月 29 日访问。

券，并提供了2.2万亿元人民币的"绿色"贷款。①

4. 金砖国家应急储备基金的创设

2014年7月，金砖国家代表正式签署了《关于建立金砖国家应急储备安排的条约》。应急储备基金初始承诺互换规模为1000亿美元，各国最大互换金额为中国410亿美元，巴西、印度和俄罗斯各180亿美元，南非50亿美元。该应急储备基金旨在应对金砖国家的金融突发事件，即在金砖国家出现国际收支困难时，由其他成员国向其提供流动性支持，帮助其纾缓该困难。不过，应急储备基金的设立并不意味着国际储备的直接转移，因为只有在有关国家提出申请并满足一定条件时，其他成员国才通过货币互换提供资金。应急储备基金的设立具有重要的里程碑意义，是新兴经济体为应对共同的全球挑战、突破地域限制创建集体金融安全网的重大尝试，使全球金融安全网增加了新的层次，有助于金砖国家提高市场信心，联合应对外部冲击，对促进金砖国家和全球的金融稳定具有重要的作用。

金砖国家应急储备基金类似于IMF，当某一个成员国的货币汇率受到国际游资的冲击而急剧波动，需要大量资金稳定其币值时，应急储备基金的作用就显示出来。例如，在债务体系出现类似欧债危机的问题时，应急储备基金可通过购买国债来稳定该国的债券体系。

从新型国际货币金融体制的架构可以看出，个别新兴经济体国家的单打独斗显然无力改变旧的国际货币金融秩序，只有联手建立一个非西方主导的新型国际货币金融体制，融入新兴经济体及发展中国家的新理念、新元素，才能推动传统的国际金融治理体制向各国共同参与的新型全球金融治理体制的转型。同时，在现有国际货币金融体制存在诸如干涉他国财政政策和货币政策、各种限制性条款、应急能力差等诸多弊端的情况下，亚投行、金砖银行及金砖国家应急储备基金的设立，使金砖国家和广大发展中国家多了一个重

---

① 参见《金砖各国开发银行批准负责任融资共同原则》，俄罗斯卫星通讯社，2020年11月17日，http://sputniknews.cn/economics/202011171032540893/，2021年1月29日访问。

要的资金来源选项,形成抱团应急之态势,也对 IMF 和 WB 的改革具有倒逼效果,可迫使其更加关注发展中国家的利益诉求。

第二节 新型国际货币金融体制对国际货币金融体制之贡献

1880 年金本位制的形成,标志着国际货币金融体制的诞生。[①] 一百多年来,国际货币金融体制经历了四次重要的变迁,即英国霸权时期以英镑为主导的金本位制、第一次世界大战(以下简称"一战")后世界经济政治格局变化背景下建立起来的金汇兑本位制、美国霸权时期以美元为主导的布雷顿森林体系以及 1976 年《牙买加协定》后的美元体制。这一百多年的国际货币金融体制变迁伴随着两次世界大战以及一系列国际格局动荡,凸显其国际政治属性,并成为影响国际秩序的重要因素。

在现行由《牙买加协定》构建的国际货币金融体制下,各成员国有权自由选择货币汇率制度,以美、英、德为代表的西方发达国家选择了浮动汇率制,而大多数发展中国家则采用"盯住"美元等单一货币的汇率制度。这样的汇率制度安排的结果,明显有利于以美国为首的发达国家的利益和美元霸权地位的巩固,而对广大发展中国家则是极其不利的。虽然布雷顿森林体系崩溃了,但由其产生的 IMF 仍继续在国际政治经济中发挥着重要作用,其投票制度及份额的构成对广大发展中国家都是十分不公平的。由于 IMF 采用资本多数决的基本原则,导致其发言权机制不公平、不合理地集中于少数发达国家,从而影响其合法性、代表性和有效性。同时,由于现行国际货币金融体制中美元仍处于主导和支配地位,本质上就是美元本位制,而美元作为一国主权货币,自然难以超脱本国的政策需求和私利,天然地缺乏国际公正性,因此旧的国际货币金融体制从

[①] See Paul De Grauwe, *International Money: Postwar Trends and Theories*, 2nd ed., Oxford University Press, 1996, pp. 49-51.

整体上说缺乏应有的公平性。此外，在美元与黄金兑换浮动化之后，已很难使它具有稳定的基准和明确的发行规则，20世纪后期以来金融危机的不间断爆发已表明了旧的国际货币金融体制对国际货币金融秩序的不适应性。

目前，以中国、俄罗斯、巴西、印度等为代表的新兴经济体对国际经济政治结构的改革不断取得突破，逐渐形成合力，对现行国际货币金融体制的不公平性发起挑战。金砖银行、金砖国家应急储备基金以及亚投行的建立，在以美国为首的西方发达国家主导的全球性国际货币金融体制之外，形成以新兴经济体为主导的新型国际货币金融体制的初步框架。新兴经济体希望通过这一新型国际货币金融体制的构建来弥补现行国际货币金融体制的系统性缺陷及公平性危机，努力消除以美国为首的西方发达国家与新兴经济体在国际政治经济地位上的不平衡，使得国际货币金融体制更准确地反映各经济体的经济权重和权利比例，以形成一个更加稳定、公平、可持续的国际货币金融格局。

一、对全球经济格局失衡的缓释和重塑

在现行国际货币体系中，美元仍是处于支配地位的国际储备货币，虽然有欧元、日元、人民币等其他货币可作为辅助的国际储备货币，但国际货币金融体制从本质上依然是美元本位制，该货币金融体制具有典型的非均衡性特征。黄晓龙在采用非瓦尔拉斯均衡分析法阐释了非均衡的国际货币体系导致美元汇率高估以及美国持续贸易逆差，并成为全球经济失衡的主要因素。① 美国学者泰勒（Taylor）认为，在现行国际货币金融体制下，美国采取量化宽松货币政策，其他发达国家和新兴经济体为了稳定自身经济不得不实施更为宽松的货币金融政策，其结果必然导致部分用于调整内外失衡的货币金融政策失效。② 还有学者认为，与布雷顿森林体系相比，现行国

---

① 参见黄晓龙：《全球失衡、流动性过剩与货币危机——基于非均衡国际货币体系的分析视角》，载《金融研究》2007年第8期，第31—46页。
② See John B. Taylor, International Monetary Coordination and the Great Deviation, *Journal of Policy Modeling*, Vol. 35, Iss. 3, 2013, pp. 463-472.

际货币体系中美元兑换黄金的约束不复存在,使得美元的发行更多服务于美国国内经济需求,而忽视了作为国际货币的美元与世界经济平衡的关系。① 总之,美国无限制超发美元,导致全球性的通货膨胀,使得世界各国不得不为美国的贸易逆差买单,而美国通过美元在国际货币体系中的支配地位获得掠夺其他国家资源中财富的特权,成为造成世界经济发展不平衡的重要根源。

由新兴经济体主导构建的新型国际货币金融体制通过设立金砖银行、金砖国家应急储备基金及亚投行等,使得人民币、卢布等新兴经济体的货币在国际贸易、金融等领域的使用比重加大,从而拉近了新兴经济体的货币与美元的国际地位。根据 BIS 于 2019 年 9 月发布的每三年一次的外汇数据统计报告,全球外汇交易量最大的是英国,日均交易额为 3.58 万亿美元;排在第二位的是美国,为 1.37 万亿美元;中国香港则以 6320 亿美元的日均交易额位居第四位。值得注意的是,中国内地的外汇交易活动增幅巨大,中国上海以 1360 亿美元的日均交易额晋升为全球第八大外汇交易中心。其中,美元仍以占所有交易货币 88% 保持全球货币主导地位;新兴经济体货币所占的市场份额不断扩大,占全球整体交易量的 25%。② 同时,新兴经济体通过一系列的合作,抛开美元,直接使用各自的货币进行跨国货币互换和国际货物交易,有效地增加了新兴经济体货币的权重及流通,形成对美元无约束超发和美元贬值所带来的国际货币金融体制不稳定及不公平的有力对抗。此外,新兴经济体及发展中国家间本币结算和贷款业务规模也在不断扩大。总之,在全球去美元化的过程中,新兴经济体均表现出积极的态度和行动,如中国与巴西、俄罗斯等国先后签署了本币互换协议;2014 年,新兴经济体及发展中国家对华贸易金额约为 4.6 万亿美元,占其贸易总量约 38%,

---

① See Anne Swardson, Challenging The Almighty U.S. Dollar, *Washington Post Foreign Service*, April 16, 1998, E01.

② See Bank for International Settlements Monetary and Economic Deparement, Triennial Central Bank Survey: Foreign Exchange Turnover in April 2019, 16 September 2019, https://www.bis.org/statistics/rpfx19 _ fx.pdf ♯ page = 16, last visited on Jan. 28, 2021. 由于外汇交易量的计算采用"交易对",交易对的境内量和境外量各为 100%,因此总量为 200%。

并已在这些贸易中扩大本币及人民币的使用;2016年1—2月,中国对外直接投资人民币收付金额为1947.5亿元,同比增长2.2倍。新兴经济体及发展中国家使用双方国家的本币进行国际贸易与投资,有效降低了因使用美元带来的汇兑成本和汇率风险,为双方贸易企业提供了交易的方便,极大地促进了新兴经济体之间跨国贸易和投资的发展。①

二、为新型国际货币金融体制注入更多公平性元素

现行国际货币金融体制存在诸多不公平现象已是不争的事实,在此大背景下,新型国际货币金融体制之构建,可为国际货币金融体制注入更多公平性元素。具体包括:

(一)新兴国际货币金融体制摆脱了IMF份额与投票权分配的不公平性

IMF作为现行国际货币金融体制的主要执行机构,其运行机制影响着全球经济活动,由于其内在运行机制存在对世界各国利益分配的不平等性,导致新兴经济体及发展中国家受到不公平的待遇。而以美国为首的西方主要资本主义国家利用IMF规则为其创造的先天优势,特别是美国,拥有最多的认缴份额及否决权,几乎主导了IMF的意志和规则制定,稳居世界霸主地位及国际金融市场中心地位。同时,美元在国际货币体系中的支配地位也难以动摇。而IMF的份额与投票权分配机制正是造成现行国际货币金融体制不公平的主要根源之一。在资本多数决的议决原则下,若份额和投票权的计算和分配方法存在不合理和不公平,则会直接导致IMF的发言权不合理地集中于少数国家或国家集团,从而影响IMF的代表性、合法性和公平性。

2010年,IMF通过了《董事会改革修正案》,对IMF的认缴份额和投票权作了对新兴经济体和发展中国家相对有利的改革。② 然

---

① 《中国力量助推新兴经济体发展脱困》,人民网,2016年4月24日,http://finance.people.com.cn/n1/2016/0424/c1004-28299815.html,2017年10月7日访问。

② 参见聂琳:《IMF改革方案正式生效 中国成第三大份额国》,界面网,2016年1月28日,http://www.jiemian.com/article/527073.html,2017年8月24日访问。

而，根据 IMF 的决策机制，份额及治理改革方案的生效需要全体成员中的 3/5 同意，且达到 IMF 总投票权的 85%。① 但是，由于许多成员国的"同意"需要先取得其本国议会的通过，因此该改革修正案在 2010 年通过后因美国未能获得国会的同意而一直未能生效。直至 2015 年 12 月，美国国会才最终"同意"。截至 2016 年 1 月 22 日，该改革修正案已获得 149 个成员国的同意，占 IMF 总投票权的 94.04%（包括日本、英国、德国、法国等改革后份额降低的国家），该改革修正案最终得以生效。在新兴经济体国际地位和影响力不断提高的压力下，IMF 虽然提高了新兴经济体的份额和投票权，但本质上并没有改变美国一家独大的现状，对新兴经济体的不公平依然存在。

在现行国际货币金融体制下，国际货币金融机构的份额分配计算公式表面上看起来似乎是客观公正的，但细加分析可知，其不公平性在制定之时就已存在，特别是其公式中的参数及其权重，均存在明显的不合理，无法真实反映各国的经济实力。例如，IMF 和 WB 的份额分配并非完全通过统计公式计算客观参数进行分配的，政治经济方面的一些非统计因素往往也被纳入其中，且统计公式并未对外公布，再加上统计公式本身不科学，统计参数不及时，权重分配不尽合理，都导致份额的计算缺乏客观性和公正性。因此，在大多数采用加权表决制的国际组织中，发达国家的表决权比重往往占有绝对的优势。又如，世界银行集团成员国际金融公司（International Finance Corporation，IFC），规定的基本票占比本来就小，随着经济的发展和 IFC 总份额的增加，加权票部分持续增加，其结果是基本票在表决权中的比重显著下降。②

（二）新型国际货币金融体制构建了公平的救援机制

发达国家在 IMF 权力结构中的支配地位，使它们有机会利用 IMF 平台为自己谋取不公平利益，美国政府更是把 IMF 当作实现其

---

① See IMF, Articles of Agreement of the International Monetary Fund, April 2016, https://www.imf.org/external/pubs/ft/aa/index.htm, last visited on May 20, 2019.

② Fredefick K. Hster, *Decision-making Strategies for International Organization: The IMF Model*, Graduate School of International Studies, University of Denver, 1984.

外交政策的工具。这一点突出表现在 IMF 机制的实施过程中。IMF 的救援方案往往要求受援国推行自由贸易政策、降低关税、取消价格补贴、取消进出口数量控制；向外资开放国内市场，允许外资的控股份额提高到 50%以上；减少政府对经济的干预，消除由于政府的保证而产生的轻率借贷，以及政治惠顾而产生裙带关系和松散的会计制度，限制或禁止用公共资金拯救即将破产的银行和企业，促进私有化进程，建立国有资产转换为私营企业的竞争性程序；建立商业活动的法律框架，促进自由竞争，确保私人部门活动有一个稳定而透明的管理环境等。总之，通过 IMF 方案的实施，迫使受援国开放本国金融领域和生产领域市场、取消进口限制，使外国资本得以趁金融危机大量吸纳受援国价格低廉的国内资产，并为外国商品大举进入该国市场排除障碍，为发达国家提供它们在与这些危机国家的正常双边贸易谈判中得不到的好处。

IMF 贷款援助方案被诟病最多的是过度干预危机国的经济政策，加上其援助方案往往千篇一律，忽视危机国复杂的国内环境，往往会为危机国开出错误的药方。已故美国经济学家米尔顿·弗里德曼曾指出，正是 IMF 对 1994 年墨西哥金融危机的救助导致 1997 年亚洲金融危机，因为它不把主要着眼点放在调节危机国的经常收支上，而是对危机国进行大幅度的机构改革和制度改革，从而给危机国带来与救助预期相反的结果。

在危机救援过程中，由于 IMF 在指导方法或手段上存在不当，特别是 IMF 与危机国达成的援助方案往往附加条件（或称"政策建议"），甚至被指几乎接管了危机国的全部经济工作，使危机国无法推行自己的经济政策。例如，1997 年亚洲金融危机时期，在 IMF "治理"下的韩国，由于 IMF 迫使韩国提高利率，公司难以通过借款维持正常运营，导致大量工人失业，使这一时期成为韩国人不愿回首和难以忘却的一段痛苦回忆。

此外，由于 IMF 贷款条件要求甚高，包括申请国应拥有十分强健的经济基本面和体制改革框架，正在实施非常强劲的政策，且承诺今后仍然继续实施这种政策，因此，符合这些条件的国家实际上只有韩国、新加坡、巴西、墨西哥等少数中等收入的新兴经济体。

而那些因深受经济危机影响而徘徊于破产边缘的发展中国家，实际上一开始就被排除在申请者之外，只能依靠传统的备用信贷安排获得有限的资金支持。

相比之下，在新型国际货币金融体制中，新兴经济体在申请危机救助时不必受制于诸如IMF对于国家主权及政策的干预，可以直接从金砖银行、金砖国家应急储备基金及亚投行等服务于新兴经济体的金融机构获得救援贷款，使新兴经济体在发生金融危机时能够获得及时、公正和有效的救援。例如，亚投行审批贷款的两大基本原则是：不附加政治条件；在贷款标准和受援国实际情况之间寻找平衡点。这就是新兴经济体主导的新型国际金融机构区别于WB及IMF的重要特点，即在贷款条件中不附加不合理、不公平的"政治透明度""人权议题"等条件，避免经济问题政治化。[①] 同时，新型国际货币金融体制的定位明确为IMF的补充，旨在为危机国提供更多的救援资金，以免其受到国际游资的压榨。

（三）新型国际货币金融体制构建了完善和公平的监督机制

在现行国际货币金融体制中，IMF的角色已经从成员国遵行汇率规则的保护者转变为成员国汇率政策的监督者。随着IMF角色的转变，监督已经成为IMF活动的中心任务之一，并构架起IMF与成员国之间合作与交流的桥梁。

首先，IMF的监督主要是对各国汇率政策的监督，包括对汇率波动幅度、成员国不得以操纵汇率作为调节国际收支的手段以及取得对其他国家不公平的竞争优势等方面的监督。然而，几十年来，由于IMF单方面偏向维护少数发达国家的利益，广大发展中国家已对其失去信心和信任，因此它在汇率监督方面的作用已越来越弱，几乎成为一种软机制，而不是具有强制约束力的强制机制。

其次，IMF的监督权对于发达国家而言极为有限，其主要原因在于，IMF采用加权表决制的决策机制，许多重要事项都是通过表决作出决定，因此，拥有份额权重比例高的发达国家一直操纵着

---

① 参见吴婧：《亚投行的贷款标准怎么定》，环球网，2015年9月14日，http://finance.huanqiu.com/roll/2015-09/7486044.html，2017年10月28日访问。

IMF 的决策权,包括 IMF 的监督与磋商权。实际上,IMF 的监督权对发达国家发挥不了实质性的监督作用,而对于陷入国际收支严重困难的发展中国家来说,它们不仅需要获得资金救援,而且其经济发展缓慢、技术和管理落后、货币政策和金融政策不完善等,都需要得到 IMF 的帮助,因而对于来自 IMF 的监督要求,很多发展中国家都只能忍气吞声和被动接受。发达国家正是利用发展中国家的这些弱点,借助 IMF 的监督及磋商机制肆意干预发展中国家的经济、社会和政治政策。实践已经表明,当发展中国家因受金融危机影响而向 IMF 求援时,IMF 对受援国提出的各项改革措施,大多是不符合其经济发展需求的。

最后,《IMF 协定》的管辖范围及对象是成员国及其国内货币制度,而且只能借助对成员国国内法如外汇管理法、证券法等的监督实现其对各国的监管功能。对于国内金融部门的监督,发展中国家认为应由成员国本身采取措施对资本跨国流动风险和证券市场风险等进行监管,即注重成员国自身的监管作用。发达国家则因其拥有份额和表决权的优势而更多地强调国际金融机构的监督作用。对于发达国家与发展中国家之间的诉求差别,IMF 在监督过程中显然无法公平地加以平衡和协调。

总之,IMF 的监督机制总体上仍然比较粗糙,而且它所推行的经济政策监督框架基本上是以少数经济发达国家作为参照物和蓝本的,并未考虑到发展中国家和欠发达国家的实际情况,缺乏最基本的公平性。因此,现行国际货币金融体制的监督机制必然会受到来自新型国际货币金融体制的挑战。新型国际货币金融体制由于是在发展中国家主导下建立的,更了解发展中国家对金融监管与监督的需求,能制定更适合新兴经济体国情和发展需要的政策和指导意见,急需救援的国家不仅可以及时获得实际的资金救援,更可获得来自新型国际金融机构的政策、技术、管理等方面综合性的支持。

(四)新型国际货币金融体制构建了公平的治理结构

《IMF 协定》第 12 条第 4 款 (a) 项仅规定总裁由执行董事会遴选产生,理事和执行董事均不得兼任总裁,但并未对总裁人选附加任何地域条件。然而,基于欧美之间的默契,自 IMF 成立以来,其总裁一直由欧洲人出任。如果说在二战后初期此种安排尚有其历史合理性，那么随着时间的推移，这一建立在欧美共治基础上的不成文规则已经日益同国际经济格局现实相悖，更不必说有违民主治理的基本原则。此外，IMF 还存在管理层遴选机制有欠公正和透明、发展中国家代表在其中所占比例过低等问题。尽管 IMF 已于 2016 年通过《董事会改革修正案》，结束了 IMF 指定执董的惯例，改为全部执董通过选举产生，① 但依然没有改变 IMF 管理层中力量对比失衡的问题，发展中国家在 IMF 管理层中处于不公平少数地位的现状依然如故。这些都导致 IMF 决策和运作过程中的"民主赤字"，削弱了其合法性、有效性和公平性。

在新型国际货币金融体制中，因其以发展中国家为主导，服务于发展中国家，且各国的国情及发展差异不大，代表的利益和追求的目标比较接近，其管理层多数采用由各发展中国家协商产生并且"轮流坐庄"，不易产生力量对比失衡的问题。以金砖银行为例，金砖银行总部设在中国上海，首任理事长来自俄罗斯，首任董事长来自巴西，首任行长来自印度。②

（五）新型国际货币金融体制构建了公平的区域性合作机制

区域性合作机制虽然与全球性货币金融合作机制的作用范围有所不同，但也是全球货币金融秩序稳定的重要保障。尤其是在金融危机来临之际，单凭 IMF 的救援，很难使受援国彻底摆脱危机和走上复兴。就 IMF 而言，由于其贷款条件过于严苛以及资源有限，并非所有危机受害国都能从 IMF 获得足够的贷款。因此，区域性国际

---

① 执董会是 IMF 负责处理日常业务工作的常设机构，由 24 名执董组成。在此之前，8 名执董由持有基金份额最多的 5 个成员国——美、英、德、法、日各指派一名，以及中国、俄罗斯与沙特阿拉伯各派一名；其余 16 名执董由其他成员国组成的 16 个选区分别选举产生。See IMF Policy Papers, Fifteenth General Review of Quotas-Report of the Executive Board to the Board of Governors, https：//www.imf.org/en/Publications/Policy-Papers/Issues/2016/12/31/Fifteenth-General-Review-of-Quotas-Report-of-the-Executive-Board-to-the-Board-of-Governors-PP5016, last visited on Mar. 12, 2021.

② 2015 年 7 月 7 日，金砖银行在莫斯科举行了首次理事会会议。在本次会议上，来自印度的瓦曼·卡马特被任命为首任银行行长，任期 5 年。之后，行长将按巴西、俄罗斯、南非、中国的顺序轮流产生。

组织的补充性救援显得非常重要，如欧盟、东盟、阿拉伯国家联盟（League of Arab States）、非洲联盟（African Union）等，在区域性货币金融合作方面都发挥着重要的作用。在危机救援过程中，新型国际货币金融体制可在资金和影响力方面给予危机受害国不可或缺的补充和支持，以弥补现行国际货币金融体制的不足。特别是在国际金融危机频发的当今世界，IMF现有2042亿特别提款权的可用资源显得捉襟见肘，因此，类似金砖国家应急储备基金这样的区域性或跨区域的货币金融合作安排都显得尤为重要。

在全球基础建设投资方面，最主要的资金需求来自新兴市场国家和地区，其中，处于发展中的金砖国家在基础设施建设等方面的资金需求占比最大，每年该部分资金需求在1万亿左右，而世界银行集团每年只能提供约600亿美元的贷款，因此，区域性金融合作机制的补充需求必然显得非常迫切。

第三节　新型国际货币金融体制的局限性

新兴经济体虽然构成当前世界经济发展的主要推动力，但因相关国家国情差异和经济发展悬殊较大，特别是金砖国家中的中国、俄罗斯、印度、巴西和南非，社会传统和文化历史差异都较大，地理位置相隔甚远，使得新兴经济体所主导构建的新型国际货币金融体制在全球金融治理方面存在一定的局限性，其形成的合力显得后继乏力，追求更远大的全球金融治理目标困难重重。

一、新型国际货币金融治理体制的核心经济体发展不平衡

金砖国家作为新兴经济体最有代表性的国家，它们之间存在的国情差异和发展不平衡，决定了由新兴经济体主导构建的新型国际货币金融体制在全球金融治理合力上有很大的局限性。

中国作为新型国际货币金融体制的核心国家之一，推行的中国特色社会主义市场经济所表现出来的活力和张力举世瞩目，不断创造出一次又一次的经济奇迹，也是目前发展最迅速的新兴经济体，

并已成为世界第二大经济体。但是,中国幅员辽阔,民族众多,地区发展不均衡,并因此导致贫富差距较大。

俄罗斯尽管继承了苏联的军事工业,军事力量强大,但与欧洲老牌工业国家相比,俄罗斯仍是后起的工业发达国家。在经过了一段非常曲折的发展道路后,俄罗斯凭借丰富的自然资源和科学技术等优势再度崛起。但值得一提的是,俄罗斯的轻工业相对落后,经济情况还没有彻底改观。

印度与中国国情较为类似,人口众多,地区发展不平衡。但不同的是,印度曾经历过较长时期的英国殖民统治,在经过非暴力的抗争后最终获得独立。此后,印度在信息技术上异军突起,经济取得快速发展。不过,印度目前仍然存在着复杂的国内矛盾,严重影响着经济的发展,近些年虽有所好转,但经济结构仍相对落后,工业主要集中在印度北部,南北贫富差距较大。同时,印度还存在着种姓制度,这也阻碍了经济的发展。此外,印度政府官僚化比较严重,对经济的发展及外国的投资均有所掣肘。

巴西地广人稀,人口以移民为主,在混合经济模式下取得了迅速发展,但产业结构落后,工业化程度与其他金砖国家相比相对较低。同时,巴西城乡发展严重失衡,城乡差距不断拉大,是世界上贫困人口最多和占人口比例最高的国家之一。巴西的农民种植玉米、烟叶等农作物和经济作物,大都还是庄园式的机械化生产。此外,国内政局的相对不稳定,也限制了巴西经济的发展。

南非位于非洲的最南端,拥有丰富的矿产资源,是非洲最发达的国家,经济相比其他非洲国家相对稳定。与印度一样,南非曾经历过长期的英国殖民统治,也经历过非暴力的抗争,但其发展方向与印度大不相同。南非的财经、法律、通信、能源、交通业等均较为发达,拥有完备的硬件基础设施,黄金、钻石生产量均占世界首位。同时,政治相对稳定,经济持续发展。

虽然以金砖国家为代表的新兴经济体的经济依然持续发展,但由于它们的国情及发展路径不同,导致它们对全球金融治理的利益诉求及合作意愿也各不相同。

二、新型国际货币金融体制对全球金融治理合力的局限性

新型国际货币金融体制作为全球金融治理的最新尝试,在全球金融治理中正逐渐发挥它的作用和影响力,而构建它的主体主要是以金砖国家为代表的新兴经济体及发展中国家。金砖国家虽然在世界经济发展中扮演着越来越重要的角色,但由于它们的国情和利益诉求各不相同,导致新型货币金融体制在全球金融治理中难以形成强大的合力和发挥支柱性的作用。

首先,新兴经济体及发展中国家,特别是金砖国家之间在政治、文化以及安全等问题上缺乏传统的国际盟友间的合作共识,各成员国对自然资源、市场份额、国际权力的追逐和控制存在利益冲突,其共同利益基础有待进一步加强;在制度、文化和历史传统方面,金砖国家之间差异显著,特别在政治上缺乏同质性,在边界领土争端以及区域和次区域主导权的战略竞争方面,各自的利益诉求和主张也不尽相同。

其次,金砖国家面临的国际发展环境存在较多不确定性,跨国金融资本监管难题、资源和能源价格剧变、全球贸易战升级、跨国公司投资战略调整等,都可能对金砖国家的经济发展和政治稳定造成不同程度的影响。同时,金砖国家的产业又处于全球价值链的中低端,自主性和创新性相对较弱,尤其是在资本市场开放度不高、金融监管能力较弱、经济结构不尽合理、基础设施相对落后、金融市场功能尚不完善、消费金融产品和服务能力不足、地区发展差异明显等情况下,容易导致贸易非正常化和金融稳定水平被动失衡,进而陷入更深层次的经济结构性不平衡。此外,金砖国家现阶段仍普遍缺乏具有全球辐射能力的国际金融中心,对发达经济体的市场和美元仍存一定程度的依赖,因此需要妥善处理国内经济发展模式转型等一系列棘手和复杂的问题。

自 20 世纪七八十年代以来,伴随着金融自由化和金融全球化的快速发展,新兴经济体的金融稳定屡遭冲击,货币危机不断发生。作为对策,很多国家尝试大量积累外汇储备,签署双边货币互换协定,参与区域性金融一体化进程,或在危机发生时向 IMF 寻求流动

性资助，但是这些措施并不能从根本上起到防治金融危机的效果。更重要的是，有的政策工具还需要付出较高的成本。譬如，大规模持有外汇储备意味着巨大的机会成本，即限制了外汇资源的有效利用。①

再次，新旧全球货币金融体制仍存在多方面的冲突，虽然新型全球金融治理体制一再表明其仅作为补充性机制的立场，但新兴经济体及发展中国家还是面临着来自旧全球金融治理体制的各种冲击与挑战。比如，虽然目前新兴经济体国家在国际金融组织的份额、投票权有所提升，但仍然与其真实的经济实力极不相称，而且新兴经济体国家在国际金融组织高中层管理职位的遴选、重要议程的设定等方面仍无法进入核心圈，在各种国际金融监管规则谈判中的议价能力和智力贡献也显不足，还没有真正成为影响全球金融治理格局的主导力量。在全球经济格局发生重大变革后的今天，无论是IMF还是WB，以美国为主导的治理结构仍然未发生根本性的改变。对这两大国际组织的份额和投票权结构进行改革，使中国等新兴经济体拥有更多的话语权，已是大势所趋。遗憾的是，由于种种原因，特别是由于美国国内政治力量的阻挠，这方面改革的推进仍显缓慢。同时，自2009年伦敦峰会成功促成各国经济刺激措施以来，G20对全球金融治理的引领作用总体上并不明显，正在演化成一个主要经济体领导人空谈和作秀的平台。因此，如何继续有效发挥G20在政策对话方面的积极作用，使之真正成为一个具有约束力的长效协调机制，是当前全球金融治理领域面临的最主要挑战之一。

事实上，无论是现行国际货币金融体制中的代表性机构IMF、WB，还是新型国际货币金融体制的组成机构亚投行、金砖银行、金砖国家应急储备基金等，都注重规则和标准的制定，注重政治对话与合作，但都缺乏法律强制力的执行机制。而全球金融治理实质上是一种经济干预，需要强有力的全球金融风险法律治理机制，缺乏这种机制的机构，就如没有牙齿的老虎，难以发挥应有的权威性作

---

① 参见张礼卿：《全球金融治理面临的八个问题》，新浪财经，2021年4月6日，http：//finance.sina.com.cn/money/forex/forexroll/2021-04-06/doc-ikmxzfmk5127591.shtml，2021年7月7日访问。

用。遗憾的是，目前并没有一个国际机构被赋予这项权力。因此可以说，强行国际法意义上的全球金融治理机构并不存在，国际社会缺乏强有力的金融监管法律治理机制已是毋庸讳言。此问题一日不予解决，全球金融风险之泛滥便无休止之期。纵使出现缓和之迹象，亦无长治之功效。①

最后，从新兴经济体历次在国际经济事务中合作来看，虽然总体的利益诉求较为一致，但它们在一些技术性的问题上往往难以协调一致，而这些技术性的问题，往往包含着政治性的矛盾，如果没有得到冷静和妥善的解决，有可能引发新兴经济体国家之间更深的矛盾，甚至可能导致合作破裂。也正是由于新兴经济体各国的国情差异、发展不均衡以及技术性问题难以协调等问题的存在，由新兴经济体主导构建的新型国际货币金融体制在全球金融治理领域仍难形成强有力的合力。因此，在新型国际货币金融体制中，新兴经济体及发展中国家仍需要从全球金融治理的大局出发，为了全球各国，尤其是发展中国家的共同利益，寻求最大的公约数，为缔造全球金融命运共同体构筑厚实的成员基础。

---

① 参见孙丽娟、石桐灵：《后欧债危机与全球金融风险治理的局限性》，和讯网，2015年2月14日，http://opinion.hexun.com/2015-02-14/173377019.html，2017年9月28日访问。

第三章
构建新型全球金融治理体制的理念

二战结束后建立的全球秩序，是以联合国为国际政治中心的大国协商机制，该机制反映了国际社会对一战结束后形成的国际组织（国际联盟）软弱无力的适当反思，从限制国家间使用武力发展为禁止国家间非法使用武力，并在国际社会层面建立了一大批国际组织、国际机构和相应的国际法律规范，使国际法第一次在如此广泛的国际社会中真正意义上实现了硬法化。正是在国际安全得到初步保障的条件下，国际社会为了避免世界大战的再次爆发，从政治、金融、贸易三个方面构筑了预防国际冲突的国际整体秩序安排，即政治方面基于《雅尔塔协定》奠定了战后治理结构，金融方面搭建了布雷顿森林体系，贸易方面达成了GATT。① 这三个体系相互交织，共同主导着二战后国际秩序的演变与发展。因此，在国际金融市场和国际金融秩序的不断变迁中，政治理想和贸易理念对国际金融市场的变动和国际金融规则的发展起着重要的推动作用。

金融危机频发暴露了国际金融治理理念的诸多弊端。在此背景下，无论秉持改良路径的国家中心主义者、秉持全球公民社会重建的世界主义者，还是欧洲将反紧缩政策与代表民主的合法性危机联系起来的纯粹自治主义者，② 都要求对传统的国际金融治理机制进行改革。鉴于全球金融治理与国际金融法治所要求的价值选择，在全球金融治理改革中，一方面应该努力建设一些面向个人的制度和规则，使得全球金融治理既能顺应人本化的发展潮流，又能为国际金融法治的实现奠定坚实的基础，因为"如果国际法不使个人承担义

---

① 参见郭树勇、史明涛：《建设新型国际关系体系的可能——从金砖国家开发银行和应急储备安排设立看世界秩序变革》，载《国际观察》2015年第2期，第16页。

② See Michael S. Pagano, How Have Global Financial Institutions Responded to the Challenges of the Post-crisis Era? *Applied Economics*, Vol. 49, Iss. 14, 2017, pp. 1414 - 1425.

务并授予权利,国际法所规定的义务和权利将毫无内容可言"①。另一方面,应该有步骤地完成国际软法的硬法化转型。尽管不赞同"以软法的形式来治理全球"②,因为过去的国际金融治理经验已经告诉我们,国际软法在处理金融治理事务时会陷入救济效力软弱无力的窘境中,但"全球化的时代对国际经济法律规则的需求呼唤着一种新的多元国际经济立法模式的出现"③。这个判断无疑是极其宝贵的,就如德国前国际法院法官布鲁诺·西玛所认识的那样,"随着对国际共同体的共同利益的认识加深,国际法已不限于规范国家间的权利义务关系,而且包含了整个国际共同体的利益,这不仅包括国家,而且包括了所有人类,国际法正向国际共同体的法律秩序发展或迈向真正的公共国际法"④。所以,提出全球金融秩序稳定与金融利益共享的新治理理念,倡议互利共赢和全球合作的价值观,在软法的基础上创设有强制约束力的国际法律,并强调国际社会作为一个命运共同体的整体福利增长和开放发展中的利益共享,对于全球金融治理体制的构建显然具有现实的指引价值。

第一节　现行国际金融治理理念的弊端

一、现行国际金融治理理念的来源

19世纪后期到20世纪初期的金本位制时代,古典自由经济理论是西方国家宣扬的主流经济思想。该理论强调市场自由运转,排斥政府干预,认为市场可以由私人的个体理性引导,通过大众追求个人利益从而自发调节市场的供需关系。因此,该理论认为政府应该

---

① 〔奥〕凯尔森:《法与国家的一般理论》,沈宗灵译,中国大百科全书出版社1996年版,第376页。
② 罗豪才、宋功德:《认真对待软法——公域软法的一般理论及其中国实践》,载《中国法学》2006年第2期,第4页。
③ 同上。
④ 马新民:《和平共处五项原则的"利益观":兼顾国家与国际社会的利益》,载中国国际法学会主办:《中国国际法年刊(2014)》,法律出版社2015年版,第15页。

与市场保持一定的距离,尽量将市场从政府干预中解放出来,追求最小的政府与最有效率的市场。该理论是对 18 世纪之前国家干预市场的重商主义的反思,旨在反对财富特权化,追求将市场福利分配给广大平民。

但是,一战后金本位制的崩溃以及 1929 年经济大萧条,使得民族国家深刻意识到自由放任的市场并不充分有效,"看不见的手"也会失灵。古典自由经济理论过于强调市场与政府的二元分离,但若国家间贸易因政治利益或国家利益的冲突而破坏市场的自由基础,该理论假设的外部条件——货币基础和"萨伊法则"(Say's Law)就会出现不充分性,尤其是在战时、经济大萧条或经济危机时,对该理论的批评和质疑愈加强烈。在 1929 年全球经济大萧条中,美国率先调整政府在市场中的作用,强化政府对市场的干预,取得积极效果,助推了之后凯恩斯主义的传播。因此,二战结束后,强调政府干预的思想直接影响到国际金融秩序的重建。

整体而言,二战结束后布雷顿森林体系的建立深受凯恩斯主义的影响,国际金融秩序以 WB 和 IMF 为核心机构,强调美国和美元的基础作用,约定固定汇率制,强调成员国对维持特定外汇汇率的义务等,都体现了明显的政府干预。但在历次货币危机尤其是多次美元危机后,美国及其他西方发达国家转向保护主义或新型的重商主义,国际金融市场逐渐被分隔,使凯恩斯主义理论受到挑战。

从实践层面来看,继英镑危机后,1971 年第三次美元危机爆发,美国单方面放弃布雷顿森林体系下约定的国际义务,将《史密斯协议》作为放弃义务的追加理由,但很快美国又背弃了《史密斯协议》,布雷顿森林体系彻底崩溃。然而,美国及其西方盟国掌控下的 WB 和 IMF 却被保留下来,继续在残存的治理网络下依靠后布雷顿森林体系中的《牙买加协定》勉强维持国际金融治理体制的运行。《牙买加协定》的签署昭示着政府干预主义在国际金融治理中影响的减弱,浮动汇率机制和储备资产的多元化使得国际金融治理有了更加灵活的选择。与单一国家强制性的政府干预相比,《牙买加协定》反映了过度干预后的自由化倾向。与此同时,在国际金融治理主体方面,美国选择与其他西方发达国家组成 G7,共同维护国际金融市场的稳定与发展，并在 1997 年亚洲金融危机后，启动姗姗来迟的国际金融决策机制改革，① 采取第二波自由化措施，选择性地吸收部分代表性的新兴经济体及发展中国家参与国际金融治理，形成 G20 部长会商机制。

然而，由于西方国家利益集团的私利和偏见，G20 部长会商机制并没有产生实际上的金融治理权力的多元化，对调整全球金融治理结构的影响非常有限。以 G7 为核心的传统国际金融治理机制则面临治理理念、代表性、合法性和有效性的质疑和挑战，② 特别是在 2008 年全球金融危机爆发后，国际社会对旧治理体制愈加不满，要求改变传统治理机制的呼声日趋高涨，G7 被迫将 G20 部长会商机制升级为 G20 首脑峰会，开启了国际金融治理自由化的第三波改革。

从理论角度来看，国际金融治理的自由化改革，一方面是对政府干预主义的本能反对，另一方面也有其他经济学理论发展后的助推效应。

首先，发展主义理论推动了国际经济治理的多元化。③ 二战结束后，殖民地国家纷纷独立，广大发展中国家专注于国家经济建设，但它们逐渐发觉，在发达国家构筑的国际经济体系中它们始终处于被治理地位，两者在国际经济体系中的地位极不平等，特别是原殖民地国家，其国内经济建设很大程度上依附于发达国家的宏观安排，长期以来的经济规划主要基于满足发达国家的需求而产生的不平等"国际分工"合作。对此，劳尔·普雷维什提出了发展主义理论，认为发展中国家要摆脱贫穷落后的现状，必须既要改变在国际经济体系中的被动地位，也要转变国内经济建设的基本理念。该理论存在一个前提判断，即发展中国家处于发达国家主导的"中心—外围"的国际经济治理体制中，所以发展中国家的经济建设和工业化建设，

---

① See Randall D. Germain, Global Financial Governance and the Problem of Inclusion, *Global Governance: A Review of Multilateralism and International Organizations*, Vol. 7, Iss. 4, 2001, p. 411.

② 参见郭树勇、史明涛：《建设新型国际关系体系的可能——从金砖国家开发银行和应急储备安排设立看世界秩序变革》，载《国际观察》2015 年第 2 期，第 18 页。

③ 发展主义理论主要由三个理论组成，即现代化理论、依附理论和世界体系理论，这里是从总体的角度论述发展主义理论对国际经济发展的影响。

既要积极改变在国际经济治理结构中的不利地位,营造有利于国内经济发展的良好"外围"环境,也要积极干预国内市场,强化进口、控制出口,要用大规模的进口来快速弥补经济建设的滞后。

其次,依附理论推动了国际经济新秩序的建设。[1] 发展中国家认为发达国家的无情剥削导致其处于落后的困境中,发达国家在殖民地政策结束后,仍然借助各种政治、经济、文化的影响力设计有利于发达国家的国际秩序,并通过该秩序继续控制发展中国家,使它们依附于发达国家,继续为其利益服务。因此,该理论认为必须彻底揭露发达国家的阴谋,找到导致发展中国家落后的真正原因。同时,要建立反对依附的新发展理念,创建反对发达国家控制的国际经济新秩序,谋求国家间平等的参与权和决策权。

最后,不平等交换理论揭示了不公平国际贸易可能带来的危害。不平等交换理论认为,在旧体制中国际贸易不一定能给发展中国家带来富裕,如果国际经济秩序和分工体系不合理,国际贸易中就一定存在不平等交换关系,劳动生产率低和工资水平低的国家(一般是发展中国家和欠发达国家)创造的剩余价值就会通过国际贸易转移到发达国家。所以,大量跨国贸易不仅不能给发展中国家带来经济增长,而且可能损害发展中国家的稳定发展。不平等交换理论提醒发展中国家,在关心国际经济秩序改革的同时,也要关注自身经济结构转型。

上述理论影响了国际经济治理结构的改革,受到广大发展中国家的追捧,并在实际上产生了两种截然相反的价值追求,即在国内强调政府干预、限制市场的自由竞争,但在国际经济建设层面要求去中心化,认为不公平的国际经济秩序导致发展中国家更加落后,是"国际秩序毒化了依附地区的经济政治和文化发展"[2],因此必须

---

[1] See Dale L. Johnson, Economism and Determinism in Dependency Theory, *Latin American Perspectives*, Vol. 8, Iss. 3/4, 1981, pp. 108-117; Tony Smith, The Logic of Dependency Theory Revisited, *International Organization*, Vol. 35, Iss. 4, 1981, pp. 755-761; Thomas Angotti, The Political Implications of Dependency Theory, *Latin American Perspectives*, Vol. 8, Iss. 3/4, 1981, pp. 124-137.

[2] 〔美〕詹姆斯·多尔蒂、小罗伯特·普法尔茨格拉夫:《争论中的国际关系理论(第5版)》,阎学通、陈寒溪等译,世界知识出版社2003年版,第490页。

彻底改变治理理念，建立国际经济新秩序。这种反对旧秩序的斗争，直接推动国际经济治理的自由化，为国际金融治理从布雷顿森林体系向牙买加体系的转变提供了支持，但在国际和国内治理中采取两种截然不同的理念，在呼吁他国开放金融市场的同时，本国却通过政府干预构筑国内壁垒，建立金融保护圈，实际上形成了"我—他"二元对立。这种冲突牵引着牙买加体系之后国际金融秩序不断变动，为新自由主义主导国际金融治理奠定了基础。

20世纪70年代末到80年代初，鉴于对已有的、日趋保守的国际金融市场的不满，同时也是切合美英国内经济发展的需要，以货币供给学派为代表的新自由主义兴起，在国际社会形成一种促进市场自由化、放弃政府管制的风潮。自由化风潮在国际社会的突出表现就是WTO乌拉圭回合后期艰难的金融市场自由化谈判，[①] 在国内则主要强调放松经济管制对促进国家经济增长的有效性，倡导建立一套比较有效的促进国家经济自由化并增强与外部联系的系统政策。

综上，新自由主义在金融治理领域的应用主要表现在两个方面：一是WTO乌拉圭回合谈判达成GATS及其金融服务附件、相关谅解，使得金融服务的特别规则成为GATS的一部分；二是新自由主义在一段时间内影响了IMF和WB的主要指导思想，促进了IMF职能的转变，并借助金融工具，如结构调整计划（SAPs），向发展中国家灌输新自由主义思想。尽管在新自由主义的影响下，世界经济貌似获得一定的复苏，但是，过度强调自由化和放松管制，也直接导致了大大小小区域性金融危机的不断爆发。但是，过度强调自由化和放松管制，也导致了大大小小的区域性金融危机。

鉴于对国际金融市场周期性波动的担忧以及对发达国家放任金融危机波动的不满，发展中国家和欠发达国家多次要求对国际金融治理体制进行改革，G20首脑峰会机制的形成就是初步成果。至此，国际金融治理才真正走向多元化发展方向。但是，考虑到美国金融

---

① 参见李国安：《全球金融服务自由化与金融监管法律问题研究》，载《法商研究》2002年第4期，第66—74页。

影响力的逐渐减弱、欧洲金融影响力受限①以及新兴经济体的金融话语权逐步提升,未来双边性金融合作和区域性金融安排可能更加频繁,国际金融秩序可能陷入较长时期的碎片化状态,甚至会陷入短暂的失序期。毫无疑问,这种失序的预期和碎片化的结构注定会引发保护主义的兴起,威胁到国际金融市场的自由化发展。②

二、现行国际金融治理理念的困境

(一)价值理念困境

1. 西方主导的金融治理理念的片面性

到目前为止,国际金融治理理念主要来自西方国家倡导的经济哲学思想,这些理念主要是西方国家根据其经济发展和政治权力变迁而选用的施政性思想。但是,它们实际上是选票机制下的施政性政策,一方面会因政党权力斗争而变得极为实用,尤其关注短期利益和快速效益,对长期利益则关注不够;另一方面,资本主义制度本身的缺陷,决定了西方国家市场经济发展必然出现周期性波动,产生周期性的低潮期,而执政党或政府为了解决低潮期带来的冲击,往往会采用比较激进的新治理办法,所以,国际金融治理理念也会随之呈现周期性波动。

当下,国际金融治理理念还是在自由主义与保护主义之间摇摆,各国仍然没有找到两者之间的平衡点,而且由于西方多党竞争的政党制度使得治理政策容易滑向极端,加剧了找到平衡点的难度。从理论设计的框架而言,自由主义或保护主义都存在理论盲区,或者说都具有一定的片面性。根据哈耶克的理论,国际金融市场强调自由化,主要是强调市场的主体自由、一般规则和充分的市场竞争。其中,对一般规则的强调只是通过市场自发调节来自动发现内部规则,从而建立外部规则。不难看出,"在价值基点上,新自由主义是

---

① See Daniel Mügge, The European Presence in Global Financial Governance: A Principal-agent Perspective, *Journal of European Public Policy*, Vol. 18, Iss. 3, 2011, pp. 383-402.

② 参见薛荣久、杨凤鸣:《全球金融危机下贸易保护主义的特点、危害与应对》,载《国际经贸探索》2009年第11期,第4—7页。

对洛克个人权利至上的继承,自由的主要目的是向个人提供机会和动因,以使个人所具有的知识得到最大限度的使用"①。但是,新自由主义在追求主体机会自由时,忽视了主体身份的不平等和竞争地位的不平等;在规则建构中,过于追求形式平等而忽视实质平等;在价值判断上,过于追求形式正义而忽视实质正义。因此,西方主导的国际金融治理理念因过于强调市场主体的自由性和形式平等,在治理机制的设计上忽视了主体的身份差异,导致国家间权利义务关系失衡。另外,尽管新自由主义认识到"自由主义不是无政府主义"②,但新自由主义否定社会正义,强调依据市场规律分配金融资源的神圣性,其实质是强调国际金融治理结构中"市场效应"和"资本权利"的中心地位,强调金融资源的流动应完全体现利润最大化和效率最优化,而无视与金融资源流动伴生的社会问题、道德问题③和企业责任问题④。

2. 西方主导的金融治理理念的双重标准性

西方国家对于构建和维持什么样的国际金融秩序存在不同的利益诉求,⑤并采用内外不同的判断标准。具体来说,西方国家往往根据自身国家利益进行国际治理规则的界定,如果国际事务符合其国家利益,就会要求其他国家采用国际规则;如果国际事务不符合其国家利益,就会反对本国和他国适用相同的规则或者直接修改规则使其符合自身利益;更有甚者,对同一事项要求不同国家适用不同

---

① 〔英〕弗里德利希·冯·哈耶克:《自由秩序原理(上)》,邓正来译,生活·读书·新知三联书店1997年版,第96页。

② 〔奥〕路德维希·冯·米塞斯:《自由与繁荣的国度》,韩光明等译,中国社会科学出版社1995年版,第77页。

③ See Shanuka Senarath, Securitisation and the Global Financial Crisis: Can Risk Retention Prevent Another Crisis? *International Journal of Business and Globalisation*, Vol. 18, Iss. 2, 2017, pp. 153–166.

④ See Michael S. Pagano, How Have Global Financial Institutions Responded to the Challenges of the Post-crisis Era? *Applied Economics*, Vol. 49, Iss. 14, 2017, pp. 1414–1425.

⑤ See Stefan A. Schirm, Ideas and Interests in Global Financial Governance: Comparing German and US Preference Formation, *Cambridge Review of International Affairs*, Vol. 22, Iss. 3, 2009, pp. 501–521.

的规则。这种极其自私的国家利益观,导致的后果就是双重标准,操纵和玩弄国际金融规则。形成双重标准的缘由在于西方治理理念深受传统现实主义的影响,认为国际体系处于无政府状态,[①] 国家参与国际关系就是为了追求权力和利益,因而,在国际金融治理实践中极度强调经济、军事实力和国际均势。尽管后来的新现实主义学说修正了传统现实主义对权力和利益的过度追求,但仍然强调国家利益至上和均势理论。所以,对国际金融治理进行"我—他"双重界定,从基础上决定了其治理秩序是不平等的。

3. 国际金融治理理念存在分歧

当前,主要国际金融机构和组织仍然控制在西方发达国家手中,其运行规则和运行理念反映的是西方发达国家的价值观。随着发展中国家强烈要求在国际金融治理中拥有更多话语权,并努力推动建构一个能够体现其利益诉求的国际金融秩序,发展中国家开始向国际社会提供新的治理理念。西方发达国家强调国际金融治理中的"管理"或"治理"功能,并自动假设其治理理念具有先进性,因而更多地要求非发达国家服从和跟随,而发展中国家则强调国际金融治理中的"合作性",强调参与、合作和共享,反对强加于他国的干预和干涉;发达国家集团强调国际金融市场的极端"自由性",不断向国际社会灌输市场自由的优越性,但发展中国家更强调国际金融市场的有序"发展性",要求金融市场的发展应该与国内的经济发展水平相匹配;发达国家要求金融市场的开放性和流动性,认为金融资源应该依据资本权利和市场规律自然流动,而发展中国家则强调金融市场的管制性,认为金融资源的分配应该体现社会正义。因此,国际社会对国际金融治理所秉持的理念存在较大分歧其至差异是无法回避的现实。

(二) 国际金融治理机制创设理念的困境

1. 代表性困境

现行国际金融治理机制在创设之初所遵循的理念深受传统现实

[①] See Robert J. Art and Robert Jervis (eds.), *International Politics: Enduring Concepts and Contemporary Issues*, 2nd ed., Little, Brown & Company, 1985, pp. 7-8.

主义的影响,认为国际社会处于无政府状态,极力强调国际金融治理中的权力争夺,主张依据国家实力分配角色和资源是符合物竞天择的自然法则。该理念在其后的发展中受政策定向学说的影响,主张国际金融秩序就是国家利益通过对外政策竞争后的博弈结果,国际金融治理机制应该体现世界上最强大国家或大国集团的意志。在该理念指引下,西方发达国家认为自己就是国际金融事务当仁不让的管理者,其他国家则是被管理者,从而形成"我—他"区别,产生了对立与分类。但是,国际金融治理体制的本真应该是国际社会通过协商合作、达成共识而建立起来的代表国际社会普遍利益的协作体制,国际金融治理的主体应该是国际社会共同体,而不是西方少数国家。因此,现行国际金融治理体制从产生之日起就深深烙上西方霸权主义的印记,其创设及运行理念都体现着强权思维和"我—他"二元区分,主要代表的是发达国家的利益,不具有普遍代表性。而治理机制的欠代表性可能产生三个方面危害:其一是导致治理机制的公信力不足,影响其合法性;其二是解决问题的能力不足,影响其治理有效性;其三是国际社会共同体的凝聚力下降,影响其稳定性。

2. 有效性困境

有效性是衡量任何一种治理机制是否良好或是否完善的重要因素。对于国际金融治理机制的创设而言,是否有效主要体现在两个方面,一是该机制能否有效供给公共产品,二是该机制能否有效地预防和解决国际金融市场中出现的风险与问题。从现行国际金融治理机制的发展来看,这两个方面都存在较大问题。

第一,公共产品供给不足。布雷顿森林体系自建成时起就存在机制僵化、公共产品供给不足的问题,无论是国际储备资产的供给、IMF 和 WB 的贷款项目,还是区域性开发银行的贷款项目、资金规模都非常有限,且因其设计了许多前置性条件或附加条件,使得项目的选择和使用受到很大制约,迫使很多国家在该体系之外寻找双边或其他资金支持。

第二,这些治理机制未能有效预防和解决金融市场出现的风险和问题。布雷顿森林体系以及牙买加体系都曾经历过大小不一的多次金融危机。回顾金融危机频发的缘由，虽然每次危机的客观情况不同，但相同的是都是因为国际金融治理机制的乏力和未能有效发挥作用，既未能有效预测金融风险，也未能采取适当的措施预防和化解风险，或者即使采取一些救援措施，其解决方案也存在较大问题，或过于迟缓，或过于激进，往往为下次的危机留下隐患。

3. 监管性困境

金融监管机制缺失是当前国际金融治理面临的难题。[①] 布雷顿森林体系初建时，创建者已经意识到建设一套完善且有效的监管机制对金融体系的良好稳定运行至关重要。但是，由于创建理念本身存在缺陷，二战后建立的以 IMF 为代表的国际金融监管机制不仅没有从根本上起到制约、监管、指导国家金融行为的作用，而且成为西方大国控制他国和主导国际社会的政策性工具。后来，虽然随着巴塞尔银行监管委员会（BCBS）等机构的成立和一部分非强制性协定在国际社会的适用，金融领域逐渐出现全球监管的雏形，但这种监管机制是一种选择性监管，在宏观理念上缺乏对大国（特别是核心国家）的监管、约束方案，在微观上也缺乏有效和完善的监管机制。

首先，缺乏全球性监管机制。随着信息产业技术的发展，金融创新日趋频繁和复杂，跨国金融交易往往利用各国监管空白和监管漏洞创设出种类繁多、结构复杂的金融工具和金融衍生品，但现有的监管机制却零零散散、相互重叠和相互矛盾，使监管面临碎片化困境。[②] 如果缺乏有效、统一的国际监管，在市场机制的助力下金融创新终将造成过度供给、过度创新甚至恶意创新，并会蕴藏各种潜在的金融风险。

其次，缺乏全球性金融风险预警机制和救援机制。现有国际金融监管机构缺乏有效的风险预警机制和救援机制，对可能发生的金融风险缺乏有效的感知、预测和判断，也缺乏系统的救援机制。同

---

① See Randall D. Germain, Global Financial Governance and the Problem of Inclusion, *Global Governance: A Review of Multilateralism and International Organizations*, Vol. 7, Iss. 4, 2001, pp. 411-426.

② See C. Randall Henning, Avoiding Fragmentation of Global Financial Governance, *Global Policy*, Vol. 8, Iss. 1, 2017, pp. 101-106.

时，现有的救援措施主要是由各国单独实施的，国际社会无法形成救援合力，救援工作各自为政，缺乏协调性、统一性和机制化。

最后，缺乏充分的信息披露机制。信息披露机制是金融监管机制中最重要的设计，可以为市场主体和监管主体提供充分和有效的信息，解决因信息不对称造成的判断错误。但是，当前的国际金融监管体制欠缺有效的信息披露机制，各国对信息披露的标准和范围各不相同，导致信息披露不充分或者信息披露存在盲区，从而形成投机空间，诱发金融投机行为，破坏金融市场的稳定性和可预见性。

第二节 大国博弈与全球金融治理理念新进展

一、大国博弈与全球金融治理理念之争

（一）大国金融治理的博弈实践

国际金融秩序的演变和发展过程是一部世界主要国家在金融市场相互博弈的历史，国际金融治理机制的形成和发展也是各国为了追求自身利益最大化而进行权力斗争的结果。二战结束后，美国在与英国的国际金融领导权争斗中取得胜利，以其"怀特计划"为基本框架设计了战后国际金融秩序，并和以苏联为首的社会主义国家集团展开竞争。到了布雷顿森林体系发展的中后期，随着发展中国家和77国集团的兴起，各国对国际金融资源的争夺更加激烈，[①] 结果是布雷顿森林体系瓦解，国际金融秩序陷入混乱。直到牙买加体系的建立，才使国际金融治理得到一定程度的恢复。但是，里根主义和撒切尔主义倡导的自由竞争，既是大国的扩张自由，也是集团内部的竞争自由，在要求发展中国家开放市场的同时，却在国内或者集团内部筑起保护主义的壁垒，迫使发展中国家加入GATT及其

---

① 参见〔挪威〕盖尔·伦德斯塔德：《大国博弈（第六版）》，张云雷译，中国人民大学出版社2015年版，第251—256页。

他区域性自由贸易区,并在乌拉圭回合谈判中力争金融服务自由化的相关权益,加剧了不同工业化国家之间的斗争。① 最终,WTO 的成立和 GATS 的达成,暂时稳定了金融贸易秩序。但是,"华盛顿共识"取得的成效并不大,1997 年亚洲金融危机的爆发更动摇了各国对该体系的信心,使得西方大国认识到"世界(当然包括第三世界)充满了太多的不一致性,很难将其装进一个窄狭的新自由主义式的西方议程中"②。于是,G7 国家内部在经过激烈的争论之后,将 G7 升级为 G20。至此,过去主要集中在西方发达国家之间的大国金融博弈,逐渐转移到世界上主要国家之间的博弈。

(二)大国全球金融治理理念的争论

联合国全球治理委员会认为,全球治理"是个人与机构、公共部门与私营部门管理共同事务的诸多方式的总和,是使相互冲突或不同利益的各方得以协调并采取联合行动的持续过程"③。因此,在金融资源全球化与金融监管日益分散化的变革转型中,国际金融治理机制迫切需要全球力量的联合协作。但是,随着全球问题的复杂化,国际金融治理不但变得更加繁杂,而且因为国际权力结构出现前所未有的新变化,导致对国际金融治理改革的讨论变得更加敏感。

1. 霸权稳定论及其争议

霸权稳定论认为,全球金融治理秩序中最重要的是国家实力,只有存在一个集中的强大国家权力才能领导相对分散的各国有序安排全球金融事务。该理论认为国家政治权力的变革是主导全球金融治理机制变迁的根本原因,所以,全球金融治理的重要内容就是确定国际关系中的权力结构,明确处于不同权力结构等级中的成员身份,并依成员身份划分相应的地位和作用。因为"共同体必须要由成员组成,并具有确定谁是该共同体的成员或谁不是的某种方式,

---

① 参见〔挪威〕盖尔·伦德斯塔德:《大国博弈(第六版)》,张云雷译,中国人民大学出版社 2015 年版,第 256 页。
② 同上。
③ Commission on Global Governance, *Our Global Neighborhood: The Report of the Commission on Global Governance*, Oxford University Press, 1995, pp.2-3.

从某种意义上说，成员身份是首要的政治问题"①。很明显，霸权稳定论语境下的全球金融治理权的分配仍旧是一个老套的国际政治斗争，是对传统现实主义所强调的无政府状态下国家权力决定国际金融秩序论调的支持。

尽管霸权稳定论观察到国际关系的现实，国际社会也的确应该从该现实出发确定国际金融治理规则，但该理论却无法有效回应以下质疑：

首先，旧的霸权衰落之后，是否必须出现新的霸权？在过去相对比较封闭的环境中，霸权力量对于稳定国际金融秩序起着决定性作用，因为金融资源的稀缺性决定其依赖霸权国家维持的国际安全流通渠道。但是，在经济和金融日益全球化的今天，维持国际金融流通的安全性已经不像过去那样依赖霸权国家，或者说霸权国家已经没有能力依靠一国的力量维持国际金融流通的安全。

其次，霸权稳定论语境下的国际金融秩序稳定是否具有持续性？尽管霸权稳定论有助于解释二战后国际金融秩序的创设，当国际社会目标一致时也能够比较有效地处理金融风险，却不能解释为什么在大国的金融政策目标不一致时，霸权在处理国际金融事务时就会失去效果。新现实主义一般认为，"随着霸权的衰落，一个从霸权合作到霸权后合作的时代就会缓慢出现"；"霸权的衰落并不必然对应地导致这些国际制度消失"。② 但是，新现实主义却忽略了霸权稳定语境下制定的国际金融机制完全依赖于主权国家，并且主要依靠国际软法的形式维持运转。那么，当非政府组织和国际社会力量壮大时，该机制是否仍然有效？

最后，霸权的来源是否稳定？霸权稳定论的一个重要假设是，国家是一个单一理性的行为体，这一点承袭了传统现实主义国际关系理论的观点。"现实主义国际关系理论将国家视为一个单一理性的

---

① 参见〔美〕德博拉·斯通：《政策悖论：政治决策中的艺术（修订版）》，顾建光译，中国人民大学出版社2006年版，第19页。
② 参见〔美〕罗伯特·基欧汉：《霸权之后——世界政治经济中的合作与纷争》，苏长和等译，上海人民出版社2001年版，第23页。

行为体,认为国家有统一的意志和利益,能够形成明确的价值观念。"① 但是,这个假设本身可能存在问题,因为国家是由很多不同利益者组成,构成国家的群体之间利益并不一致。在现实国际金融关系中,国家内部主要阶层或者统治阶层的金融利益并不总是代表国家的金融利益,并不能总是产生出统一、明确的价值观。当国内社会的民主化程度达到一定程度时,国家权力的来源会更加分散,在国际社会形成霸权的概率会大大减少。

2. 新自由制度主义及其争议

新自由制度主义认为制度是解决国家面临的集体行动问题的办法,但它刻意与传统的理想主义作出区分,承认国家之间有利益冲突,主张"制度可以降低交易费用、提高良好声誉的价值、增强预测性、确定标准、提供有关其他国家行为的信息,以及在其他方式下改变国际环境的各个方面,使得合作有利于实现共同利益"②。同时,该理论认为,"有效的全球治理离不开合适的制度安排,在全球化发展过程中,国际制度已经成为全球治理的重要载体"③,所以,在国际金融秩序变迁发展的关键时刻,更需要全球金融治理制度的创新。从来源来看,该理论承认国际权力结构,但围绕国际制度的建设来规划全球治理秩序,而不是单纯强调国家权力,尤其是霸权的争夺;④ 从理念来看,该理论强调多边主义,认为良好制度的建设需要成员间的努力合作,需要非歧视的合作理念。⑤ 针对国际金融治理制度的弊端,该理论认为,一方面要确立非歧视的新治理理念和

---

① John J. Mearsheimer, Reckless States and Realism, *International Relations*, Vol. 23, 2009, p. 241.
② 参见〔美〕莉萨·马丁、贝思·西蒙斯编:《国际制度》,黄仁伟、蔡鹏鸿等译,上海人民出版社2006年版,第1页。
③ 叶江:《全球治理与中国的大国战略转型》,时事出版社2010年版,第90页。
④ 这里也指查尔斯·金德尔伯格所认为的霸权,即"主导权"(dominance)。参见〔美〕奥兰·R.扬:《政治领导与机制形成:论国际社会中的制度发展》,载〔美〕莉萨·马丁、贝思·西蒙斯编:《国际制度》,黄仁伟、蔡鹏鸿等译,上海人民出版社2006年版,第10页。
⑤ 参见〔美〕莉萨·马丁:《利益、权力和多边主义》,载〔美〕莉萨·马丁、贝思·西蒙斯编:《国际制度》,黄仁伟、蔡鹏鸿等译,上海人民出版社2006年版,第35—64页。

包容多元的价值取向,另一方面要增强全球金融治理制度的有效性。

批评或质疑者认为,国际金融治理制度的发展与国际社会的需求不相适应,因为国际社会处于一种无政府状态,没有一个统一的金融权力中心,无法制定一种能够和国内金融制度相媲美的国际金融制度;由于国际社会缺乏国内立法中的那种强制力,建立国际金融制度需要很长时间,会产生很高的"立法成本"。同时,一项国际金融制度建立后,会产生比较严重的路径依赖,其结果可能导致创建的国际金融制度严重滞后于实践的发展,不仅难以达到最佳的治理效果,而且最终可能成为国际社会相互合作的新障碍。此外,批评者还认为,制度由于缺乏改变国际环境的能力,对国家行为方式几乎没有什么作用,[1] 并且国际制度的"有效性"比较难以界定,无论是奥斯陆-波兹坦方案[2],还是图宾根分析法[3],都不能完全、客观解释国际制度的有效性。

二、全球金融治理理念的新进展

2008 年全球金融危机爆发后,全球经济普遍疲软,大宗商品价格不断下跌,大多数国家和经济体都面临去杠杆的压力,[4] 尤其是欧元区国家、日本和美国竞相货币贬值,令本来混乱不堪的经济形势雪上加霜,充分暴露了以国家利益为最高价值标准的现实主义金融治理理念和政策的根本缺陷。在国际社会强烈要求改革的压力下,G7 才勉强扩展为 G20,提出"金融稳定"和"全方位监管"的全球金融治理理念。但是,西方国家为了维护其既得利益,故意拖延改革进程,使得本次改革取得的成效非常有限。鉴于西方国家

---

[1] See John J. Mearsheimer, The False Promise of International Institutions, *International Security*, Vol. 19, Iss. 3, 1994/1995, pp. 5-49.

[2] 奥斯陆-波兹坦方案,即 the Oslo-potsdam Solution,是欧洲学者于 20 世纪 90 年代提出的系统研究国际制度有效性的方案,主要通过微积分的形式获得国际环境制度有效性的标准。

[3] 图宾根分析法,即 Tübingen Approach,是欧洲学者在 20 世纪 90 年代初期提出的分析国际制度有效性的一种方法,提出构建一个考虑价值冲突、方法冲突、绝对利益冲突和相对利益冲突的统一衡量标准。

[4] See Salim Lahmiri, A Study on Chaos in Crude Oil Markets Before and After 2008 International Financial Crisis, *Physica*, Vol. 466, 2017, pp. 389-395.

的顽固立场,新兴经济体及发展中国家开始推动新的国际金融治理理念。

(一)金融稳定理念

西方发达国家深受新自由主义的影响,其金融政策趋向于追求穆勒式的自由,强调"不应该对社会成员的任何自由行为进行干预,无论这种干预是来自其他个体还是来自集体";"政府对个体选择的干预应该越少越好"。[①] 因此,金融自由被夸大化,金融稳定的重要性被忽视。直到1994年墨西哥金融危机爆发后,国际社会才开始关注国际金融稳定问题,并将国际金融稳定作为判断和防范系统性金融风险和国际金融危机的主要目标。但在2008年全球金融危机爆发前,国际社会对金融稳定的重视只是停留在形式上,直到金融危机爆发后,国际社会才意识到全球化和大量的金融创新已经使金融秩序变得脆弱不堪,才在G20伦敦峰会上设立金融稳定理事会(FSB),由FSB来统一负责制定和实施促进全球金融稳定的相关办法。至此,金融稳定才成为全球金融治理中的基本价值理念。

首先,金融稳定理念强调整体安全与稳定。在全球化时代,各国金融市场相互勾连在一起,互联互动,国家之间的金融传导作用可能与一国自身的经济金融结构以及与他国之间一体化程度的高低存在关联性,[②] 任何国家都逃脱不了全球金融整体环境的影响。因此,G20治理机制要求的金融稳定理念是指国际金融体系的整体安全,而不是单指某个地区或某个系统内的金融稳定。

其次,金融稳定理念强调国际金融治理规则的稳定。鉴于国际社会的无政府状态,过去的国际金融治理高度依赖大国间协商一致后达成的共识和国际软法,治理规则容易变动,稳定性不强。但当下的国际统一立法、国际惯例和国际金融标准规范,都呈现出软法

[①] 参见〔美〕德博拉·斯通:《政策悖论:政治决策中的艺术(修订版)》,顾建光译,中国人民大学出版社2006年版,第108—113页。

[②] See F. Gulcin Ozkan, D. Filiz Unsal, It Is Not Your Fault, But It Is Your Problem: Global Financial Crisis and Emerging Markets, *Oxford Economic Papers*, Vol. 69, Iss. 3, 2017, pp. 591-611; Eric Tong, US Monetary Policy and Global Financial Stability, *Research in International Business and Finance*, Vol. 39 (Part A), 2017, pp. 466-485.

硬法化的趋向。例如，很多国家开始在双边投资条约中加入与国家金融规制权相关的条款，① 限制东道国的金融规制权，并且有可能被纳入正在讨论的国际投资条约中。因此，创设一套相对比较稳定的国际金融治理规则有助于国际金融体系的健康发展。而在现实的国际关系中，G20也在呼吁国际金融机构改革内部管理制度，在机构负责人和高级管理人员的选任上需要更加公开、透明等，反映了金融治理规则稳定化的发展方向。

最后，金融稳定理念强调国际金融治理主体的结构稳定。国际金融治理主体是影响国际金融体系稳健发展的最重要因素，作为一个集体行动的领导机构，如果治理主体结构不完善，构成不具有代表性或者其合法性受到质疑，则其影响力和领导力将大打折扣，进而影响其治理决策的稳定形成和有效执行。因此，应该构建一个由国家、国际组织、国际金融机构、非政府组织、独立行为体等组成的具有广泛代表性的多元治理主体，通过相互合作和相互监督形成一个动态的相对稳定的治理主体结构，共同治理国际金融市场。

（二）互利共赢理念

互利共赢理念是中国在参与国际经济事务过程中，根据中国的对外金融实践，向国际社会提供的饱含中国传统哲学思想的金融治理经验和新的世界政治文明。互利共赢理念是对西方主导下的国际金融治理机制经常性失灵的应对性思路，也是对西方过于极端的金融竞争"零和博弈"理念的对冲。互利共赢理念聚焦于国际社会作为一个命运共同体的整体福利增长，强调国家间的协商与合作，尤其关注发展中国家和欠发达国家的金融利益。

首先，互利共赢理念强调规则下的自由。长期以来，部分西方理论宣扬无规则自由。譬如，西方极端自由主义者反对国家对市场的干预，主张放任市场自由发展，其结果是少数人获利，大多数人受损，并最终损害国际社会的整体福利。同时，部分西方理论宣扬"歧视性规则下的自由"，部分西方国家为"市场自由"设置条件，

---

① 参见陈欣：《论国际投资条约中的金融审慎例外安排》，载《现代法学》2013年第4期，第131—138页。

以地理文化、交易习俗或特殊的法律制度为标准框定"市场"以及"自由"的定义，并从这个歧视性的、狭隘单一的视角把国际社会成员和金融市场划分为不同的类别、等级和种类，分别给予不同的待遇，这本身是违背自由精神的。相反，互利共赢理念倡导公平规则下的自由，认为维护市场自由是市场经济建设的主要支柱，但同时市场自由是有限度的，并不是无限制的自由；"互利"就是强调市场交易主体都能从中获利，反对一方完全获利，另一方完全受损，其暗含的前置性条件就是通过干预设置合理且适当的规则，能够让交易主体互通有无、共同成长。

其次，互利共赢理念强调竞争中的合作。欧洲三十年战争结束后形成的威斯特伐利亚体系，是以民族国家及其殖民地为主体构筑的专属于西方文明的治理体系。在该体系中，"国家利益高于一切成为指导国家一切对外关系的基本原则，国家间交往也基本上围绕国家利益而展开"，而全球化的发展"使得建立在民族国家基础上的国际治理体系显现出很大的局限性"。[①] 西方价值观主导下的"中心—外围"二元治理结构已经深陷于无视国际社会整体利益而过度追求国家利益的泥潭，禁锢于"我—他"对立区别的"零和博弈"思维中，阻碍了国际社会整体金融福利的增长。因此，2008 年全球金融危机爆发后，国际社会深刻反思国际金融治理机制的弊端，认为只有建设一个"相互合作的全球治理机制才能实现积极效应的最优化和消极溢出效应的最小化"[②]。所以，互利共赢理念是基于全球利益而提出的新的世界政治文明，不是基于某个国家利益而提出的对外政策，该理念强调国际竞争中的合作以及合作下的竞争，认为金融市场竞争是金融资源有效分配的手段，国际金融合作才是全球金融治理的最佳途径。

最后，互利共赢理念强调开放发展中的利益共享。近些年来，

---

① 参见卢静等：《全球治理：困境与改革》，社会科学文献出版社 2016 年版，第 5 页。

② Edwin M. Truman, The G-20 and International Financial Institution Governance, Peterson Institute For International Economics, Working Paper Series 10-13, September. 2010, p. 3.

保护主义思潮盛行，尤其是美国在实体经济竞争力减弱的情况下，公然提出"公平贸易"的口号来掩盖其贸易保护主义行径，受到国际社会的广泛指责。事实上，经济全球化已经将世界紧密联系在一起，"过去那种地方的和民族的自给自足和闭关自守状态，被各民族的各方面的互相往来和各方面的互相依赖所代替了"①。因此，互利共赢理念强调开放、发展中的合作，反对封闭、保守中的合作。同时，各国在全球经济秩序中承担的权责并不相同，大国的经济体量大，承受市场风险的能力强，大国经济波动对中小国家的影响极大，而中小国家的经济危机不一定对大国产生重要影响。据此，互利共赢理念强调发展中的利益共享，认为要客观区分不同国家在不同经济发展中的权利和义务，要在渐进式发展的动态过程中分享不同阶段的发展红利。

（三）全方位监管理念

国际金融监管是全球金融治理的重要内容和主要途径，主要依靠金融软法和有限的集体行动去实施。② 监管规则的自愿选择性以及规则之间的相互重叠甚至相互冲突，为金融风险的滋生预留了空间，并影响到国际金融市场的稳定。2008年全球金融危机爆发后，各主要国家启动了新一轮的金融监管法制改革，国际金融治理的其他参与者也颁行了大量的应对方案，逐渐形成了全方位金融监管的治理理念。

首先，构建全方位的金融监管机制。G20在金融稳定论坛（FSF）的基础上建立了FSB，并使之成为国际金融体系改革的协调机构和中心枢纽。FSB通过与其他国际金融治理主体和参与者建立联系，制定并监督实施相关的监管政策，促进国际金融市场的稳定。与IMF相比，FSB建立的监管联系体系更加全面，除了与IMF、WB建立联系外，还与BCBS等机构建立联系，使得监管机构的视野更加开阔。

---

① 《马克思恩格斯选集（第1卷）》，人民出版社2012年版，第404页。
② 参见李国安：《全球金融服务自由化与金融监管法律问题研究》，载《法商研究》2002年第4期，第70—72页。

其次,设立全方位的金融监管标准。各国在 G20 伦敦峰会上承诺愿意通过实施统一的国际金融标准来增强金融体系的稳定性,强化"金融部门评估规划"(FSAP)和《关于遵守标准和守则的报告》(ROSC)的执行水平。各国要依据 FSAP 的报告材料定期接受国别审查和主题审查,[①] 国际金融监管机构对有关国家遵守和实施 ROSC 报告规定的政策透明度、金融部门监管、市场诚信等三个方面 12 项国际金融标准的履行情况进行评估,以判断是否符合维护金融稳定的要求。

最后,出台全方位的金融监管措施。国际金融监管机构从系统重要性金融机构监管、影子银行监管、银行资本和流动性标准监管、场外衍生品市场监管以及信用评级机构监管等方面,全面出台了一系列金融监管措施,形成了宏观审慎监管与微观审慎监管相结合的全方位监管措施。

第三节 全球金融秩序稳定与金融利益共享的全球金融治理理念

一、提出新的全球金融治理理念的缘由

现行的国际金融治理体制是构筑在西方文明和西方价值观基础上的。西方国家认为,国际金融秩序的建设在理念上要围绕"国家权力"和"国家利益",在治理途径上要围绕"竞争"和"市场自由"。但是,经济全球化的发展使得国际金融治理的客体远远跨越了民族国家的权力界限,单个国家已无法有效应对越来越多的跨国金融治理问题,基于民族国家利益和竞争机制的传统国际金融治理理念已显现出很大局限性。因此,国际社会期待一种基于全球共同利益基础的新的世界政治文明,呼吁一种超越民族国家、种族区别和意识形态划分的新的全球金融治理理念。在此背景下,强调全球金

---

① See G20, Declaration on Strengthening the Financial System—London Summit, 2 April 2009, p.1.

融稳定与金融利益共享的全球金融治理理念应运而生。

新的全球金融治理理念的产生,与传统国际金融治理理念和治理机制固有的弊端有直接关系:第一,传统国际金融治理理念面临无法自补的困境,西方主导的金融治理理念具有片面性、双重标准性和存在重大分歧,并且传统国际金融治理机制的创设理念也面临代表性、有效性和监管性困境,已经无法适应全球金融市场的发展需求。第二,在传统国际金融治理体制中,各个国家的地位和权利极不平等,G7国家具有绝对的治理权,而发展中国家和欠发达国家的话语权则非常有限。第三,经济全球化和治理机制的碎片化矛盾日趋严重,传统国际金融治理理念无法为其治理机制或政治的碎片化提供有效的解决方案。第四,G7中的核心国家奉行霸权主义和单边主义的治理理念,不仅无法提供公正的全球领导力,还阻碍他国参与国际金融治理,有意阻挠他国提供全球金融治理方案和供给国际金融公共产品。第五,传统国际金融治理机制存在设计缺陷,缺乏透明度、民主性和协调性,即使改革后的G20治理机制,也是非正式的合作平台,讨论范围狭窄,议题设置宽泛,全球代表权不平衡,金融治理合作也缺乏机制化。第六,传统国际金融治理体制缺乏对核心大国的有效监管。

因此,全球金融稳定与金融利益共享的全球金融治理理念的提出,一方面可以打破长期以来禁锢国际金融治理的国家利益与全球利益、政府组织与非政府组织、公共机构与私人机构的二元分立思维,尝试建构一套超越民族意识、国家观念和区域思维的全球金融合作治理的价值观;另一方面,该理念将为其他领域的全球治理,①如环境保护、极地资源开发等事务的共同治理提供有益的借鉴和指引。

---

① See Alastair Brown, Climate Adaptation: International Governance, *Nature Climate Change*, Vol. 7, Iss. 11, 2017, p. 760; Kjell Grip, International Marine Environmental Governance: A Review, *AMBIO: A Journal of the Human Environment*, Vol. 46, Iss. 4, 2017, pp. 413-427.

二、全球金融秩序稳定与金融利益共享理念的价值内涵

全球治理是一种理念和机制相结合的复合体,是对全球化时代人类面对大量不确定全球风险的应对措施。它首先体现为一种全球价值观的涌动,因为"全球化不仅表现为物质要素的跨国流动,甚至表现为附着在这些物质要素之上的价值观念、意识形态等无形要素的渗透与蔓延"[①],其次才是为了人类共同利益而采取系统性的共同行动,进而创设全球治理机制和全球治理规则。

目前主要有两种全球治理的价值观:一是国家中心主义治理观。国家中心主义治理观沿袭了自由主义的很多观点,认为虽然在全球化过程中民族主权国家的地位不如从前,非国家行为体在全球治理中的作用日趋重要,但国家及其构成的政府间国际组织仍然是国际社会最主要的治理主体,因而,全球治理的方式应该是改良现行的国际治理规则,维持国家与国际社会的相对独立性,加强多边合作和协同治理。[②] 国家中心主义治理观反对将西方的国内民主政治模式移植到国际社会,认为根本无法构建超越主权国家的独立的世界政府,也无法苟同无政府状态下的全球公民社会自治。二是世界主义治理观。世界主义治理观沿袭了理想主义的许多观点,认为国际社会本质上是由不同的个人、城市等多元主体构成的综合体,主权国家只是这个体系中的一个分层,不是也不应该围绕国家为中心构建国际秩序,全球治理应该更加关注个人的平等、权利和自由。世界主义反对国家中心主义,批评其依据的自由主义或新自由主义只是简单地维护当前的经济政治秩序,并没有为解决市场失灵提供任何可选择的事实性政策。[③] 因此,世界主义治理观认为应该强化国际法治建设,创设全球立法机构,颁行有约束力的国际硬法,提高全球

---

① 李万强:《论全球化趋势下国际法的新发展》,载《法学评论》2006 年第 6 期,第 55 页。
② See Joachim Betz, Emerging Powers and Global Financial Governance, *Strategic Analysis*, Vol. 38, Iss. 3, 2014, pp. 293-306.
③ 参见〔英〕戴维·赫尔德:《全球盟约:华盛顿共识与社会民主》,周军华译,社会科学文献出版社 2005 年版,第 194—212 页。

性法律的适用和执行。

由此可见,各国在全球治理理念上还存在较大分歧,但存在这种分歧是社会进步的表现,它将鞭策国际社会更冷静地去思考全球化与全球治理的问题,正如罗伯特·莱瑟姆所言,因为"全球治理"这一术语对解释当今和未来的全球问题和全球政治具有特殊的吸引力,无论怀疑者"对该概念进行何种批评,它将继续成为研究全球构成关系和分析该构成的富有成效的路径。因此,问题的焦点是强调以高度批判性的态度对待该概念的价值;对它的局限、疏漏和歪曲保持清醒"①。因此,对全球金融市场和全球金融治理而言,全球金融秩序稳定与金融利益共享的理念具有特殊的价值。

(一) 追求金融安全和金融稳定

通常而言,国际金融市场为参与国际金融交易的主体提供了交易平台和交易渠道,交易主体的交易习惯和利益诉求各不相同,可能产生不同的交易判断和交易行为,从而导致金融市场变化多端和呈现不确定性,形成相对比较复杂的利益交错格局以及各种与预期判断不一致的交易风险,引起金融产品价格因供需关系的变化而涨跌,并通过交易行为完成财富在不同交易主体之间的转移。当下,基于交易主体判断差异而形成的交易风险,可能由于从事风险买卖的专职性而被瞬间扩大,且因此类风险的扩张往往超出交易主体的掌控范围和预期范围,从而直接影响到金融安全。金融风险的放大导致产生金融损失的概率增大,直接影响到社会中的人际关系,导致经济政策的变迁甚至致使原有的社会关系破裂,②威胁社会稳定。但对于金融市场而言,令人痛苦的在于这种不确定性是必需的,因为市场需要不确定性才能存在和延续,只有存在不确定性才能推动金融创新和金融发展,所以,金融治理的核心是建立相关的规则体系,努力将不确定性控制在可控的、适当的范围内。

---

① 〔美〕罗伯特·莱瑟姆:《飘移世界中的政治:对全球治理的一种批评》,载俞可平主编:《全球化:全球治理》,社会科学文献出版社2003年版,第230页。
② 参见〔英〕卡尔·波兰尼:《巨变——当代政治与经济的起源》,黄树民译,社会科学文献出版社2013年版,第8页。

二战结束以来的国际金融治理体制,显然在控制不确定性方面做得极为不够。一方面,过于放纵金融自由的扩张以及层出不穷的金融创新使得不确定风险远远超出国际金融治理机制的管制能力,导致金融风险和金融危机倍增;另一方面,由于金融资源的不平衡性,发达国家在风险预判和风险承受能力方面存在先天优势,它们在金融交易中借助其优势不断操纵供需关系使其发生逆向变化,甚至故意制造风险因素攫取金融利益,却由其他国家承担其冒险的负外部性后果。但是,传统国际金融治理规则主要是由发达国家制定的,显然无法也无意有效约束其本身的投机和冒险行为。

另外,需要对"金融安全"的内涵进行思考。金融安全是一种金融运行状态,本身就代表着一定的价值判断。安全既有主观认识,也有客观事实,是一种主观和客观相结合的判断。强调安全的主观性是指基于特定的环境而对安全的认识,"并不是说安全本身是主观的"[1]。金融安全只能是相对的,判断是否安全的标准就是衡量面临危险的大小。[2] 所以,全球金融治理的安全目标就是将全球金融市场面临的危险相对最小化。

(二)追求金融公平与金融合作

"公平"是一个比较宽泛的概念,必须放置在特定的语境中认识。自然法中所讲的"公平"在某种程度上意指个体或集体的行为要符合自然规律,不能违背或扭曲自然法则。而国际金融治理中所追求的"公平",更多是指"社会化的公平""社会公平"或"调整后的公平",已经蕴含一定的社会调和。在过去的国际金融治理历史中,西方国家在自由主义的影响下,更多强调自然法上的"公平",追求"冒险"与"收益"之间的正比性,但往往漠视"社会公平",因而在发达国家和欠发达国家之间形成极大的金融鸿沟,导致南北国家之间的严重金融失衡。20世纪六七十年代,发展中国家在努力建设国际经济新秩序时就开始关注金融治理的公平性。但是,直到

---

[1] 阎学通:《国际政治与中国》,北京大学出版社2005年版,第110页。
[2] 同上书,第109页。

1994年墨西哥金融危机后，国际金融治理机构才真正思考金融治理的公平性问题，G7设立FSF，开始反思过度追求自由化和过度追求金融效率产生的负面后果，并探索追求金融公平的方法和途径。

全球金融治理理论提出金融公平的价值追求，旨在从人本主义角度强调国际社会的相互依赖共存和共同繁荣，要求调整已经严重失衡的全球金融发展秩序，促使全球金融资源更加公平、合理地服务于发展中国家和欠发达国家。但是，形成全球金融公平的价值理念并不能保证其在现实中得到兑现和落实，故全球金融治理理论提出了与之相辅相成的全球金融合作理念，强调金融公平是目标，金融合作是手段；金融公平是价值观，金融合作是实现路径。

全球金融合作的具体内容很多，从价值理念上看，关键在于有效限制国家利益。金融合作意味着妥协、包容和权责相适应，[1] 也意味着国家利益的让渡和割舍。而传统现实主义理论只相信经济和金融实力。[2] 两者的追求截然不同。正因为两种理念相差太远，实践中产生分歧实属难免：首先，部分国家怀疑其真实性和可行性。当欧洲国家积极推动全球治理理念时，发展中国家反而持质疑态度，害怕再次陷入西方的阴谋中。其次，由于金融合作、国家利益的让渡本质上是政治问题，"但政治是异常复杂的事情"，"倘若没有把握政治复杂性的技能，人们便会把政治过分简单化"，[3] 进而给国家带来危险。最后，由于在现实国际关系中还没有形成判断国家利益的共同标准，在国际金融合作中很难通过谈判或者协商达成相对一致的认识。而缺乏这种达成一致见解的基础对国际金融合作而言无疑是致命的，因为"在实践中，缺少了共同的国家利益标准，决策者便难以判断哪种政策建议更符合国家利益"，而且"在理论上，缺少共同标准的讨论是非科学性的，因为讨论的基础不是建立在公理之上，

---

[1] 参见杨松：《国际货币新秩序与国际法的发展》，载《法学论坛》2007年第2期，第15—16页。

[2] 参见李扬：《国际货币体系改革及中国的机遇》，载《中国金融》2008年第13期，第23页。

[3] 参见〔美〕罗伯特·A.达尔：《现代政治分析》，王沪宁、陈峰译，上海译文出版社1987年版，第6页。

各执一词无须根据"。① 因此,国际金融合作还面临很多挑战,也正因为"国际金融必须巧妙地应付各个大小强权互相冲突的野心与阴谋"②,国际金融合作才显得尤为可贵。

(三)追求全球金融法治化

毫无疑问,全球金融治理未来的追求方向就是国际法治。传统的以民族国家为本位的国际金融秩序重视国家权力的斗争以及辅助国家权力的意识形态的斗争,金融制度都是权力政治的产物,并不是基于全球利益和规则体系之上的制度,所以传统的国际金融治理体制并不是一个法治的体制。然而,"一个由法律奠基的稳定的国际社会秩序,才是符合绝大多数人愿望的世界未来的发展前景"③。特别是在金融市场全球化的时代,借助高科技知识的帮助,金融创新和高风险金融产品已经超越了本国主义和属地主义,全球金融市场的不确定性急剧增加,④ 国家权力政治主导下的以国际软法为主要载体的国际金融秩序受到前所未有的挑战,为了实现全球金融稳定和金融利益共享的全球治理目标,必须建立一个具有良好秩序的全球金融法律体制,并逐步实现全球金融法治化。

但是,全球金融法治化归根结底是一种动态的过程,代表着一种良好的治理结构,意味着全球金融市场借助法律工具将复杂的金融不确定性按照标准进行分类,并基于全球利益对不同的分类进行机制化处理。虽然"法律概念可以被视为是用来以一种简略的方式辨别那些具有相同或共同要素的典型情况的工作性工具"⑤,但现实中的金融市场远比简单的概念分类复杂,即使是对共同的金融要素

---

① 参见阎学通:《国际政治与中国》,北京大学出版社2005年版,第11页。
② 〔英〕卡尔·波兰尼:《巨变——当代政治与经济的起源》,黄树民译,社会科学文献出版社2013年版,第66页。
③ 何志鹏:《国际法治论》,北京大学出版社2016年版,第150页。
④ See Matthias Lehmann, Legal Fragmentation, Extraterritoriality and Uncertainty in Global Financial Regulation, *Oxford Journal of Legal Studies*, Vol. 37, Iss. 2, 2017, pp. 406-434.
⑤ 〔美〕E. 博登海默:《法理学:法律哲学与法律方法》,邓正来译,中国政法大学出版社1999年版,第484页。

进行法律逻辑上的抽象概括,也需要洞察瞬息万变的金融市场波动并在不同的交易行为中找到它的规律性。经验告诉我们,完全发现金融交易行为的规律性或许是不可能的,但作为治理手段和治理工具的法律,必须对市场作出及时有效的反应,因而应该花费一些精力去发现部分规律性。当然,任何经验类的知识都需要付出时间成本,追求全球金融法治化注定是一个漫长的过程。

第四章

国际货币体制改革与全球金融治理体制的完善

当代国际货币体制的问题可以追溯至20世纪40年代的布雷顿森林体系。该体系稳定了二战后包括国际货币秩序在内的国际经济秩序,确立了以美元霸权为核心的货币格局。国际货币体制作为一种国际机制,具有依赖历史路径之特点,在转折时期,其发展有赖于新型多边主义的重构。其中,国际货币基金组织(IMF)作为全球性政府间国际货币金融组织,其地位和作用具有特殊的重要性。《IMF协定》虽经多次修订,但仍未能解决美元霸权利益与责任不对等、内部治理结构失衡、监督职能约束力和执行力不足以及"国际最后贷款人"名不副实等制度缺陷。而利益冲突和价值缺陷则是IMF现有治理体制存在缺陷的根源所在。为此,有必要在探讨国际货币体制及IMF存在的缺陷的基础上,提出完善全球金融治理机制的路径。

第一节 国际货币体制的痼疾及改革路径

20世纪60年代,美元在欧洲兴起之前,货币与金融相对分立,布雷顿森林体系所确立的以固定可调整汇率为基础的国际货币体制与金融市场相互影响不深。但20世纪70年代以后,布雷顿森林体系瓦解,国际金融市场经历了几次重大的危机,美元在金融市场的作用一再显现。这表明,在全球金融治理机制中,货币体制的基础性影响始终存在且不断加深。

一、布雷顿森林体系与美元霸权

(一)美元霸权的确立

美元霸权来源于美元本位制的确立,有一个逐渐发展的过程。美元霸权确立于二战后,但其肇始阶段可以追溯到一战前后。1913

年,美联储成立,并被作为中央银行,美国的国内货币体系获得联邦权力的保障,为美元进入国际货币体系做好了国内的制度准备。一战后,欧洲各国的黄金储备耗尽,美国的巨额黄金储备以及战后最大的债权国地位使美国一跃成为货币强国,英镑失去霸权地位,美元本位制初具雏形。1924 年至 1933 年,国际货币秩序经历了短期的金汇兑本位制,英国、法国、德国等恢复战前黄金平价,美元一度受缚于金本位制之下。二战后,布雷顿森林体系建立,美元通过"双挂钩制"确立其世界货币的地位。布雷顿森林体系虽在 20 世纪 70 年代初已然崩溃,但美元的国际地位及其对国际货币秩序的影响却持续存在,并深刻影响到当今的国际金融市场,故美元霸权的存在,对全球金融治理机制的产生和发展是一个非常重要的影响因素。

与美元霸权相伴生的是铸币税问题。传统上,铸币税是指货币发行者所发行的金属货币面值与其所含金属的实际价值的差额。在现代,铸币税是指中央银行所发行的纸币的面值与发行成本的差额。世界铸币税则发生在经济全球化背景之下,基于国际货币的面值与其发行成本之差计算。从理论上说,世界铸币税的实现须有一个世界中央银行和一种国际货币。在布雷顿森林体系确立过程中,"凯恩斯计划"中确有设立世界中央银行与创设国际货币的设想,但美国主导的"怀特计划"的胜出,使该体系作出了有利于美国利益的选择,美元最终成为事实上的国际货币,美联储也就成为事实上的世界中央银行,而美国成了世界铸币税的受益者。

世界铸币税集中于美国,对此后的国际金融秩序产生了深刻的影响。在布雷顿森林体系的设计中,国际货币基金的份额分配、美元的"双挂钩制"巩固和强化了美元霸权,奠定了往后几十年的国际货币秩序格局,其意义不单限于货币领域,从国际政治上看也是一次重大的国际财富重新分配,不仅导致国家间利益分配不公,也使国际金融治理机制中隐伏了巨大的冲突和不平衡,是往后几十年间经济与金融危机爆发的政治根源。

(二)美元霸权对国际经济治理秩序的影响

一战以前,西方政治经济学说的主流理论是"古典自由主义"(Orthodox liberalism)。在古典自由主义时期,市场尚在扩张之中,国

第四章
国际货币体制改革与全球金融治理体制的完善

内与国际事务之畛域界分显然不如当代清晰。在国际关系中没有产生霸权国家之前,"国际机制"(international regimes)远不如当代发达,维持国际体系的政治权威之需求亦不如当代强烈。根据古典经济学的逻辑,建立在市场自由选择基础上的经济制度才有正当性的基础。但二战以后,决定国际经济秩序的因素不再是市场,[①] 也不再是基于内国"政府与市场"的二维模型,国际经济秩序只是大国国内政治经济秩序的溢出。换言之,美国政治权威的国际化是二战后国际经济秩序的主要形成途径。

以稳定性作为国际经济秩序的目标,代表着国际经济关系格局的一大转变。布雷顿森林体系的主要价值目标即为稳定。IMF 的宗旨之一是"促进汇率的稳定,保持成员国之间有秩序的汇兑安排,避免竞争性通货贬值"[②]。但是,《IMF 协定》的核心条款第 4、8、14、20 条等,事实上将成员国货币分为三级,而美元成为唯一的一级核心货币。其中,《IMF 协定》第 4 条规定,各成员国之法定币值应用黄金作为共同的单位或用 1944 年 7 月 1 日所用成色重量之美元表明之,该规定连同其他条款,设定并维持成员国货币平价,只有当一国国际"收支根本失衡"(fundamental disequilibrium)时,才能与 IMF 协商修改。[③]

在布雷顿森林体系的安排下,美元成为这个秩序的重要组成部分。美国最初拥有 IMF 超过 33% 的份额,导致国际货币秩序相当长时间为美国的货币政策所左右。美国学者坦承:"自成立以来,美国对 IMF 绝大多数决定保有否决权。"[④] 足可看出,美元国际地位是美国整体政治权威证成之一部分。布雷顿森林体系的构建使美元充任

---

① 学者对历史进行回顾时发现,在布雷顿森林体系的谈判者中,没有完全的自由主义者,他们促成布雷顿森林体系,旨在寻求一种必要的共识,为国内稳定目的而实施的政府干预措施寻求正当性。See Andrew T. F. Lang, Reconstructing Embedded Liberalism: John Gerard Ruggie and Constructivist Approaches to the Study of the International Trade Regime, *Journal of International Economic Law*, Vol. 9, Iss. 1, 2006, p. 87.

② 《IMF 协定》第 1 条第 1 款(ⅲ)项。

③ 参见〔美〕罗伯特·基欧汉、约瑟夫·奈:《权力与相互依赖(第 3 版)》(影印本),北京大学出版社 2004 年版,第 68 页。

④ 同上书,第 69 页。

了国内货币与国际货币双重角色。虽然该体系在建立初期起到了稳定国际秩序的作用，但随着世界经济的发展，其隐含的内在矛盾便逐渐紧张起来——美元信用扩张与美国贸易赤字扩大的长期相悖造成的特里芬难题，对美元霸权赖以树立的权威构成了终极挑战。

将国际货币秩序与美国国内货币政策联结在一起的后果是，随着美国国际收支情况的恶化，美元信用受到国际金融市场的怀疑，在外汇市场几次汇兑危机之后，美国在1971年单方面宣布停止外国官方用美元向美国兑换黄金，美元黄金平价与各国货币"双挂钩制"的货币体系由此崩溃。美国的单方面行动破坏了1944年建立布雷顿森林体系的核心价值观，国际货币秩序从此进入一种部分由市场决定、部分由国家货币当局干预、国家间有限合作的局面。

在霸权主导的国际经济秩序中，霸权国自身的政治经济状况及其政策导向无疑起着关键作用。虽然19世纪晚期的英国霸权与二战以后的美国霸权所主导的两次国际经济秩序被认为是历史上比较好的繁荣时期，但受不同历史时期以及霸权国家自身政治经济特点之影响，前者的国际经济秩序特点是古典自由主义的，而后者则是一部分学者所称的"内嵌自由主义"式的。

支持美元霸权的理论基础主要是查尔斯·金德尔伯格等人所提出的"霸权稳定论"。该理论认为，开放和自由的世界经济需要有一个居于霸主地位的"强国"（hegemon）加以维持。为稳定国际货币秩序，进而稳定国际经济秩序，以霸权国家的货币作为中心可以避免各民族国家货币的无序竞争。美国国际关系学者吉尔平也认为，只有在霸权统治下的国际体系才是稳定的，国际自由经济的存在少不了一个霸主，没有一个占主宰地位的自由强国，国际经济合作极难实现或维持，冲突将成为司空见惯的现象。① 而霸权稳定论的后续发展，则主要受到霸权国家本身政治思维的影响。2017年12月，特朗普政府公布其执政后的《国家安全战略报告》，该报告的总结部分提出美国的安全战略以"有原则的现实主义"（principled realism）

---

① 参见〔美〕罗伯特·吉尔平：《国际关系政治经济学》，杨宇光译，经济科学出版社1992年版，第105页。

为指导。所谓"有原则的现实主义",与美国政府 2006 年的《国家安全战略报告》存在一脉相承的关系,目标是理想主义的,而手段是现实主义的。可以预料的是,在现实主义的指导下,美国以其自身利益优先的政策将会长期存在,其对外经济政策在未来相当长的时期都会对国际经济治理秩序产生巨大影响,也会直接影响国际货币秩序的走向。

综言之,美元霸权对国际货币金融秩序治理的影响可以概括为:早期以稳定为主,其正当性通过政治谈判获得支持;中期受到市场流动性的挑战,IMF 为国际经济提供"补充流动性"(supplementary liquidity)的功能受到质疑,短期的汇率变动及其引发的货币风险已经超越该体系设计之初的预料;长期的经济结构调整更是涉及大范围的国际经济秩序之变动,其功能远非该机制所能承载;晚近美国单边主义思维的复归主要体现在贸易与投资领域,集中在高科技等产业的竞争政策方面,预计这种单边主义思维会进一步扩散至货币金融领域。在单边主义价值观主导下,其政策、法律会加剧现实中美元权利与责任的不对等,美国国内的稳定目标与外部稳定也会出现矛盾和冲突。美元作为国际货币,美国在享受铸币税收入、对外融资成本、国际支付能力等方面巨大利益的同时,却在极力推卸其国际责任。在既有国际货币秩序中,美元有提供全球流动性的义务,美国也须对世界经济承担责任。这种义务与责任是由过去几十年的国际经济秩序所确立的,历史地看,也是美国自身刻意设计与推动的。但在现实中,回归现实主义政策考量的美联储在制定货币政策时却只考虑其国内经济情况,罔顾国际情势及其货币政策的外溢效果。同时,国际机制中缺乏对美元的监管,导致美元流动性过多进入短期逐利的金融领域,在金融资源的分配方面严重失衡,对世界经济产生了消极影响,也对国际货币金融治理结构和秩序造成负面影响。

(三)内嵌自由主义下的货币格局

"内嵌自由主义"(embedded liberalism)作为一个学术术语,首先为美国国际关系学者鲁杰所提出。1982 年,鲁杰在《国际组织》(*International Organization*)上发表《国际体系,互动与变革:战后经济秩序中的内嵌自由主义》① 一文，提出战后国际经济秩序的特点及演变特征。

所谓的内嵌自由主义，按鲁杰援引内克思所说，是指在两次世界大战期间，有一种日益增长的趋势，使国际货币政策去适应国内的社会与经济政策，而不是相反。同时，世界在经济上是相互依赖的，绝大部分国家都有一种基本的需求，这就需要为多边货物与服务交易提供国际货币机制，而不是进行原始的易货贸易。问题在于，要找到一个与国内稳定相适应的国际货币关系体制。如果这个时期不仅仅是两次世界大战中的休战，那么后面演变的结果就毫无疑问是实质上的妥协。

鲁杰进一步解释，二战后这种妥协进一步达成，并且作为自由之形态，与一战前的自由形态并不相同，他将其称为"内嵌自由主义"。② 此后，"内嵌自由主义"提法被很多学者援引，如知名学者安德鲁·朗认为其具有很高的原创性。③ 但中国学者对此引介并不多。

内嵌自由主义论述的对象是二战后至 20 世纪 80 年代前的国际经济秩序及其生成与发展，其创新性在于提供了一种分析国际秩序的动态架构，着重从"国际—国内"两个维度的平衡来解释战后国际经济秩序形成之机制。第一个维度是国际层面的多边主义，④ 其核心要旨是在不损害国内经济稳定的前提下，最大限度地避免各国陷入两次世界大战之间的各种互损的外部结果。⑤ 由此发展出后来被广泛援引的多边主义：要避免各种互损的结果，最好的做法并不是恢

---

① See John Gerard Ruggie, International Regimes, Transactions, and Change: Embedded Liberalism in the Postwar Economic Order, *International Organization*, Vol. 36, Iss. 2, 1982, pp. 379–415.

② Ibid., p. 381.

③ See Andrew T. F. Lang, Reconstructing Embedded Liberalism: John Gerard Ruggie and Constructivist Approaches to the Study of the International Trade Regime, *Journal of International Economic Law*, Vol. 9, Iss. 1, 2006, p. 83.

④ "多边主义"是一个发展的概念，其含义随时代发展而有变化。按照鲁杰等人的论述，当代语义上的"多边主义"肇始于二战结束后。

⑤ See John Gerard Ruggie, International Regimes, Transactions, and Change: Embedded Liberalism in the Postwar Economic Order, *International Organization*, Vol. 36, Iss. 2, 1982, p. 383.

第四章
国际货币体制改革与全球金融治理体制的完善

复一战前的自由放任式自由经济,而是践行一种非歧视的多边主义。换言之,从一开始,多边主义的重点并非自由,而是非歧视。① 内嵌自由主义的第二个维度是各国为维护国内稳定而实施的干预措施,这种干预措施必须基于"正当社会目标"(legitimate social purpose)。② 所谓正当社会目标,是指基于稳定国内秩序的目的,各国会采用诸如保障就业、国际收支平衡等国内政策目标,其正当性并非来自自由的政治传统,而是来源于现实政治经济秩序稳定的需要。

从历史角度考察可以发现,"多边主义"的含义并非停留在静止的数量上,而是一个动态概念,具有国际与国内双层含义,且隐含一种在国际与国内政策层面的协调与平衡的机制。多边主义的这个概念属性,与时下流行的理解有所不同。由于历史的机缘,内嵌自由主义因此与多边主义结合在一起,或者说,在二战后特定的历史时期,多边主义的含义是由内嵌自由主义来决定的。③

内嵌自由主义较好地解释了国际经济秩序转折时期的各种影响因素和国际经济秩序转型的路径特点,其视角具有综合性质,囊括了国际贸易、国际投资与国际货币等国际经济关系领域。不过,学者们援引的"内嵌自由主义"多指向包括贸易与货币体系的多边体制。在布雷顿森林体系诞生之初,国际投资尚不如今天发达,国际货币体系的功能重在为贸易提供金融服务,货币体系与贸易体系具有紧密的关系。因此,多边体制不仅仅指贸易体系,也包括货币体系。《IMF协定》第1条第1款第(Ⅴ)项规定:"在具有充分保障的前提下,向成员国提供暂时性普通资金,以增强其信心,使其能有机会在无须采取有损本国和国际繁荣的措施的情况下,纠正国际收支失调。"该规定的内容带有内嵌自由主义特点。同时,《IMF协定》第8条第3款规定,除非本协定规定或IMF批准,任何成员国不得采取歧视性货币安排或多重货币做法。这是内嵌自由主义在国

---

① See John Gerard Ruggie, International Regimes, Transactions, and Change: Embedded Liberalism in the Postwar Economic Order, *International Organization*, Vol. 36, Iss. 2, 1982, p. 383
② Ibid., p. 382.
③ 从建构主义国际关系的角度来看,多边主义的含义是结构性的,并且是动态的。

全球金融治理困境及其破解

际层面的体现。国内层面体现维稳的机制也有如下几条：《IMF 协定》第 8 条"成员国的一般义务"集中在经常性交易项目，资本项目并不要求成员国取消限制；《IMF 协定》第 14 条允许不能接受第 8 条义务的国家，仍然可以实行外汇管制。从上述条款所体现的内容来看，内嵌自由主义的双层平衡结构特点清晰可辨。

内嵌自由主义对二战后国际经济秩序的解释，符合国际货币秩序的历史演进逻辑；内嵌自由主义的思路，提供了一个观察国际货币秩序演绎的分析框架。同时，由内嵌自由主义框架定义的多边主义，将持续影响后续国际经济治理结构。

应用内嵌自由主义模型，可以解释二战后至 20 世纪 80 年代之间的国际货币秩序的演变，包括内嵌自由主义协商模式及国际货币体制中的多边主义之形成与发展、国际货币关系的再平衡。"内嵌自由主义妥协"（the embedded liberalism compromise）的任务是在国际层面的非歧视性实践中容纳国内干预主义，其前提是国内的干预措施符合"正当社会目标"。就货币关系而言，确保国内稳定的政策措施早期主要表现为促进就业。①

内嵌自由主义模式下的国际经济治理结构隐含着市场与社会的双向运动。二战结束之初，市场尚处于孕育之中，因此货币格局是一种经高端政治设计的秩序，而非"自发生成的秩序"（spontaneous order）。随着经济的发展，全球市场形成，同时国际社会层次变得更为丰富，货币秩序逐渐融入市场，市场与社会的关系成为此一阶段影响货币秩序的因素之一。对国际经济秩序起主导作用的国家的国内层面的市场与社会关系经历了"嵌入—脱嵌—再嵌入"的循环，其货币金融政策也大致对应了"管制—放松—重新管制"（regulation-deregulation-reregulation）的循环。② 同时，基于其国内层面的这种互动关系，通过其霸权影响国际政治经济关系，对全球治理结构的

---

① See John Gerard Ruggie, International Regimes, Transactions, and Change: Embedded Liberalism in the Postwar Economic Order, *International Organization*, Vol. 36, Iss. 2, 1982, p. 394.

② 参见〔美〕艾伦·加特：《管制、放松与重新管制》，陈雨露等译，经济科学出版社 1999 年版，第 31—39 页。

发展产生影响，由内嵌自由主义界定的多边货币秩序中的社会性价值也随之出现。其中，国际货币关系不仅仅要关注稳定，而且要顾及充分就业、可持续发展、绿色环保理念等，这种价值观的多元化有助于保持国际货币体系的稳定。更重要的是，社会性价值可使国际货币关系突破相对封闭的高端政治定位，更充分地融入市场与社会。此外，旧的国际货币体系被注入自下而上的创新动力，使原有的制度惰性受到冲击，制度变革因此被触发。比如，最近几年出现的碳货币、碳金融、绿色金融等理念，通过与国际环保机制的联结，建立类似于国际货币体系的"碳货币国际体系"，推动全球碳市场的蓝图设计与监管治理。① 这种治理机制中的正当性均可从内嵌自由主义逻辑结构中推演而来。从这个角度说，以内嵌自由主义为结构核心的多边主义是一个持续演进的、开放的框架。虽然在某些特定时期，它可能被某种主流价值观所掩盖而遭到忽视，但作为国际制度的形成机制，则是一直蛰伏在国际关系当中的，一旦遇到合适的历史条件，尤其是当主流的价值观发生变化时，它可能重新焕发生机，重新在国际机制的转折与发展中发挥作用。实际上，国际货币秩序的变革是一个建构过程，其中新知识、新观念对这个建构过程具有至关重要的作用。从此意义上理解，当下探讨国际货币秩序的改革，重审 20 世纪的内嵌自由主义，并非简单回顾历史，而是多边主义在理念上的接续，是新型多边主义意义上的建构的必要基础。

值得提出的是，中国近年来倡导开放、包容、普惠、平衡、共赢的新型全球化模式，为国际经济秩序的转向与发展贡献了中国智慧。② 这在理念上既秉承历史，又体现出创新的眼光。③

---

① 参见朱雄兵：《三百年沉浮——国际货币秩序的变迁》，经济管理出版社 2011 年版，第 272 页。
② 参见《习近平同志代表第十八届中央委员会向大会作的报告摘登》，人民网—人民日报，2017 年 10 月 19 日，http://cpc.people.com.cn/19th/n1/2017/1019/c414305-29595277.html，2017 年 12 月 1 日访问。
③ 参见钟付和：《多边贸易体制扩展秩序论——基于制度与观念的分析》，上海人民出版社 2018 年版，第 103 页。

(四)新自由主义时期的货币格局

20世纪70年代中后期,布雷顿森林体系瓦解,美元与黄金脱钩,黄金经历了一个去货币化的进程。20世纪80年代后,内嵌自由主义的国际经济秩序格局受到抑制,国际货币秩序进入新自由主义思维主导的时期。20世纪90年代,伴随着全球化现象进一步加速,发展中国家频发货币金融危机。进入21世纪以来,全球经济不平衡加剧,国际货币秩序隐藏着更为深刻的不稳定因素。

20世纪90年代以来,新自由主义在两个方面将二战以后形成的内嵌自由主义多边平衡关系打破:一方面,通过经济自由化价值观强化市场观念,将国际贸易与投资活动市场化,与20世纪六七十年代相比,形成一种大规模的、在国际背景上与社会"脱嵌"的运动。自20世纪90年代以来的市场"脱嵌"运动,虽然重心在贸易、投资及其相关议题方面,但其趋势与20世纪70年代完成"脱嵌"的国际货币关系领域形成合力,内在张力强大。另一方面,在突出传统市场理念的同时,新自由主义挟WTO在20世纪90年代新成立之势,通过"贸易与"(trade and)[①]、议题联结等国际谈判机制,力图将原属于社会领域的政策议题纳入多边贸易体制。由于社会政策介入贸易体制,GATT时期的"货币与市场"关系被泛化为WTO多边贸易体制中的"货币—市场—社会"关系。货币关系的金融化包含更多的社会政策因素,同时,这种泛市场的结构连同其隐含的价值观基础,与国际货币秩序中固有缺陷——单一的美元霸权相矛盾,使得美元霸权不足以维持原有的秩序。在市场方面,以美元为主导的流动性处于不均衡状态,表征为市场的高风险特征;在制度方面,国际制度的碎片化与国际市场的统一化要求不相匹配。

新自由主义时期,以美元为基础的国际货币秩序之固有缺陷已开始显露。新自由主义在金融领域的主张是金融自由化,即放松资

---

① 20世纪90年代,贸易领域与国际经济其他领域联系进一步密切,彼此之间在规则与价值理念方面不可避免地存在冲突与包容问题。学术界将此现象归纳为"贸易与"问题。

本管制。在代表新自由主义的"华盛顿共识"的主张中，① 利率自由化、浮动汇率制度、放松直接投资、解除资本项目管制等直接与国际货币秩序相关联。新自由主义的金融自由化肇始于 20 世纪 80 年代，其动力源于发达国家，在跨国投资、国际贸易的推动下，跨国公司、国际商业银行发展出诸多创新型金融产品，促发了欧洲货币市场、债券市场、期货市场、期权市场的出现，国际货币市场与资本市场的融合趋势使货币金融关系的割裂状态得以缩小。但整体而言，在发达市场，金融自由化的内容更多是金融工具的创新与市场结构的变化，并未触及作为金融市场基础的货币秩序，以美元为主导的国际货币秩序格局未有根本变化。

20 世纪中晚期，正是发展中国家内部资本短缺时期，在发达国家外部资本的推动下，发展中国家的国内投资迅速增长，尤其是金融自由化带来的高速发展，使不少发展中国家很快放弃了资本项目的管制。同时，这种现象掩盖了国际货币秩序中固有的不合理，也掩盖了发展中国家与发达国家的矛盾。当新自由主义思维超越发达经济体，被推广至发展中国家时，由于经济高速发展的短期效应，加上不少发展中国家既没有历史上的经验，也缺乏经济理论的思考，更缺少政治动力，因此，在外国资本的冲击下，发展中国家本身的弱点很快就暴露出来：在经历短期的经济繁荣后，大规模外资的进入使本国的资产膨胀，产业结构不合理，金融泡沫充斥资本市场，本国货币面临估值压力；在投机资本的哄抬下，本国的金融市场资产价格变贵，企业财务结构恶化，创新能力不足，企业部门的投资回报不足。当投资回报率不足以支持资本的投资预期时，市场的投资价值便快速下降。具体表现为：其一，国家放弃资本项目的管制，市场完全暴露于国际投机资金的冲击下；其二，这些国家因采用固定汇率制，汇率政策缺少施展空间，为国际投机资本兴风作浪提供了条件。1994 年墨西哥金融危机、1997 年亚洲金融危机的爆发都明

---

① 一般认为，"华盛顿共识"一词由美国经济学者约翰·威廉姆森提出，由来自美国财政部、美联储以及 IMF、WB 等机构的经济学家就发展政策等问题达成共识，包括 10 项经济政策主张。参见朱雄兵：《三百年沉浮——国际货币秩序的变迁》，经济管理出版社 2011 年版，第 165—166 页。

显具有这方面的特点。值得一提的是，20 世纪 90 年代发生的金融危机未波及发达国家，未触动其利益，说明当时的国际货币格局有利于发达国家转移金融风险，也说明货币金融利益的全球分配是不公平的。但是，2008 年美国次贷危机则说明，发达国家也难以独善其身。当代金融危机的发生，即便是局部的危机，也是在世界经济全球化背景下爆发并迅速蔓延的。另外，全球分工以及产业链结构的失衡、金融利益集团的市场逐利及其影响政策与立法的政治投机等，其综合作用的结果也可能演化成为全球性危机。

新自由主义时期国际货币秩序的维持有赖于市场结构的稳定推进，然而不幸的是，在 21 世纪初互联网泡沫破灭以及 2008 年美国次贷危机的作用下，新自由主义思潮迅速退却，未能如其推动者所愿，国际经济治理机制至今仍处于后危机时期的价值观彷徨阶段。当前的中美经贸摩擦正是处于这样一个价值观冲突与竞争阶段，与国际货币秩序之格局互为表里。后新自由主义时期，国际货币秩序的走向很大程度上将取决于大国之间的政治博弈。

二、当代国际货币体制的缺陷

二战后，多边主义建立之初的主要目的在于稳定战后国际秩序。布雷顿森林体系所确立的国际货币体制作为国际秩序的重要部分，也必然服务于这个目的。但是，这种秩序是在美国倡议并主导之下建立的，在 20 世纪 70 年代初之前货币秩序运转总体比较稳定，但随着国际经济秩序格局的发展，最初维持国际货币秩序的多边机制发生了巨大变化。简要归纳可知，当代国际货币体制存在如下缺陷：

（一）大国对多边主义的影响与操纵

多边主义秩序的两个方面——国际竞争行为中的非歧视，为维护国内稳定的干预措施以及为维护此两者平衡和正当性的机制，早期都是美国权力与理念的产物。[1] 从当代新制度主义的观点来看，二

---

[1] See John Gerard Ruggie, International Regimes, Transactions, and Change: Embedded Liberalism in the Postwar Economic Order, *International Organization*, Vol. 36, Iss. 2, 1982, pp. 397-398.

第四章
国际货币体制改革与全球金融治理体制的完善

战后多边主义的国际治理观念其实是一种建立在次优选择上的观念。最初的多边主义国际治理是建立在以美国为中心的、缺少发展中国家参与的、半球化的治理结构。在这个治理结构中,国际经济秩序中的稳定为主要的价值导向,后来发展出来的霸权稳定论进一步验证了这个治理结构的价值导向。事实上,以大国为中心的稳定秩序乃是一种极易被政治因素所操控的秩序。以 IMF 中的贷款"条件性"(conditionality)演变为例,IMF 早期的主要宗旨是为成员国的国际收支平衡提供融资、改善国际流动性,并没有设定贷款的条件。换言之,《IMF 协定》本身并没有对贷款"条件性"的明确定义。① 但在美国的操控下,《IMF 协定》条款的解释、执行董事会的决定等被纳入所谓的 IMF"正统"(orthodoxy)。② 而在美国定义的"正统"名义下,IMF 可以由执行董事会根据某种条件推迟甚至拒绝成员国以国际收支为理由的贷款申请。③ 这个"条件性"的含义,显然已经过美国的精心利益安排和政治运作,④ 演变成 IMF 理事会对申请国国内政策的一系列要求,包括汇价贬值、缩减国内财经支出、减少公共开支等,重心是要求申请国在经济与社会结构方面进行"调整"(adjustment)。通常而言,因国际支付困难寻求 IMF 援助的都是发展中国家,因而,后期的 IMF 贷款已经变成贯彻美国政策意图的金融工具,与布雷顿森林体系设立时的初衷大相径庭。⑤

---

① 参见杨松:《国际货币基金协定研究》,法律出版社 2000 年版,第 103 页。
② See John Gerard Ruggie, International Regimes, Transactions, and Change: Embedded Liberalism in the Postwar Economic Order, *International Organization*, Vol. 36, Iss. 2,1982,p. 406.
③ Ibid., p. 407, footnote 90.
④ "条件性"之具体含义的明确过程均为美国所操控:1947 年 5 月,"条件性"由执行事会的一次会议提出,该会议由美国推动,确定了执行理事会对《IMF 协定》条款的解释权;1948 年,执行理事会确认该解释权,IMF 的"条件性"由此产生。See John Gerard Ruggie, International Regimes, Transactions, and Change: Embedded Liboralism in the Post war Economic Order, *International Organization*, Vol. 36, Iss. 2,1982,p. 407, footnote 90.
⑤ See John Gerard Ruggie, International Regimes, Transactions, and Change: Embedded Liberalism in the Postwar Economic Order, *International Organization*, Vol. 36, Iss. 2,1982,p. 406.

（二）IMF 作用弱化

在二战后国际经济秩序的设计中，作为多边机制的内容之一，IMF 并不是一个促进资本市场自由化的机构。相应地，《IMF 协定》中不仅没有关于资本账户自由化的条款，反而赋予各国资本管制的权力。① 随着全球经济形势的变化，布雷顿森林体系的角色已发生很大改变，不再是固定汇率的监管者，而是一个危机的管理者，其主要作用变成协调基于 IMF 贷款、国家改革计划和贷款银行贷出新资金的救援行动。简言之，IMF 在国际货币秩序中已成为一个相对被动的参与者。尤其是 20 世纪 70 年代中期以后，以 IMF 为架构的多边机制功能逐渐脱离现状。在 20 世纪 90 年代以来的几次危机中，由于 IMF 对危机的预警、评估，尤其是对危机干预效果的欠佳，不但受到来自危机爆发国的批评，也受到美国等发达国家的质疑。②

IMF 功能衰弱的原因主要有两个方面：其一，历史原因。IMF 的功能定位已不能适应全球化形势下应对新型金融危机的需要，尤其是 IMF 早期的定位是为国际经济活动提供流动性，是一种补充性的金融活动，但受美元政治的影响，这个功能已逐渐衰弱。其二，IMF 的设立是基于现实主义传统理念，本质上含有国内利益优先的导向，与全球化条件下的国际经济关系处于"复合依赖"（complex independence）的现状相矛盾。

（三）国际货币关系的高端政治特性与当代国际经济关系社会化之矛盾

当代国际经济治理的一大显著特点是社会化。所谓社会化，是指全球治理中社会性议题的出现与扩增，或者说治理议题具有社会性、跨国性等特征，这与市场化是并存的，往往通过议题之间的"联结策略"（linkage strategies）③ 影响国际经济治理。在此趋势下，"高端政治"（high politics）向"低端政治"（low politics）演化明

---

① 参见朱雄兵：《三百年沉浮——国际货币秩序的变迁》，经济管理出版社 2011 年版，第 89 页。

② 同上书，第 170 页。

③ 参见〔美〕罗伯特·基欧汉、约瑟夫·奈：《权力与相互依赖（第 3 版）》（影印本），北京大学出版社 2004 年版，第 26—29 页。

显,在复合依赖的全球治理结构中,经济进一步市场化、跨国化。不仅如此,国际社会的"多元渠道联系"(multiple channels of contact)[①]也使一国国内政策与国际政治的区别变得模糊。此外,在复合依赖的国际关系格局中,美元的特里芬难题更难以解决。

货币政策与国家的货币主权相联系,天然地具有偏高端政治定位的倾向。但是,在上述复合依赖的状态下,以国家货币利益为主导的国际货币体制在制度供给上已显不足。突出的问题是,跨国公司金融、数字货币等货币金融发展均具有去国家化的倾向,建立在国家间关系基础上的货币体制已出现与国际经济现实脱节的病象。

三、国际货币体制的改革路径

国际货币体制的历史与现状表明,该体制的形成有其历史必然性,现状也有一定的合理性。但从发展的角度看,该体制存在先天的缺陷,且由此缺陷衍生出诸多弊病,与当今的国际经济治理结构互为表里。因此,国际货币体制改革并非孤立的体制变化,而是与整个国际经济治理大背景相始终,同时国际货币体制的改革在总体上是一种渐进式的改革,这种渐进式的改革路径有赖于国际经济治理结构的改善。

国际货币体制改革路径之确定,必须考虑的问题是:第一,如何破解美元霸权给该体制造成的历史负担以及现实影响,并且克服向未来演绎的路径依赖现象。简言之,当今货币秩序中实质意义上美元本位制需要分散化和多元化。第二,IMF、WB等国际金融机构的法律结构和功能需要改革。第三,货币区域化与国家间货币合作的推进,必须与现行国际货币体制相互协调,政治议程应纳入法律框架,以冲抵其对现行体制的短暂冲击,维持总体平衡。第四,考虑国际货币体制改革与国际经济秩序之关系。具体而言,国际分工与资源配置至今仍然是国际经济治理的难题。其

---

① 参见〔美〕罗伯特·基欧汉、约瑟夫·奈:《权力与相互依赖(第3版)》(影印本),北京大学出版社2004年版,第29页。

中，美国制造业的大量外流，以及与之并存的许多发展中国家的出口导向型经济发展战略，导致世界经济发展不平衡：一方面，美国净外债持续扩大，但来自亚洲新兴市场国家等国际收支盈余的经济体的资金却不断地返流投资于美国，压低了美国国内的通胀，助长了自20世纪90年代以来绵延至次贷危机期间的金融不稳定。另一方面，这些国际收支盈余国家并没有在这个失衡的国际分工中享受到应有的全球化红利，却要承受低工资、资源与环境困境、技术与知识产权转让的高成本等压力，国际经济治理中的资源分配进一步失衡。现行货币体制是否助长了这种失衡？如何进行纠偏？都是需要认真研究的课题。第五，新自由主义对国际货币体制影响之评估与纠偏。在纠正新自由主义影响的同时，多边主义的含义与意义需要重新阐释，特别是蕴含在多边主义原始概念中的"为国内稳定而干预"[1]的正当性问题，曾经在西方国家一度取得共识。在新自由主义式微之时，应重新审视多边主义历史含义的基础上，发掘其稳定、平衡及协调的固有含义，恢复其与社会保障的固有联系。第六，在国际货币体制中重建发展理念。布雷顿森林体系建立之初，谈判者遵循了任务分离原则，即赋予不同的国际机制和国际组织以不同的任务。而在任务分离原则的指导下，发展问题本就不在布雷顿森林体系的谈判之列。这一分离导致发展问题长期游离于西方主导的国际经济秩序之外。因此，将发展问题这个在过往的多边主义中遭到忽视[2]的命题注入其中，在新时代赋予其新的意义，是未来的国际货币体制改革的应有之义和重要使命。

在国家主权并存、经济发展水平不平衡的国际社会，建立实行

---

[1] See John Gerard Ruggie, International Regimes, Transactions, and Change: Embedded Liberalism in the Postwar Economic Order, *International Organization*, Vol. 36, Iss. 2, 1982, p. 393.

[2] 发展问题在过往的多边体制中遭到忽视，其意义被边缘化的历史，参见 Andrew T. F. Lang, Reconstructing Embedded Liberalism: John Gerard Ruggie and Constructivist Approaches to the Study of the International Trade Regime, *Journal of International Economic Law*, Vol. 9, Iss. 1, 2006, pp. 109–110。

统一的货币政策的国际机制事实上是不可能的。[①] 因此，国际货币体制在未来相当长的时间还将是由多边机制、国家间双边合作机制以及主要大国的涉外货币法律与政策所构成，仍然是一个由众多的、各个层面的次级规则体系组成的复杂体制，其改革路径和头绪仍将纷繁复杂。在综合上述问题的基础上，国际货币体制的改革路径将从多边体系重构以及人民币国际化两个层面推进。之所以选择这两个问题展开，主要的考虑是兼顾问题的整体与重点：多边体制的重构是一个涉及国际货币体制整体的宏观问题，包括历史与现状两个维度。同时，分析多边体制具有涵盖性，包括IMF的有关问题、美元去霸权化等问题；由发达国家主导的国际货币秩序已经显示出保守与不合理的一面，人民币国际化是当前国际货币体制变革中的一股新兴力量，适时将其推出具有实践价值。

（一）重建货币体制中的多边主义

多边主义在国际货币体制形成之初即存在实践的基础。《IMF协定》第 1 条第 1 款（ⅳ）项规定，"协助在成员国之间建立经常性交易的多边支付体系"。多边主义在今天具有多重含义，但从历史上看，国际货币体制中的多边机制是围绕 IMF 展开的，与 GATT 系出同源。随着布雷顿森林体系的瓦解，国际货币秩序中的多边机制遇到较大的挑战。同时，由于 WTO 的建立，国际贸易体制的多边机制表现出不同的发展路径。有学者指出，"在运行机制上，基金组织不可能与世贸组织求同"；"世贸组织主要是在贸易及与贸易有关的具体领域，建立国与国之间的必备多边游戏规则，而且这些游戏规则是经各国反复谈判达成的，具有多边性、稳定性和强制性的特点"；"而基金组织不同，它处理的是变动性很强的国际货币金融问题，并直接针对各国的经济政策，许多情况下是就成员国面临的经济困境和经济危机采取应急措施"，两者

[①] 参见陈安主编：《国际经济法学专论（下编·分论）（第二版）》，高等教育出版社 2007 年版，第 780 页。

的作用机制不同。①

1. 重审内嵌自由主义，塑造新型多边主义

原初的内嵌自由主义是用来解释二战后至 20 世纪 80 年代这一时期的国际经济秩序演变特点的。同时，内嵌自由主义塑造了早期的多边主义。在多边主义的演进中，内嵌自由主义的贡献是：其一，提供了多边主义的最初含义，为多边主义提供了二维结构的分析。其二，提出了多边主义的"意义框架"（framework of meaning），具有动态演变性质。在意义框架方面，内嵌自由主义的"正当社会目标"具有建构性质，是论证诸多社会政策之正当性的价值观基础，对国际机制中凝聚共识具有指引作用，并以此为基础孕育了国际关系的第三种理论范式——建构主义理论。建构主义包含两个观念：秩序观与正当性观念，为全球化进程下的分配问题提供了理论上的支撑，克服了现实主义思维在建立国际秩序中独重物质权力的短处。

20 世纪 90 年代，国际经济秩序受新自由主义影响较深，内嵌自由主义的架构暂时中断。但正如学者所指出的，内嵌自由主义实质上是具有国家干预性质的自由主义；内嵌自由主义下的多边经济机制正是通过国际干预确保一国国内经济稳定和社会安定的理念内嵌入国际经济机制之中，具体表现为，受益相对较少甚至受损的国家，在国际经济制度和主要国际经济机构的决策中，能够得到以资金转移或以特定规则的形式出现的某种程度的优惠待遇，而且其实际效果足以抵消全球化给发展中国家造成的负面冲击，由此兼顾效率和公平。② 从这个角度出发，内嵌自由主义具有理念接续的意义，在观念架构上可以承续历史，这个承续过程对国际体制的演进具有重要意义。因此，在当下多边主义遭遇困境时，重审内嵌自由主义具有重要的现实意义。

首先，是尊重历史的需要。鲁杰与安德鲁·朗的研究均表明，

---

① 参见陈安主编：《国际经济法学专论（下编·分论）（第二版）》，高等教育出版社 2007 年版，第 801 页。

② 参见孙伊然：《内嵌的自由主义——全球经济治理的折中之道》，上海社会科学院出版社 2014 年版，第 246 页。

内嵌自由主义是在代替李嘉图式古典自由主义的基础上成型的，是二战后务实的谈判者对古典自由主义的扬弃。一方面，内嵌自由主义没有否定古典自由主义的先天基础，"比较优势"（comparative advantage）仍然是其理论的根基。内嵌自由主义的语境范围重点在国际层面，是国际与国内二元关系的衡量原则，是一种动态的框架。而新自由主义则续接古典自由主义衣钵，在精神脉理上与古典自由主义更近，与内嵌的自由主义自然存在扞格之处。① 另一方面，内嵌自由主义本身是二战后重建国际经济秩序实践之产物，并且是与古典自由主义观念竞争的产物。内嵌自由主义肩负形塑战后国际经济秩序的任务，由于时值凯恩斯主义占主导地位，因而能够得到发达国家在国内政策方面的支持。20世纪80年代以来的全球化运动，其主导者是西方发达国家，通过新自由主义观念的输出影响多边体制的运行特征，发达国家以及资本所有者获取了全球化过程中的主要利益，同时也削弱了发展中国家与普通民众的利益，进一步加剧了国际经济治理中的不平衡，导致经济危机的爆发。在各国相互依赖的年代，在全球治理中推行新自由主义，只会割裂历史，导致发达国家与发展中国家双输的结果。

当然，在尊重历史的同时，必须看到其中的不合理。二战后的秩序观是以牺牲国际法的平等、公平观为前提的价值观，建立在南北、东西方国家阵营的等级性世界体系之上。冷战意识形态为布雷顿森林体系塑造了一种观念，强化了该体系精英俱乐部的角色身份。布雷顿森林体系在政治上呈现出"层级式分化"的特点，而在市场分布上则是"半全球化"贸易与金融结构，远未完成布雷顿森林体系原初的目标。② 二战后几十年间，在内嵌自由主义协调模式下，国际经济秩序结构中的重心是国家。在互惠原则下，

---

① 事实上，鲁杰在20世纪80年代提出"内嵌自由主义"概念之初就曾预言：当前可能引发机制断裂的首要力量，是自由资本主义精神的卷土重来。参见孙伊然：《内嵌的自由主义——全球经济治理的折中之道》，上海社会科学院出版社2014年版，第238页。

② 参见余盛峰：《从GATT到WTO：全球化与法律秩序变革》，载高鸿钧主编：《清华法治论衡（第20辑）：全球化时代的中国与WTO（上）》，清华大学出版社2014年版，第92—103页。

政治谈判需要具备议价能力,要求国家的政治机构具备高度发达的组织能力以及资源整合和意识形态能力。因此,在传统体制下,国际经济秩序的主导者只能是有议价能力的发达国家。霸权稳定论的解释在此与内嵌自由主义是契合的:早期美国利用霸权推动建立了这个体系,随后欧共体(欧盟)崛起,虽然美国霸权有所衰落,但这两个超级政治实体之间进行的大型"内嵌的自由主义协调"(grand embedded liberalism compromise)仍在继续,通过各种例外条款、豁免条款、保障条款和安全条款的安排,谈判中的政治权力与社会性价值得以融合。实际上,这个协调机制所确立的多边体制只能是大国之间的俱乐部模式,包括其中内隐的货币秩序,所演绎的结果是不发达国家进一步被边缘化。①

其次,现实国际政治经济的需要。2008年全球金融危机爆发以来,保护主义抬头,发达国家出现反全球化思潮,多边体制受到冲击,经济全球化出现波折。② 同时,以信息化、大数据、人工智能为内容的数据经济和新工业革命正在孕育,尽管尚未形成气候,但新工业革命可能影响世界经济的结构,带来新分工,对世界经济秩序产生变革性影响。从一定意义上说,世界再一次处于一个转变关键期,延续至今的经济全球化将成为全球治理中的重要议题。国际货币关系由于相对高端的特点,在全球化趋势变革中会相对滞后,但产业新分工的影响将会自下而上影响这个格局。在当今国际治理关系中,发展中国家已经成为重要的行动者。同时,西方的反全球化与逆全球化已成为一个明显的动向,这个动向可以从"市场—社会"的"脱嵌—嵌入"双向运动框架中去解释。对抗反全球化与逆全球化运动的重要观念是多边主义,而在当代多边主义架构中,内嵌自由主义承续了古典自由主义的合理价值内核,平衡了现代市场

---

① 鲁杰认为"内嵌的自由主义协调"并未完全扩展至发展中国家。See John Gerard Ruggie, International Regimes, Transactions, and Change: Embedded Liberalism in the Postwar Economic Order, *International Organization*, Vol. 36, Iss. 2, 1982, p. 413.

② 据统计,2008年以来,G20成员推出的保护主义政策达3500多项,其中80%以上仍在执行。参见王义桅:《新论:"一带一路"推动包容性增长》,人民网—人民日报,2016年9月7日,http://cpc.people.com.cn/pinglun/n1/2016/0907/c7877928696250.html,2017年12月9日访问。

中来自国家与社会的诸多诉求,重视正当社会目标与政治权力对政治权威的混合作用,突出价值观念在国际经济秩序形成与转折中的作用。21世纪初发生的金融危机,使各国看清了新自由主义主导的全球化的真实处境,新自由主义的式微打开了观念竞争的空间,发达国家尚处于反思整理阶段。在认清了新自由主义的实质后,正是发展中国家回过头来审视内嵌自由主义的好时机。实际上,正如学者指出的,发展中国家从未拒绝内嵌的自由主义。① 过去三十多年间,自由开放的国际经济秩序给发展中国家带来的益处是显而易见的。对发展中国家而言,主要期望还在于,开放的国际经济秩序不会对其国内社会目标造成过多的负面影响,开放不能以国内稳定为代价。这正是内嵌自由主义的宗旨所在,对国内社会目标进行正当性论证,是发展中国家在国际治理中获得话语权的必要策略。

最后,重审内嵌自由主义是建构新型多边主义的需要。如前所述,"多边主义"是一个在国际经济关系中被广泛使用的概念,因言谈者众多,其实义的某些方面反而被遮蔽。事实上,对于"多边主义"含义之阐释早在二战后的国际经济秩序重建计划中就已出现。按照鲁杰等人后来的考证,"多边主义"最初是与"内嵌自由主义"联结在一起的。"多边主义"从来就不是一个简单的语词概念,或者说仅仅是诸多国家的共存规则,而是具有历史演进的动态特点。完整意义上的"多边主义"应包括制度框架与意义框架,并且它们都是随着国际经济关系的发展而发展。

2. 新型多边主义的内涵

首先,新型多边主义的产生背景是日益复杂的全球治理结构。这个结构的特点是,国际贸易与国际货币秩序的演变不平衡——国际贸易秩序在 WTO 框架下,借助全球市场的力量,进一步呈现出国际化与全球化的趋势;而国际货币领域中的 IMF 则呈现出保守性的特点,在政治因素的影响下,其结构与功能的改革均未能与全球

---

① 参见孙伊然:《内嵌的自由主义——全球经济治理的折中之道》,上海社会科学院出版社 2014 年版,第 124 页。

经济发展相适应。国际机制的核心在于聚集行为体的期望,① 在缺少有意义的、可资参考的实践的情况下,对国际货币领域改革的研究可以借鉴最近二十余年国际贸易领域的改革,理由是:国际货币、金融、贸易领域原本同源于布雷顿森林体系,后来的发展路径有所分离,但总体背景一致。

其次,新型多边主义应继续以反对单边主义和孤立主义为主要任务。国际经济治理结构演变到如今已经进入深水区,不仅仅是规则问题,还涉及国际经济治理的政治硬核。比如,近年的中美贸易谈判,美方已经对中国的国家体制提出要求,妄想将中国称为"修正主义国家",将中国经济定义为"国家资本主义"。这就已经不是普通的贸易谈判问题了。同样,国际经济治理中的价值观冲突已经凸显。贸易谈判的难度与国际货币秩序改革的难度互为映射,反映出国际货币秩序改革任务之艰巨,远非工具层面和规则层面,也非市场层面,而是国际政治层面的博弈,因此国际货币秩序改革需要从过去二十余年的贸易政治折冲中寻求可循的路径。

最后,观念在新型多边主义构建中的作用进一步凸显。当代国际经济关系正经历着利益观的变化,除了物质利益外,观念利益日益凸显。② 而观念利益对多边体制的形塑,受主流观念形态的影响甚深。在当下新自由主义退潮、多边体制转型之关头,借鉴历史的经验不失为可循之径。③ 因此,国内有学者将目光转向内嵌自由主义,认为内嵌自由主义"兼顾了市场效率与社会公平",是"更为可取的

---

① See John Gerard Ruggie, International Regimes, Transactions, and Change: Embedded Liberalism in the Postwar Economic Order, *International Organization*, Vol. 36, Iss. 2, 1982, p. 380.

② 参见刘志云:《国家利益观念的演进与二战后国际经济法的发展》,载《当代法学》2007年第1期。

③ 波兰尼在其《大转型:我们时代的政治与经济起源》一书中写道:"这种自我调节的市场的理念,是彻头彻尾的乌托邦。除非消灭社会中的人和自然物质,否则这样一种制度就不能存在于任何时期;它会摧毁人类并将其环境变成一片荒野。"参见〔英〕卡尔•波兰尼:《大转型:我们时代的政治与经济起源》,冯钢、刘阳译,浙江人民出版社2007年版,第3页。

观念"。① 在国际学术界,也有为数众多的学者从不同角度和不同层面论证内嵌自由主义在全球化背景下对多边主义的扩展意义。②

二战后的国际经济治理中,观念的变化曾经历古典自由主义、内嵌自由主义、新自由主义的多重影响。在新自由主义式微之后,国际谈判效率顿减的一个深层原因就是观念的分歧以及由观念分歧引起的冲突。如前所述,国际机制的核心在于聚集行为体的期望,③发展的活力取决于其能获得的政治权威。而目前国际货币体系与国

---

① 参见孙伊然:《内嵌的自由主义——全球经济治理的折中之道》,上海社会科学院出版社 2014 年版,第 246 页。
② 在全球化背景下,对内嵌自由主义加以关注的有杜若夫、豪斯、尼科赖迪斯、卡尔德日米斯、斯旦贝格、科农科斯、维尼科夫、盖题、孔等学者,主要文献有:Frank J. Garcia, et al., The Global Market as Friend or Foe of Human Rights, *Brooklyn Journal of International Law*, Vol. 25, Iss. 1, 1999, pp. 125-140; Robert L. Howse, From Politics to Technocracy-and Back Again: The Fate of the Multilateral Trading Regime, *American Journal of International Law*, Vol. 96, Iss. 1, 2002, pp. 94-117; R. Howse and K. Nicolaïdis, Legitimacy Through "Higher Law"? Why Constitutionalizing the WTO is a Step Too Far, in T. Cottier and P. C. Mavroidis (eds.), *The Role of the Judge in International Trade Regulation: Experience and Lessons for the WTO*, University of Michigan Press, 2003, pp. 307-348; D. Kalderimis, Problems of WTO Harmonization and the Virtues of Shields over Swords, *Minnesota Journal of Global Trade*, Vol. 13, Iss. 2, 2004, pp. 305-352; R. H. Steinberg, Judicial Lawmaking at the WTO: Discursive, Constitutional, and Political Constraints, *American Journal of International Law*, Vol. 98, Iss. 2, 2004, pp. 247-275; J. H. Knox, The Judicial Resolution of Conflicts Between Trade and the Environment, *Harvard Environmental Law Review*, Vol. 28, Iss. 1, 2004, pp. 1-78; D. Winickoff, et al., Adjudicating the GM Food Wars: Science, Risk, and Democracy in World Trade Law, *Yale Journal of International Law*, Vol. 30, Iss. 1, 2005, pp. 81-124; James T. Gathii, Re-characterizing the Social in the Constitutionalization of the WTO: A Preliminary Analysis, *Widener Law Symposium Journal*, Vol. 7, 2001, pp. 137-174; Sungjoon Cho, Free Markets and Social Regulation: *A Reform Agenda of the Global Trading System Toward a New International Economic Law*, Kluwer Law International BV, 2003, p. 629. 这些学者从不同侧面对全球化背景下内嵌自由主义及其发展进行探讨,其中不少涉及多边体制发展中的深层问题。详见安德鲁·朗的评述:Andrew T. F. Lang, Reconstructing Embedded Liberalism: John Gerard Ruggie and Constructivist Approaches to the Study of the International Trade Regime, *Journal of International Economic Law*, Vol. 9, Iss. 1, 2006, p. 86。
③ See John Gerard Ruggie, International Regimes, Transactions, and Change: Embedded Liberalism in the Postwar Economic Order, *International Organization*, Vol. 36, Iss. 2, 1982, p. 380.

际贸易体系的各自核心机构——IMF 与 WTO 在结构和功能上存在较大的不同,IMF 较早遇到挑战,其问题也较早引起国际社会的关注,而 WTO 的问题则直到近年由中美贸易争端触发后才受到特别关注,但它们实质上面临同样的困境,在一定意义上都是由于国际机制的权威性不足。

布雷顿森林体系政治权威的获得,是通过内嵌于该体系的市场与正当社会目标的平衡来实现的。"正当社会目标"是一个取决于具体社会历史特点而且不断演绎发展的概念,二战刚结束时的社会目标与当下的社会目标显然已有很大的不同,其正当性含义自然也存在相应的差异。该概念的作用在于提出了一个长期以来被忽视的评判社会秩序的要素,这个要素具有观念性质,其重点在于直面正当性的观念,并由这一观念引申出众多的解释。① 其中,国内学者关于内嵌自由主义下的多边经济机制的论述,既保留了内嵌自由主义原初的平衡与稳定观念,又加入了发展观与公平观,突破了古典自由主义框架下的正当性观念,并且重新检视了内嵌自由主义所包含的"多边主义—国内稳定"维稳机制中政治权威的证成过程,重新评估了政治权力与正当社会目标的融合价值,拓展了"国内稳定"政策目标正当性的价值内涵,指出"国内稳定"是一个外延比字面含义更宽泛的概念,涵盖价格稳定、就业平稳、经济增长和社会保障等一系列相互关联又侧重点不同的方面。虽然这些方面所涉领域不同,且受到传统、国内利益结构的影响在各国的表现也不尽相同,但在"确保一定程度的国内政策自主性"方面却存在一个共同的前提。② 西方学者安德鲁·朗与杜若夫等人则从中看到法治主义与经验主义的扩展空间,杜若夫称之为"内嵌的法律主义协调"(compromise of embed-ded legalism),从中挖掘到一种被忽略的价值,为多边体制

---

① See Andrew T. F. Lang, Reconstructing Embedded Liberalism: John Gerard Ruggie and Constructivist Approaches to the Study of the International Trade Regime, *Journal of International Economic Law*, Vol. 9, Iss. 1, 2006, p. 87.

② 参见孙伊然:《内嵌的自由主义——全球经济治理的折中之道》,上海社会科学院出版社 2014 年版,第 107 页;陈伟光、蔡伟宏:《逆全球化现象的政治经济学分析——基于"双向运动"理论的视角》,载《国际观察》2017 年第 3 期,第 16 页。

在更大范围的协调提供一种富有想象、有正名效果的空间。①

综言之,重审内嵌自由主义的价值在于,这种反思可为多边体制提供一个扩展的框架,并赋之以意义的空间。以此角度观之,当下的国际货币秩序困局之因并非单纯在于技术层面,在很大程度上是由于框架中社会意义的缺失。而社会意义的缺失,则源自20世纪新自由主义市场至上、排斥社会性价值的单一价值观,造成"多边主义—国内稳定"这一"相伴而生、互为前提"②的内在张力失衡。

检视社会价值有助于多边主义结构中价值观的多元化,改变多边主义单一价值观的刻板定位,获得更多的社会意义。在体制的价值生成方面,可以借鉴建构主义所倚重的路径,从中获取新知识、培养新观念,持续地为多边体制的扩展注入活力。从某种意义上说,新型多边主义的扩展,克服了基于现实主义、理性主义(如博弈论)的权力之争以及利益计算的价值观和行为模式,而代之以开放、包容、普惠、平衡、共赢的新型模式。③

近些年,以美国为代表的西方国家在政治决策上"纠偏"过甚,出现了逆全球化的动向。这种逆全球化动向,是发达国家对全球治理责任的逃避,必然对世界经济产生不利影响。④ 同时,逆全球化政治决策中隐含的单边主义思维与多边体制的内在逻辑相违,势必对国际机制至关重要的共识与期望造成极大的损害。那么,应如何协调发达国家与发展中国家的价值立场?仅对短期的政治外交时局进

---

① See Andrew T. F. Lang, Reconstructing Embedded Liberalism: John Gerard Ruggie and Constructivist Approaches to the Study of the International Trade Regime, *Journal of International Economic Law*, Vol. 9, Iss. 1, 2006, p. 88.

② See John Gerard Ruggie, International Regimes, Transactions, and Change: Embedded Liberalism in the Postwar Economic Order, *International Organization*, Vol. 36, Iss. 2, 1982, p. 398.

③ 这种模式正是中国"一带一路"倡议所倡导的。

④ 美国的逆全球化不仅包括经济贸易,也包括政治军事行动,并且在国内与国际双层面继续推行美国优先的政策。美国在国内推行税改政策,增加本土经济环境吸引力。对外政策上,在中东承认耶路撒冷为以色列首都,引爆中东固有的民族与宗教矛盾;在东北亚朝鲜半岛进行大规模军事演习。美国挑起地区乃至全球政治、宗教与军事冲突的目的在于,通过制造大规模的混乱,倒逼资本流向财经困难的美国,为"让美国再次伟大"创造条件。

行分析显然无助于得出乐观的结论。因此,分析框架应该采用长距离的视角,并借鉴历史的经验。从内嵌自由主义的理念可知,其框架中包含了价值多元的意义,并且从价值多元观中可以发展出公平观,在国际经济治理结构转折时期,这对发展中国家的主张是有利的。事实上,已有学者认为,未来将很有可能回到新的内嵌自由主义全球化和全球治理结构中来。①

(二)人民币国际化

在现有国际货币体制改革进程中,有两个核心问题是不容回避的:其一是美元的去霸权,其二是人民币的国际化。美元的去霸权应是一个渐进的过程,而人民币的国际化则顺应了当下国际经济治理结构的发展趋势。

货币国际化是指发行国将其货币职能从原使用区域逐渐扩展到全球范围的过程。历史上,英镑、美元和日元等都经历了国际化的过程。虽然所处的国际政治经济环境不同,但货币国际化都显示出如下几个共同特征:第一,货币必须具有充分的可兑换性。按照《IMF协定》,货币的可兑换性分为完全可兑换和有限可兑换两种类型,完全可兑换是指货币在外汇市场上以单一汇率可以自由兑换;有限可兑换则是指本币与外汇的交易被限定在经常账户中自由使用。第二,货币在国际交易中要具备计价单位、交易媒介及价值储藏三项功能。第三,货币发行国要开放资本账户,消除国际投资者进入本国资本市场的法律与制度障碍,取消外汇管制。作为国际化货币,使用的便利性和可充分交换性是必要条件。此外,资本交易的自由化是一国货币国际化的标志。

最近几年,人民币国际化发展迅速。人民币的国际化不但为全球金融稳定做出了贡献,也为国际货币体系改革提供了一种新的力量。人民币国际化的市场表现主要在国际贸易结算、储备货币职能、跨国投资三个方面。

---

① 学者认为,中国倡导开放、包容、普惠、共享的新型全球化模式和全球经济治理新秩序,实际是内嵌自由主义全球化体系的现代升级版。参见陈伟光、蔡伟宏:《逆全球化现象的政治经济学分析——基于"双向运动"理论的视角》,载《国际观察》2017年第3期,第17页。

就法律而言，人民币的国际化与中国的外汇管理体制改革直接相关。中国的外汇体制改革在 20 世纪 90 年代中期即已开始，人民币在经常项目下的自由兑换现已经满足《IMF 协定》第 8 条的要求，人民币用作贸易结算货币已经没有法律障碍。

在支付领域，近年来俄罗斯、委内瑞拉等都在石油贸易中采取了去美元化的措施，力图摆脱以美元为核心的环球同业银行金融电讯协会（SWIFT）国际支付系统。中国则在几年前就开始准备建立自己的支付系统——人民币跨境支付系统（CIPS）。自 2015 年 10 月初正式启动至 2018 年 5 月，CIPS 共有 31 家直接参与者、724 家间接参与者，参与者范围覆盖六大洲的 87 个国家和地区，业务实际覆盖全球 150 个国家和地区的 2381 家法人金融机构。① CIPS 的运行，大幅提升了跨境清算效率，确保了中国涉外经济活动中的支付安全，树立了人民币在国际支付领域的信誉，为人民币全球业务清算提供了坚实的基础。2017 年，人民币跨境收付金额合计 9.19 万亿元，其中收入 4.44 万亿元，支出 4.75 万亿元，收付比为 1∶1.07，收付总体平衡。② 2019 年，CIPS 系统稳定运行 250 个工作日，累计处理跨境人民币业务 188.4 万笔，金额 33.9 万亿元；日均处理业务 7537 笔，金额 1357 亿元。其中，客户汇款业务 140.4 万笔，金额 5.6 万亿元；金融机构汇款业务 42.8 万笔，金额 25.7 万亿元；批量客户汇款业务 2.6 万笔，金额 1.1 亿元；双边业务 2.7 万笔，金额 2.7 万亿元；清算机构借贷业务 59 笔，金额 0.3 亿元。③ 至此，人民币已连续九年成为中国第二大国际收付货币。但是，不容否认，由于中国仍然存在资本项目的外汇管制，人民币成为投资货币仍存在法律障碍。为了加速人民币的国际化进程，应当从市场和法律制度改革两个方面推进资本项目开放：

第一，在市场方面，人民币汇率形成机制和国内金融市场的成熟是先决条件。资本项目外汇管制的逐步解除，需要解决好人民币自由流出与流进问题。对于人民币流出，在货币市场，应在放宽已

---

① 参见中国人民银行：《2018 年人民币国际化报告》，第 16 页。
② 同上，第 2 页。
③ 参见中国人民银行：《2020 年人民币国际化报告》，第 17 页。

有的对外流出渠道的同时,进一步提供以下流出通道:允许离岸市场的商业银行在人民币业务中以商业票据向境内商业银行转贴现,允许其通过境内代理行从境内银行同业市场拆借,允许获得境内银行间债券市场投资额度的商业银行以持有的境内债券进行债券质押回购交易,允许离岸市场商业银行将其持有的人民币证券在境内银行间市场进行质押回购交易等。只有允许这些机构获得人民币资金并将其汇出境外,才能提升境外人民币的流动性。对于人民币流入,中国应逐步取消对外国投资者持有和交易境内人民币资产(包括资本证券、金融衍生产品)的法律限制。值得注意的是,在实践中,近年来中国在投资领域已为深化人民币国际化进程采取了两个举措:一是建立了以人民币为支付货币的上海石油期货交易所;二是证券市场开通"沪伦通"。① 这两个举措是资本市场助力人民币国际化的必要步骤。结合此前已经推行的国际债券、人民币合格境外机构投资者(RQFII)等,在资本项目自由化方面,人民币国际化进程已经取得显著成效。截至 2017 年年末,境外主体持有境内人民币股票、债券、贷款以及存款等金融资产金额合计 4.29 万亿元,同比增长 41.3%。RQFII 总额度 1.74 万亿元,备案或申请额度 6050 亿元。熊猫债累计注册额度 5007 亿元,累计发行 2203 亿元,新发行 719 亿元。据不完全统计,离岸市场人民币存款余额超过 1.1 万亿元,人民币债券余额 2524 亿元,新发行人民币债券 419 亿元。② 截至 2019 年年末,境外主体持有境内人民币股票、债券、贷款以及存款等金融资产金额合计 6.41 万亿元。其中,股票市值 2.1 万亿元,债券托管余额 2.26 万亿元,存款余额为 1.21 万亿元(包括同业往来账户存款),贷款余额 8332 亿元。③

第二,在法律制度改革方面,2020 年 1 月 1 日起施行的《中华

---

① 2019 年 5 月,人民银行、外汇局制定并公布《存托凭证跨境资金管理办法(试行)》(中国人民银行 国家外汇管理局公告〔2019〕第 8 号)。作为"沪伦通"和存托凭证业务的重要配套政策安排,该办法规范存托凭证发行、转换、存托过程中的跨境资金管理。2019 年 6 月 17 日,"沪伦通"正式开通。
② 参见中国人民银行:《2018 年人民币国际化报告》,第 1 页。
③ 参见中国人民银行:《2020 年人民币国际化报告》,第 14 页。

人民共和国外商投资法》第 2 条所定义的"外商投资",将外商投资范围扩展到外国的自然人、企业或者其他组织间接在中国境内进行的投资活动,包括外国投资者取得中国境内企业的股份、股权、财产份额或者其他类似权益。同时,该法第 21 条规定,外国投资者在中国境内的出资、利润、资本收益、资产处置所得、知识产权许可使用费、依法获得的补偿或者赔偿、清算所得等,可以依法以人民币或者外汇自由汇入、汇出。该法将间接投资纳入外商投资的范围,极大地扩展了人民币在资本项目自由化的空间。以该法为依据,持续地完善我国外汇管理的有关规定,进一步放松资本项目的管制,人民币国际化将进入法治轨道。

国际储备货币的形成条件包括经常项目与资本项目的开放,尤其是资本项目的开放。目前,人民币在成为国际储备货币方面已经取得一定的成效。中国人民银行《2018 年人民币国际化报告》援引 IMF 数据显示,截至 2017 年年末,官方外汇储备币种构成(COFER)报送国持有的人民币储备规模为 1226 亿美元,较 2016 年年末增加 318.03 亿美元,增长 35%,占比为 1.22%,较 2016 年年末提升 0.15 个百分点。据不完全统计,已有 60 多个境外中央银行或货币当局将人民币纳入外汇储备。[①] 截至 2019 年第四季度末,人民币储备规模达 2176.7 亿美元,占标明币种构成外汇储备总额的 1.95%,排名超过加拿大元的 1.88%,居第 5 位,这是 IMF 自 2016 年开始公布人民币储备资产以来的最高水平。据不完全统计,目前全球已有 70 多个中央银行或货币当局将人民币纳入外汇储备。[②]

人民币要成为国际储备货币,中国还应进一步取消相关的资本项目管制,允许国际组织、外国政府、境外金融机构以及公司企业在境内市场发行和投资人民币证券,以满足他国以人民币作为外汇储备的需要;允许上述机构从境内金融机构贷款,以满足其对人民币的资金需求,解决其国际收支平衡问题。

加强国际货币合作是人民币国际化的必由之路。互换协议是一

---

① 参见中国人民银行:《2018 年人民币国际化报告》,第 14 页。
② 参见中国人民银行:《2020 年人民币国际化报告》,第 16 页。

种双边货币合作机制。在互换协议之下，双方按照一定的汇率互换一定数量的对方货币，增加对方的外汇储备。双方借此提高两国外汇储备，平衡彼此货币的供给与需求，达到稳定汇率之目的。中国已经与多个国家签署了货币互换协议，其进程大致可分为两个阶段：2008年全球金融危机之前，中国和日本、泰国、韩国等国家签订的货币互换协议以美元为主；2009年之后，中国签订的货币互换协议的内容改为以签约国本币直接进行互换，其中固然有避免美元和欧元汇率变动带来汇率风险的考虑，但更重要的目的是借助货币互换，进一步促进中国的贸易便利化，提升人民币的国际化程度。2017年，中国签订并生效的货币互换协议已达29份，总金额达30240亿元人民币。① 而截至2019年年末，人民银行共与39个国家和地区的中央银行或货币当局签署了双边本币互换协议，覆盖全球主要发达经济体和新兴经济体以及主要离岸人民币市场所在地，总金额超过3.7万亿元人民币。② 同时，人民银行将继续稳步推进与全球其他中央银行或货币当局的货币合作，优化货币合作框架，进一步发挥双边货币合作在便利双边贸易和投资、维护金融稳定方面的积极作用。③

除了双边协议，中国还积极参与了清迈倡议、金砖国家应急储备安排等区域性货币合作机制。这些多边性的区域货币安排，明显提升了中国与他国金融合作的水平，是推进人民币国际化的重要方面。

此外，中国推动的"一带一路"倡议，既助推了人民币国际化的进程，又为国际货币体系改革提供了契机。2017年，中国已经与22个"一带一路"沿线国家（以下简称"沿线国家"）签署了本币互换协议，在7个沿线国家建立了人民币清算安排，有5个沿线国家获得人民币合格境外机构投资者额度，人民币可与8个沿线国家货币实现直接交易，与3个沿线国家货币实现区域交易。④ 2019年，中国与沿线国家办理人民币跨境收付金额超过2.73万亿元，占同期

---

① 参见中国人民银行：《2018年人民币国际化报告》，第16页。
② 参见中国人民银行：《2020年人民币国际化报告》，第20页。
③ 同上，第30页。
④ 参见中国人民银行：《2018年人民币国际化报告》，第3页。

人民币跨境收付总额的 13.9%，其中货物贸易收付金额 7325 亿元，直接投资收付金额 2524 亿元，跨境融资收付金额 2135 亿元。截至 2019 年年末，中国与 21 个沿线国家签署了本币互换协议，在 8 个沿线国家建立了人民币清算机制安排。①

在国际货币秩序方面，以中国为主导建立的金砖银行、亚投行、丝路基金等新兴多边金融机构，有力地补充了 G20、IMF、WB 等多边机构的功能，强化了新兴经济体和发达经济体之间的政策沟通和协调，为建立更加公平有效的国际货币体系做出了贡献。

第二节 国际货币基金组织改革与全球金融治理体制的完善

在现行的多元化全球金融治理体制中，IMF 无疑处于核心地位。尽管 IMF 的职能有限，仅涉及国际货币金融监管有限的几个方面，许多学者甚至对 IMF 在金融危机发生前后实际发挥的效用表示质疑，但 IMF 在全球金融治理宏观层面上的作用和地位仍是无可替代的。这主要体现在以下两个方面：一方面，IMF 是世界上为数不多的具有强制约束力的多边金融监管机构之一，即成员国负有严格遵守和履行《IMF 协定》的国际义务；另一方面，由于 IMF 不仅拥有大量国际顶尖的专业技术人员，有能力获取来自世界各国的丰富的信息数据，更因其本身的权威性，使得 IMF 对国际金融秩序的评估和影响对各国货币金融政策的制定具有强大的导向作用。事实上，历次金融危机的爆发和蔓延大多缘起于一国不适当的宏观货币金融政策。虽然 IMF 原则上并无干涉一国货币政策的权力，但 IMF 对其成员国货币金融政策的引导作用却是不容小觑的，特别是成员国汇率政策的制定，一般都无可回避地受到《IMF 协定》和 IMF 理事会

---

① 参见中国人民银行：《2020 年人民币国际化报告》，第 4 页。

相关决议的直接约束。① 除此之外，IMF 在过往多次严重的金融危机发生后对危机国的救援更是举足轻重甚至是无可替代的。

事实上，任何一项制度、任何一个国际组织都不可能是完美无缺的，IMF 也存在同样的缺陷和不足。对于这样的缺陷和不足，从当前全球政治和经济情势考量，显然不应急于将其全盘推翻重来，而应寻找其自身存在的各项缺陷，直面痛点，查找根源，并针对这些缺陷与不足进行适时和有效的改革，使 IMF 在全球金融治理体制中发挥其应有的更大作用。

一、国际货币基金组织框架下全球货币金融体系的发展与现状

（一）《IMF 协定》修订历史考察

1944 年 7 月，同盟国代表在美国新罕布什尔州的布雷顿森林召开国际货币金融会议，建立了以美元为中心的国际货币体系，即布雷顿森林体系。次年 12 月，以向成员国提供短期资金借贷、维持国际收支平衡、稳定国际货币体系为核心目标的 IMF 应运而生。回顾 IMF 诞生后近八十年的历程，自 1945 年 12 月 27 日《IMF 协定》生效以来，世界金融环境发生了诸多重大变化，《IMF 协定》也随之经历了数次修订调整，以期通过适当的改革使 IMF 能够适应不断变化的国际金融形势。截至 2018 年，《IMF 协定》共经历了大大小小 7 次修订（表 4-1）。根据《IMF 协定》第 28 条（a）项的规定，一旦 IMF 所提议的修订决议经由 3/5 成员国及总投票权 85% 以上同意，修订即对所有成员国生效。

---

① 例如，《IMF 协定》第 12 条第 8 款规定，在获得 70% 多数票赞成的基础上，IMF 可以确定一成员国的货币或经济状况和发展是否可能直接导致其他成员国国际收支严重失衡，并就此向其他成员国公布。又如，IMF 执董会于 1977 年通过的《汇率政策监督的决定》（Decision on Surveillance over Exchange Rate Policies，以下简称《1977 年决定》）和 2007 年通过的《对成员国汇率政策的双边监督决定》（Decision on Bilateral Surveillance over Members' Policies，以下简称《2007 年决定》）。

表 4-1 《IMF 协定》历次修订时间表

次序	修订依据	生效时间
1	理事会 1968 年 5 月 31 日批准的第 23-5 号决议	1969 年 7 月 28 日
2	理事会 1976 年 4 月 30 日批准的第 31-4 号决议	1978 年 4 月 1 日
3	理事会 1990 年 6 月 28 日批准的第 45-3 号决议	1992 年 11 月 11 日
4	理事会 1997 年 9 月 23 日批准的第 52-4 号决议	2009 年 8 月 10 日
5	理事会 2008 年 5 月 5 日批准的第 63-3 号决议	2011 年 2 月 18 日
6	理事会 2008 年 4 月 28 日批准的第 63-2 号决议	2011 年 3 月 3 日
7	理事会 2010 年 12 月 15 日批准的第 66-2 号决议	2016 年 1 月 26 日

从《IMF 协定》历次修订内容看，对 IMF 的改革基本可分为两类，一是针对 IMF 作为国际公权力机关的行政性管理职能的改革，二是针对 IMF 作为国际金融机构的经营性服务职能的改革。[①] 前者包括 IMF 内部治理结构以及外部监督职能的改革；后者则主要是 IMF 贷款职能改革。

1. IMF 内部治理结构改革

事实上，早在《IMF 协定》第一次修订时，为完善 IMF 内部治理结构，IMF 理事会曾就部长级决策机制议题进行讨论，并于 1972 年成立临时委员会 C-20（理事会关于国际货币体系改革与相关问题的临时委员会），以讨论 IMF 治理改革，使部长们在 IMF 内部而非外部发挥其政治影响力。[②]《IMF 协定》第二次修订时，重新设立了执董的结构和数量，不再承诺为拉美国家保留 2 个席位；选举的执董数为 15 名；执董总数控制在 20 名，经理事会同意，执董总数可超过 20 名。1978 年，沙特阿拉伯任命的执董马赫逊·贾拉勒（Mahsoun B. Jalal）于当年 11 月就任，与另外 5 名任命执董及 15 名选举执董并存于执董会中。至此，执董会首次扩大为 21 名执董。

[①] 有学者将 IMF 的具体职能划分为两类，一是国际公权力机关的行政性管理职能，二是作为国际金融机构的经营性服务职能。参见余元州：《国际货币基金组织法律制度改革研究》，武汉大学出版社 2001 年版，第 15 页。

[②] See Wolfgang Bergthaler, Andrew Giddings, Recent Quota and Governance Reforms at the International Monetary Fund, in Herrmann C., et al. (eds.), *European Yearbook of International Economic Law 2013*, Springer-Verlag Berlin and Heidelberg, 2013, pp. 371-389.

需要特别指出是,《IMF 协定》第六、七次修订,即 2008 年、2010 年修订决议的核心内容均围绕 IMF 投票权和份额改革问题,尤其是第七次修订,被认为是 IMF 成立 70 多年来最根本的治理改革。① 其中,投票权改革主要通过增加基本票,由原先的 250 票提升为 750 票,以扩大低收入成员国在 IMF 中的投票权占比,提高低收入国家的发言权;份额改革通过将 6% 以上的份额从被高估的成员国向被低估的新兴经济体和发展中成员国转移,使这些成员国在 IMF 治理框架下获得与其经济发展水平相匹配的份额及话语权。此后,中国成为 IMF 第三大份额认缴成员国,印度、巴西、俄罗斯等国也进入 IMF 前十大成员国之列。另外,《IMF 协定》第七次修订还将 IMF 份额总量增加 100%,即从 2385 亿 SDR 增加到 4770 亿 SDR;执董数量保持在原来的经理事会同意增加的 24 名,并终止由份额排名前五位的成员国单独指定执董的权利,所有执董都通过遴选产生;减少欧洲发达国家 2 个执董席位,以相应增加新兴经济体和发展中成员国的执董席位。

2. IMF 外部监督职能改革

在布雷顿森林体系下 IMF 实行的是固定汇率制,即成员国本币汇率决策受到严格限制,其汇率必须直接或间接地(通过美元)与黄金挂钩来确定。随着 20 世纪 70 年代布雷顿森林体系的解体,《IMF 协定》第二次修订形成的《牙买加协定》在确定浮动汇率制合法性的同时,为使成员国能够自由选择包括浮动汇率制在内的各种汇率制度,新增了第 4 条"关于汇兑安排的义务"。② 尽管该协定形成的牙买加体系也被学者称为"国际无体系"③,但该新增的第 4 条却成为 IMF 行使其监督职能的基本法律依据。该条第 3 款(a)项规

---

① 参见顾宾:《IMF 份额改革的现状与出路》,载《中国金融》2015 年第 5 期,第 78 页。

② 根据《IMF 协定》第 4 条第 2 款(b)项之规定,一成员国可采用 SDR 或由其选定的除黄金之外的其他标准来维持本国货币的价值,或通过合作安排,维持成员国的本国货币与其他成员国货币的比价关系,或成员国选择其他汇兑安排。

③ Joseph Gold, The Second Amendment of the Fund's Articles of Agreement (Bound Offprint From International Monetary Fund, Pamphlet Series, No. 25), 1978, pp. 12-14.

定了 IMF 应监督国际货币制度，以及各成员国对第 1 款义务[①]的履行情况。也就是说，IMF 被要求对成员国的汇率制度和政策进行监督，以维护国际货币体系的稳定。

值得一提的是，在《IMF 协定》第二次修正决议通过的次年，即 1977 年 4 月，IMF 执董会通过了《1977 年决定》，进一步确立了 IMF 对成员国汇率监督的职能，明确了三项汇率监督原则。[②] 2007 年 6 月，IMF 执董会通过《2007 年决定》，在《1977 年决定》的基础上增加了"成员国应避免采取导致外部不稳定的汇率政策"，并澄清了为获得对其他成员国不公平竞争优势而实施的"操纵汇率"的认定标准。从法律角度看，尽管《2007 年决定》并未改变牙买加体系所确立的汇率政策是一国主权重要组成部分的基本法律框架，即成员国对于汇率制度具有选择的自由，但其新增加的监督原则与监督指标使得 IMF 对成员国汇率政策监督的范围明显扩大，增强了汇率政策监督的可操作性，各成员国汇率主权受到明显的多边约束。[③]

3. IMF 贷款职能改革

《IMF 协定》第一次修订时曾试图通过创设特别提款权（SDR），以缓解布雷顿森林体系下美元本位制面临的特里芬难题。尽管事实证明 SDR 改革未能阻止布雷顿森林体系的瓦解，但 SDR 制度对提升 IMF 贷款能力仍然有着积极意义。时任 IMF 总裁米歇尔·康德苏（Michel Camdessus）长期致力于扩大 SDR 在国际货币金融体制中的作用，并使其有助于缓解 IMF 贷款职能面临的资金缺口。早在 1995 年 3 月，米歇尔·康德苏就提请执董会重新考虑

---

① 这些义务包括：（1）努力使各自的经济和金融政策实现在保持合理价格稳定的情况下促进有序经济增长这个目标，同时适当顾及自身国情；（2）努力创造有序的经济和金融条件以及不致经常造成动荡的货币制度，以此促进稳定；（3）避免操纵汇率或国际货币制度来阻碍国际收支的有效调整或取得对其他成员国不公平的竞争优势；（4）实行同本款各项保证相一致的汇兑政策。

② 三项汇率监督原则分别是：（1）成员国应避免为阻止有效的国际收支调整或取得对其他成员国不公平竞争优势而操纵汇率或国际货币体系；（2）成员国在必要时应干预外汇市场，对付失序状况，例如对付本币汇率破坏性的短期变动等；（3）成员国在采取干预汇率政策时应考虑其他成员国的利益，其中应顾及货币被干预国家的利益。

③ 参见贺小勇：《IMF〈对成员国汇率政策监督的决定〉对中国汇率主权的影响》，载《法学》2008 第 10 期，第 50 页。

扩大 SDR 额度的问题。① 然而，自 SDR 创设以来，其使用范围和影响力都非常有限。在米歇尔·康德苏等人的倡导下，IMF 在 1996 年 9 月达成一致，着手对《IMF 协定》进行第四次修订，通过修改第 15 条和引入附录 M 来实施"一次性特别分配"，将原来的 214 亿 SDR 总额翻倍，增加至 429 亿 SDR。这一分配规模，不仅能使每个成员国分得约占其份额 29.3% 的额度，还纠正了当时 IMF 中超过 1/5 的成员国未得到 SDR 分配的事实。

除通过 SDR 改革以补充国际储备的不足从而提升 IMF 贷款能力外，《IMF 协定》的第三次修订②主要围绕加强贷款拖欠款项管理的议题。经此修订后，如借款成员国拖欠款项，IMF 将按照以下步骤采取相应措施：(1) 一旦发生借款超期，IMF 将立即向该成员国发出通知，自动暂停其进一步借款的权利；(2) 2 周内，总裁致信该国理事；(3) 1 个月内，总裁通告执董会；(4) 6 周内，总裁通知该国政府，即将发布正式的投诉文件；(5) 2 个月内，总裁发布投诉文件；(6) 3 个月内，执董会审查投诉文件，并可能正式暂停该国获取 IMF 资金的权利，直至拖欠问题完全解决；(7) 12 个月内，执董会宣布该国无资格使用 IMF 资金直至执董会解除该禁令；(8) 在此后的 7 个月内，执董会考虑发布关于"不合作"的声明；(9) 在一段"合理"的"不合作"阶段后，执董会（经 70% 投票权同意）可能暂停该国投票权直至执董会经由同样数量的投票权同意恢复其投票权；(10) 理事会经总投票权 85% 多数同意可将该国驱逐出 IMF。③

（二）IMF 治理体制现状及其缺陷

IMF 作为一个政府间国际金融组织，担负着维持货币稳定、确保世界经济健康运行的重任。多年来，IMF 一方面通过资金的注入

---

① 当时，IMF 为墨西哥提供巨额贷款后亟待增资；墨西哥比索危机导致发展中国家融资难，而新的 SDR 分配有助于减轻这种不利影响。See James M. Boughton, *Tearing Down Walls: The International Monetary Fund 1990-1999*, International Monetary Fund, 2012, p.771.

② 20 世纪 80 年代的严重债务危机使成员国拖欠贷款的情况增多，加强拖欠款项管理是此次修订的主要原因。

③ 参见陈燕鸿、黄梅波：《国际货币基金组织改革的总体趋势分析——以〈国际货币基金组织协定〉的修订为视角》，载《福建行政学院学报》2013 年第 5 期，第 88 页。

和危机救援政策的实施,加强了国际投资者的信心,阻止了大规模的短期资金外逃;另一方面通过紧缩性经济政策,避免了过度投机行为,在稳定国际经济方面发挥了一定的作用。然而,由于其资金短缺的掣肘和大国操纵的制度缺陷,在面对来势汹涌的全球性金融危机时,IMF可以施救的资金和措施明显不足,难以有效防范金融风险和缓解金融危机的恶化和蔓延。事实上,IMF一直被认为对维护国际货币金融体制的安全与稳定负有特殊的职能,因而被认为是风险防范与危机救助的主要责任机构。但是,在2008年美国次贷危机爆发前后,IMF作为全球金融风险预警、防范和处理的主要机构,并没有发挥其应有的作用和效果,因而受到国际社会的广泛批评,其根本原因正在于IMF现有治理体制存在着一系列的缺陷和不足。归结起来,主要体现在以下几个方面:

1. 投票权份额与治理结构失衡

事实上,投票权份额与治理结构一直以来都是IMF改革的重点议题之一。不同于其他政府间国际组织,IMF实行的不是一国一票的决策机制,而是通过成员国认缴资金的高低确定不同比例的投票权,认缴资金更多的国家将获得更多票数。具体而言,IMF使用份额公式①计算分配给成员国的特定份额,即成员国向IMF认缴资金的最高限额。成员国获得的投票数由基本票和加权票组成。所有成员国拥有相同数量的基本票,在基本票的基础上,每增加10万SDR的份额即增加一个单位的投票权。值得一提的是,即便经过2008年改革,基本票由250票提高到750票,但基本票数仍仅占总票数的5.502%。特别是2010年改革正式生效后,在份额总量翻番的情况下,基本票占比又被进一步稀释,对提升贫穷国家和发展中国家投票权的作用变得极为有限。

与2008年改革相比,IMF 2010年份额及投票权改革方案无疑具有更进一步的意义,但同时也触及了美国等西方发达国家的核心利益。根据《IMF协定》第28条(a)项,改革决议在理事会表决通过后,

---

① 目前的份额公式是四个经济变量的加权平均值,即GDP、开放度、经济波动性和国际储备。其中,GDP占比50%,开放度占比30%,经济波动性占比15%,国际储备占比5%。

还需持有 85% 以上投票权的 3/5 以上数量的成员国以书面方式表示接受方可生效，而仅美国一国就持有 IMF 超过 17% 的投票权。也就是说，美国对该改革决议的生效拥有一票否决权。正是由于美国国会迟迟未能批准接受该改革方案，才导致 IMF 此项改革被长期搁置。直至 2015 年 12 月，迫于国际社会的压力，美国国会才最终批准接受。次年 1 月，该决议最终生效。即便如此，改革后美国仍拥有 IMF 超过 16% 的投票权，对于 IMF 重大事项仍拥有一票否决权。

实际上，这并非美国第一次利用其否决权故意推迟批准理事会的改革决议。例如，《IMF 协定》第四次修订决议（关于 SDR 特别分配）虽于 1997 年 9 月即已获得 IMF 理事会通过，却经历了漫长的成员国批准过程之后才最终生效。2001 年 11 月，批准该决议的国家数量已达 110 个，满足 3/5 以上成员国同意的数量要求，但因美国未予批准，始终无法达到 85% 投票权要求。究其原因，关于 SDR "一次性特别分配"的决议，并非当时美国政府的当务之急，与其根本利益不符。因此，直到 2008 年全球金融危机爆发，IMF 增资的迫切性显著提高，才最终促使美国国会于 2009 年 6 月批准该决议。

可以说，尽管 2008 年和 2010 年份额与投票权改革方案的最终生效对于改善 IMF 决策机制不公平性起到了一定的作用，但从最后的结果来看，其决策权事实上仍掌握在少数国家或国家集团手中，投票权份额与治理结构失衡问题依然存在，其合法性和代表性仍亟待提升。

2. 监督职能约束力和执行力有限

IMF 监督职能的缺陷一方面表现在其软法化倾向严重，缺乏强有力的监督手段和工具。《IMF 协定》第 1 条"宗旨"和第二次修订新增的第 4 条"关于汇兑安排的义务"是 IMF 行使监督职能的基本法律依据。从条文用词来看，多次出现"促进""帮助""挽救""努力""避免"等词语，此类"软性"的用词使得 IMF 监督措施的法律约束力不强，甚至可能因此导致金融危机预防和处理时机的延误。同时，虽然《IMF 协定》几经修订，但国际社会仍未能在 IMF 框架下建立起类似于 WTO 的争端解决机制，成员国即便违反第 4 条相关义务，IMF 也只能依据第 26 条第 2 款"强制退出"，作出宣告该成员国丧失使用IMF普通资金资格、中止投票权和强制退出的决定。这使得IMF行使监督职能时显得力不从心，在相当程度上弱化了IMF监督措施的执行力。除此之外，从IMF监督工具来看，无论是半年出版一期的报告，包括《世界经济展望》(World Economic Outlook)、《全球金融稳定报告》(Global Financial Stability Report)和《财政监测报告》(Fiscal Monitor)，还是根据《IMF协定》第4条第3款进行的磋商监管，均是对成员国的一种指导和建议，并不具有国际法上的约束力。

另一方面，IMF监督制度本身有效性不足，也是IMF监督职能约束力和执行力大打折扣的根源之一。如前所述，《1977年决定》和《2007年决定》的出台，在一定程度上明确了IMF汇率监督的职能和原则，成员国在自由选择汇率制度的同时也受到IMF的约束。然而，从2008年全球金融危机发生前后IMF的实际表现来看，其监督机制的有效性是不尽如人意的，亟待进一步调整和完善。

21世纪以来，以中国为代表的新兴经济体及发展中国家开始崛起，而发达国家的经济发展逐步放缓。在此背景下，美国等发达国家指控中国等新兴经济体通过操纵汇率获取了贸易优势，对美国等发达国家积累大量贸易顺差，从而造成世界经济发展失衡。尽管IMF巧妙地避开了将"解决全球经济失衡"作为《2007年决定》出台的背景和动力源泉，但《2007年决定》将监督重点由逆差国家及其可能存在的货币高估现象转移到了顺差国家及其货币低估现象、加强顺差国家的调节责任等，却是无可争议的事实。[①] 2008年全球金融危机爆发前夕，正是因为IMF将监督重点主要放在新兴经济体及发展中国家的所谓汇率操纵问题上，忽视了对美国所采取的经济政策以及金融体系的监督，才导致IMF在危机来临时仍然浑然不知。

可喜的是，2008年全球金融危机爆发后，IMF采取了一系列措施以提升其监督的有效性。其中，2012年通过的《综合监督决定》(Intergrated Surveillance Decision) 是后危机时代IMF监督职能变

---

① 参见张礼卿：《评IMF"新决定"及其对人民币汇率政策的影响》，载《国际金融研究》2008年第1期，第22页。

革的重要标志之一,其监督重点是成员国的国内和国际收支稳定以及系统性稳定,对《2007年决定》进行了一定程度的修正,将IMF的监督重点重新调整为金融监督,重视对于系统重要性国家风险外溢性的监督,而并非仅仅关注新兴市场国家的汇率政策。同年9月,IMF执董会批准了一项金融监督战略,对进一步加强IMF监督工作的切实步骤提出建议。IMF 2011年进行的"三年期监督检查"(Triennial Surveillance Review)在支持这些改革的基础上,指出监督工作应灵活应变,并强调监督的可选择性。在2014年"三年期监督检查"后,IMF提出的建议更加侧重于帮助各国应对全球金融危机带来的挑战。此外,IMF还确定了2014—2019年的五项工作重点,即风险和溢出效应、宏观金融监督、结构性政策建议、连贯和专业的政策建议以及以客户为重心的方法。①

3."国际最后贷款人"名不副实

目前,由IMF担负起国际最后贷款人职责,是国际社会在既没有形成超主权的世界政府也没有建立起统一的世界中央银行背景下的必然选择。一方面,赋予IMF以国际最后贷款人身份与《IMF协定》宗旨相符;②另一方面,近些年来,IMF策动和提供的援助对于平抑20世纪80年代的拉美债务危机、1994年墨西哥金融危机以及1997年亚洲金融危机都发挥了重要作用,事实上承担了国际最后贷款人的职能。

尽管IMF初具最后贷款人雏形并已有所建树,但同时也存在着诸多制度上的缺陷,影响其金融危机管理和救助功能的进一步发挥。其中,自身调控资金的不足是最核心的症结所在,常常使IMF在救援时捉襟见肘,严重制约了其最后贷款人功能的发挥。为此,2009年4月2日结束的G20伦敦峰会达成IMF新一轮的增资计划,各国领导人同意将IMF的资金规模扩大至当时规模的3倍,即由2500

---

① See IMF, IMF Surveillance, https://www.imf.org/en/About/Factsheets/IMF-Surveillance, last visited on Feb. 18, 2019.

② 《IMF协定》第1条第1款(ⅴ)项规定,在具有充分保障的前提下,IMF向成员国提供暂时性普通资金,以增强其信心,使其能有机会在无须采取有损本国和国际繁荣的措施的情况下,纠正国际收支失调。

亿美元增加到 7500 亿美元，并同意增发 2500 亿美元 SDR，以增强陷入困境的成员国应对危机的能力。此外，2016 年 1 月 26 日，满足了落实第 14 次份额总检查商定增资的各项条件，189 个成员国的联合份额从约合 3340 亿美元增加到约合 6680 亿美元，从而提高了成员国可贷款总额。然而，这些增量与 IMF 国际最后贷款人身份仍是不相匹配的，即使与外汇储备第一大国中国相比，也差距甚远。[①] 换言之，对这些外汇储备大国来说，向 IMF 寻求帮助的可能性和意义都不大，IMF 国际最后贷款人职能象征意义大于实际意义。

此外，需要特别指出的是，贷款条件性问题也给 IMF 国际最后贷款人的正当性蒙上阴影。实践中，除少部分"无条件性"贷款（一般资源账户储备部分和特殊提款账户特殊贷款）外，在向发生收支困难的成员国提供优惠利率贷款时，IMF 往往会附带诸多政治条件，受资助国实行的经济政策必须接受 IMF 的干预和监督。此种贷款条件性的决定权掌握在 IMF 执董会手中，拥有较大权重投票权的成员国，则会利用 IMF 决策机制向受资助国强加与该国自身国情不切合的措施和条件，其结果便是使原本合法且适宜的贷款条件性设置间接成为发达国家在全球层面推行贸易和投资自由化的途径和手段。例如，1997 年，在 IMF 主导下的韩国贷款救助计划中就出现了诸如平衡财政预算、加强银行监管、关闭问题银行以及实现贸易与投资自由化等多种类型的经济政策。从实际效果来看，韩国于 1997—2001 年进入一个"IMF 时代"——货币贬值、企业破产、公司裁员等，给韩国人留下了惨痛的记忆。

二、国际货币基金组织改革路径探究

毫无疑问，一个良性的国际货币体系对全球实体经济来说意义重大。第一，它能够维护全球金融市场的稳定；第二，它能够及时地识别风险、预警风险、防止危机，一旦发生危机则能够很有效地处置危机；第三，金融稳定了，金融就可以支持实体经济，促进全

[①] 截至 2021 年 2 月末，中国外汇储备规模为 32050 亿美元。

球经济增长。① 对于 IMF 而言，识别风险、预警风险、防止危机以及危机处置能力建设，应当是改革的重点和核心。

（一）进一步推动 IMF 投票权份额和治理结构改革

成员国在 IMF 的份额与其在 IMF 的可得资源及投票权直接挂钩。IMF 成员国份额的提升，一方面，使成员国在遇到国际收支困难时可从 IMF 获得更高的贷款支持；另一方面，成员国可获得更高的投票权比重，进而获得在 IMF 未来发展和基本业务决策过程中更大的话语权，促使各项决议更加符合相关成员国的国情和根本利益，从而提升决策结果的有效性和执行力。可以说，IMF 投票权份额和治理结构改革是 IMF 机构改革的基石与前提，其改革动向将决定 IMF 其他领域改革的成败和走向。就现阶段而言，IMF 的有效运行和改革决策仍严重受制于美国等少数发达国家。难能可贵的是，近些年来，新兴经济体及发展中国家对此作出了一系列的集体行动和努力，② 形成了有效的国际社会舆论压力，这对迫使美国国会最终通过 2010 年份额与投票权改革方案起到了至关重要的作用。

对于 IMF 治理结构改革方向，作为全球货币储备机制有益补充的金砖国家应急储备安排提供了具有可操作性的实践经验。该安排采用部长级理事会和常务委员会的双层治理与决策机制，前者以共识决定发展议题，后者以共识或简单多数决定业务议题。我们认为，IMF 可以合理借鉴此种做法：当 IMF 作为国际公权力机关行使其行政性管理职能时，包括行使监督职能时，可采取一国一票制的决策机制；当 IMF 作为国际金融机构履行经营性服务职能时，如开展贷款业务等时，则可采用份额决策机制。即基金认缴份额可以与成员国的信贷额度和特别提款权的分配挂钩，但应与成员国在 IMF 决策中的投票权脱钩，取消决策机制中的加权票，使各国在全球金融治理中拥有平等的话语权和享受公平的待遇。

（二）逐步完善 IMF 监督体系，切实提高 IMF 监督有效性

2008 年全球金融危机之后，IMF 对其监督职能作了一系列的变

---

① 参见易纲：《G20 将继续推进 IMF 份额和治理改革》，载《南方企业家》2016 年第 10 期，第 40 页。

② 参见本书第一章第四节第二部分第（三）点。

革,在一定程度上提高了监督的有效性,但现行监督体系仍存在诸多缺陷,有待进一步完善。

首先,从协定立法角度看,《IMF协定》中缺乏明确IMF事前事后监督范围和目的的原则性条款。可以考虑的完善措施是,将"监督成员国货币政策与经济运行状况,避免出现可能造成系统性风险的情况"纳入协定宗旨,从而明确IMF监督职能的核心目标和基本原则。

其次,成立实行"一国一票制"的IMF监督委员会,完善IMF整体监督体系。目前,监督职能的履行由IMF执董会负责。如前所述,根据现行决策机制(加权表决制),监督的公正性难以保证。若能将监督职权赋予专设的监督委员会,则能极大地改善现存的不公平状况。

再次,由于IMF各成员国的经济状况和发展水平不相一致,简单地适用全球统一的监管标准显然也缺乏公平性和合理性,故IMF应根据成员国在国际货币金融体系中的重要程度,对不同成员国根据其金融体系的特点进行差别化监督。

最后,IMF应当加强与其他国际组织的合作,建立数据信息共享机制,以提升监督的有效性。IMF和WB于1999年联合启动的"金融部门评估规划"(FSAP)正是两大全球性国际组织为监督和评估世界各主要国家金融部门的稳定性而开展的颇具成效的合作实践。除了与全球性国际组织的合作,IMF还应当与诸如欧洲复兴开发银行、金砖银行等区域性国际组织进行长效务实的合作,实现数据信息的对接与共享,定期进行磋商与讨论,以提升IMF对系统性风险和金融危机的识别预警能力,共同构建维护国际货币金融体系稳定的"安全网"。

(三)推进IMF国际最后贷款人能力提升

对于提升IMF国际最后贷款人能力,可从以下三个方面加以推进:

第一,进一步扩大IMF资金池,扩展IMF的援助范围和手段。增资计划的推行不仅能增强IMF在成员国发生收支困难时的援助能力,而且能增强IMF在金融危机爆发前后的资金调控能力和合法干预的力度，从而在一定程度上减少危机爆发的可能性和降低危机的严重程度。

第二，强化 SDR 的作用和使用范围，以拓宽 IMF 借款方式。不同于 IMF 对一般资源账户下信用部分贷款给成员国设置了诸多贷款条件，SDR 的使用并无限制，其至在 IMF 宣布某成员国无法或被限制使用一般资源账户贷款时，成员国依然享有使用 SDR 的权利。① 因此，扩大 SDR 数量，尤其是扩大那些外汇储备较低、援助需求迫切的发展中国家的 SDR 数量，不仅能使这些国家获得更多的资金支持，还可在一定程度上减轻 IMF 贷款条件性带来的负面影响。可喜的是，历史上最大规模的 SDR 分配方案已于 2021 年 8 月 23 日正式生效。IMF 董事会批准新增 6500 亿美元 SDR（约 4560 亿 SDR）分配给各 IMF 成员国，为全球经济体系提供额外的流动性，提升各国补充外汇储备。②

第三，明确 IMF 贷款条件性解释规则，增强其合法性和正当性，以提升 IMF 国际最后贷款人的公信力。《IMF 协定》第 1 条第 1 款（v）项要求，IMF 对成员国设置的贷款条件，不应有损于受援国的繁荣，但 IMF 至今未在任何正式决定中明确这一规则的判断标准。为此，IMF 有必要对该规则作出有利于受援国的解释，即明确该规则不仅应包括在决定贷款条件时是否考虑受援国的现实国情，还应包括受援国履行条件过程中实际效果的评判标准，以及违反该条款的责任认定及后续处理问题。2001 年，IMF 内部监督机构独立评估办公室（Independent Evaluation Office，IEO）成立，标志着 IMF 贷款条件性改革迈出了坚实的步伐，明确了 IEO 对贷款方案拥有实质性审查的权利，这在一定程度上限制了执董会"独裁"贷款条件的权利。③

---

① 参见《IMF 协定》第 23 条第 2 款（f）项。

② See IMF Managing Director Announces the US $ 650 billion SDR Allocation Comes into Effect, https://www.imf.org/en/News/Articles/2021/08/23/pr21248-imf-managing-director-announces-the-us-650-billion-sdr-allocation-comes-into-effect, last visited on Aug. 31, 2021.

③ 参见王萍：《论 IMF 贷款条件性改革动向对亚投行的发展启示》，载《理论月刊》2016 年第 5 期，第 132—133 页。

第五章
"多元一体"的全球金融治理体制的构建

全球金融治理机制的构建在现实中实际上体现为全球金融利益的分配与博弈。构建一个体现利益公平、合理，程序合法、公正，运行透明、有序的全球金融治理机制，应是国际社会共同追求的目标。然而，当前全球金融治理存在不公平、缺乏合法性与透明度等现实困境已是毋庸讳言的事实，而洞悉这一困境的根源，并从国际政治和国际法律方面寻求破解之路径，应是构建完善的全球金融治理体制刻不容缓的第一步。

在现行全球金融治理体制中，存在着难以回避的治理主体和治理法制碎片化、治理机制缺乏有效的国际协调与合作、国际金融组织的权责机制对发展中国家不公平与不合理等弊端，而这些弊端实际上正是全球金融治理陷入困境的症结所在。尽管金砖银行、金砖国家应急储备基金、亚洲基础设施投资银行、丝路基金等由中国等新兴经济体主导的国际金融机构的设立和运行，正在推动着国际货币金融体制朝着对发展中国家更加有利的方向变革，但现有的这些变革，实际上仅仅触及全球金融治理格局不平衡和对发展中国家单方面不合理与不公平的表层，全球金融治理碎片化的弊端及其对发展中国家的不公平并未因此得到根本消除。[①] 因此，如何从国际政治和国际法律的视角凝聚众多不同职能、不同作用范围和作用层面的全球金融治理主体和治理法制的力量，构筑一套"多元一体"且运行有序的维护全球金融秩序稳定、符合世界各国共同利益、对发展中国家更加公平合理的全球金融治理机制，将是未来全球金融治理体制构建的核心课题。

---

① See C. Randall Henning, Avoiding Fragmentation of Global Financial Governance, *Global Policy*, Vol. 8, Iss. 1, 2017, pp. 101-105.

全球金融治理困境及其破解

第一节　全球金融治理中的利益博弈

　　世界经济发展的过程，在很大程度上就是国家与国家之间、利益集团相互之间利益博弈的过程。尤其是大国之间的博弈，始终引领着全球经济发展的走向和节奏，对全球经济利益的合理分配产生着重要的影响。纵观二战后世界经济发展的历史，不可否认美国在其中发挥着重要的引领作用，包括战后欧洲经济复兴与重建。但也正是由于美国的操纵，使许多国家饱受战争和金融危机之害。尤其是在美国主导下达成的"华盛顿共识"的推动下，新自由主义经济思潮大行其道，各种形式和不同范围、不同深度的金融危机接踵而至，众多经济上脆弱的发展中国家成了金融危机的牺牲品，成了西方发达国家转嫁危机的场所，全球贫富悬殊愈发扩大和加剧。即使在全球正在共同为源自美国的2008年全球金融危机"埋单"之际，美国仍然抛出美国利益至高无上和美国利益优先的美国利益中心论，完全置全球其他国家尤其是发展中国家的利益于不顾。对此，美国前总统特朗普甚至在多种场合毫不隐讳地强调在国际事务中要把美国利益放在首位，把美国利益中心主义思想演绎到极致。① 美国政府主导下的单边主义和逆全球化思潮对全球经济的良性发展造成极其恶劣的不利影响，对全球金融治理体制的构建造成极大的破坏和挑战。

　　在此背景下，中国作为崛起中的负责任大国，已不能只顾埋头发展自身的经济，而应担负起习近平总书记提出的"构建人类命运共同体"的历史使命，竭尽全力推进世界经济利益的正态分布和良性发展，促使世界各国共享世界经济繁荣带来的福祉和利益。同时，这也暗合邓小平提出的"韬光养晦，有所作为"方针，是这一方针的延伸和升华。

---

　　① 参见陆佳飞等：《特朗普大谈"美国优先"有谁买账》，新华网，2016年7月22日，http://news.xinhuanet.com/world/2016-07/22/c_1119266540.htm，2017年10月26日访问。

第五章
"多元一体"的全球金融治理体制的构建

布雷顿森林体系是美国主导下的旧国际经济秩序的典型代表，虽然布雷顿森林体系在维持二战后国际经济秩序稳定方面曾经发挥过应有的作用，如通过 IMF 和国际复兴开发银行帮助许多国家，尤其是帮助欧洲国家从战后经济废墟中迅速恢复，通过固定汇率制使国际货币秩序从二战后的无序状态中得以迅速恢复和稳定。但总体而言，它仍是为西方发达国家经济发展谋利益、图发展服务的，广大发展中国家则成了发达国家经济发展过程中倾销过剩商品和掠夺原材料的市场。

从 20 世纪 70 年代开始，发展中国家建立国际经济新秩序的呼声日益高涨，并在联合国这个国际舞台得到较普遍的认可，但在南北两大阵营的长期博弈中，利益的天平还是朝着发达国家倾斜。即使在发展中国家成员数占绝对优势的 WTO 体制下，也仍处处留下旧国际经济秩序的烙印。有些西方国家甚至不满足于《WTO 协定》的规定，另起炉灶，抱团制定符合西方发达国家集团共同利益的更高标准，以此来抑制发展中国家在经济全球化过程中的步伐。例如，在乌拉圭回合谈判达成的《与贸易有关的知识产权协定》中，发展中国家为了换取发达国家在农产品和纺织品贸易领域协议的达成，作出了极大的让步，并对国内知识产权立法作相应的、较大幅度的修改。而欧、美、日、加、澳等 11 个国家和地区却于 2011 年 4 月达成《反假冒贸易协定》，更进一步提高了知识产权保护标准，若任其推广和施行，必将严重限制发展中国家在药品、IT 产品等领域贸易活动的正常开展。①

面对西方霸权集团的步步紧逼，广大发展中国家只有结成紧密的合作关系，拧成一股力量，才能在与发达国家的集体博弈中获得应有的利益，并在国际交往中获得应有的公平待遇。中国作为发展中大国，不可能指望美国等西方国家为广大发展中国家规划美好的发展蓝图，而应该主动承担起维护广大发展中国家共同利益的神圣

---

① 参见杨鸿：《〈反假冒贸易协定〉的知识产权执法规则研究》，载《法商研究》2011 年第 6 期，第 108—116 页。另参见《中印将西方知识产权限制问题提交 WTO》，新浪财经，2010 年 6 月 9 日，http://finance.sina.com.cn/roll/20100609/12148089082.shtml，2017 年 11 月 14 日访问。

责任，为构建人类命运共同体贡献中国的智慧和提出中国的方案。

有效的全球金融治理体制的构建，是推进人类命运共同体构建的重要环节。而在构建全球金融治理格局过程中，南北两大阵营之间的利益博弈，尤其是两大阵营中大国之间的利益博弈，往往决定着全球金融治理格局的走势及其公平性、正义性、合法性程度。以美国为首的西方国家和北方阵营在固守已有的全球金融治理格局和维护既得的国际金融利益方面不遗余力甚至不择手段，它们在 IMF 体制改革中的消极抵触甚至极力阻挠，已充分暴露其固守既得霸权利益的野心和粗暴行径。①

然而，国际货币金融秩序的稳定及其维系，关乎世界各国的利益，在众多发展中国家的发言权已有相对较大程度提高的当代国际社会，已不再是美国一个国家可以一手遮天的时代。在广大发展中国家和新兴市场国家的共同努力下，国际货币金融体制在 2008 年全球金融危机后得到一定程度的变革和完善。如关乎各成员国在 IMF 中发言权的认缴份额的调整、涉及 IMF 治理结构的执董会成员产生方式和成员结构的调整、主导国际经济方向的主要平台从 G7 向 G20 的转换、稳定国际金融秩序的重要平台金融稳定论坛（FSF）向金融稳定理事会（FSB）的转型等，都彰显了发展中国家团结奋斗所取得的初步博弈成效，也展现出发展中国家在推进建立国际经济新秩序进程中永不止步的决心以及在变革现行国际货币金融体制不合理性方面的不甘示弱和不遗余力。

第二节　全球金融治理的困境及其根源

在现行全球金融治理体制中，存在着不同层次又相互勾连的各种治理主体以及效力层级和执行效果各异的治理规则，正是这些碎片化的全球金融治理主体与治理规则成了当前全球金融治理陷入困

---

① 参见蔡伟宏：《国家博弈、制度形成与全球金融治理》，载《国际经贸探索》2015 年第 8 期，第 109—111 页。

境的根源。

一、国际金融组织（机构）在全球金融治理中缺乏协调

作为全球金融治理体制中最重要的主体，政府间国际金融机构、非正式的国际金融组织和国际金融标准制定机构等在全球金融治理中的职能定位不明确以及缺乏协调与合作，造成治理主体的碎片化，进而导致全球金融治理陷入困境。IMF 在国际货币秩序稳定方面的作用无可替代，而且从实践效果看，它在全球金融治理中也充当着极其重要的角色。FSB 是在 2008 年全球金融危机时临危受命，从 FSF 成功转型而成，在全球金融治理中特别是在 2008 年全球金融危机的治理中具有极其重要的作用。巴塞尔银行监管委员会（BCBS）及其制定的《巴塞尔协议Ⅲ》在全球跨国银行监管领域的作用和地位也是无可替代的。在 2008 年全球金融危机爆发之后，G20 从财长会议升级为国家领导人峰会，成功替代 G7 成为全球最重要的经济治理平台，在全球金融治理中的重要作用和地位也达到巅峰。然而，这些重要的全球金融治理机构的职责定位并不明确，以致如何发挥它各自的职能，使全球金融秩序得到有效治理等核心问题无法得到切实有效的落实。这样造成的后果是，空有多家全球金融治理国际组织，却因无法得到有效协调而使全球金融治理陷入困境。

二、全球金融治理标准的差异与碎片化

众多全球性和区域性国际金融组织和机构，为了实现其运行目标，各自出台全球性或区域性的金融治理规范或金融监管规则，众多不同理念的治理规则应运而生。它们有的从宏观角度出发，忽视金融治理的全球性和整体性；有的因发挥主导作用的利益集团的不同而出现矛盾或对立。大量存在差异性和碎片化的治理规则，必然会导致全球金融治理陷入无所适从甚至一片混乱的窘境。

同时，全球金融治理机制的构建与运行，离不开主权国家的共同参与。从全球金融治理规则和标准的执行角度看，主权国家是全球金融治理的核心主体。然而，由于各国国内金融市场成熟程度、金融监管体制、金融监管理念和金融监管标准等存在较大的差异，

从全球金融治理的层面看,各国在承担国际金融监管责任和执行国际金融监管标准方面也存在较大的差异,从而导致实际上的全球金融治理标准的碎片化。

由于国际金融监管标准都是以"指引""报告""建议""基准"等形式出现的(常被称为"规范性国际文件"),并不是正式的条约、协定,不具有法律上的强制执行力,即使是出台该文件的组织的成员国,也没有将该"规范性国际文件"在其国内实施的法律义务。因此,FSB 的《外汇监管指标》①、BCBS 的《巴塞尔协议》等国际金融监管标准在各国的执行,通常只能采用"转化"的形式,即先将其内容全部或部分转化为国内法律、法规等,再以国内法的形式在该国管辖范围内实施。也就是说,对于国际金融监管标准制定机构所制定的金融监管标准,各国金融监管当局是否加以实施,在多大程度上加以实施,完全视各该国是否以及如何将该监管标准转化为国内立法或监管规则而定。其结果必然造成各国所执行的国际金融监管标准的不统一,实际上形成全球金融治理标准的差异性和碎片化。这种差异性和碎片化的存在,进而造成各国金融监管理念的差异和各国所承担的全球金融治理责任的不同,使全球金融治理陷入困境。

三、全球金融治理中的特权与困境

自布雷顿森林体系建立以来,美国等西方国家在国际货币金融秩序和全球金融治理中的特权地位始终未曾改变。无论是布雷顿森林体系时期还是牙买加体系建立后,尽管作为国际货币的美元的存在基础有所改变,但以美国为首的西方国家把持国际货币金融体制走向的局面并未稍加改变,仍然维持着美国与欧洲国家分治 WB 和 IMF 的原有格局。②虽然中国已是世界第二大经济体,中国在 IMF

---

① See FSB, Foreign Exchange Benchmarks Final Report, 30 September 2014, http://www.fsb.org/wp-content/uploads/r_140930.pdf, last visited on June 12, 2018.

② 参见沈伟:《逆全球化背景下的国际金融治理体系和国际经济秩序新近演化——以二十国集团和"一带一路"为代表的新制度主义》,载《当代法学》2018年第1期,第36—37页。

中的认缴份额经过几次波折后也有较大的提升,但美国在其中的一票否决权并未改变。有机构预测,到 2025 年,中国将成为世界第一大经济体,中国的 GDP 将占世界 GDP 总量的 19.9%,[①]但很难想象,届时美国会将其在 IMF 中的一票否决权让渡给中国。据国务院新闻办公室发布的消息,2019 年中国 GDP 占世界 GDP 的比重超过 16%,中国经济增长对世界经济增长的贡献率达到 30%。[②]但是,中国在 IMF 的投票权却只占总投票权的 6.41%。

国际金融组织的代表性不足和合理性欠缺,使全球金融治理困境进一步加剧,并造成全球金融治理体制对发展中国家的极度不公平。

第三节 新兴经济体对全球金融治理秩序的修复与局限性

在美国的精心策划下,全球金融治理已深陷混乱和无秩序的泥潭。这种无秩序、不合理的金融治理体制,完全凭美国的喜恶而运行,也完全暴露了美国唯利是图和无视规则的霸权主义本性,整个世界完全在美国的强力操控和肆意掠夺下畸形地运转。2008 年美国次贷危机及其蔓延后造成的全球金融危机,把全球经济带入了全面危机的深渊。各国开始思考全球金融秩序的痼疾和治理方略,于是有了发展中国家特别是新兴经济体共同参与的全球金融治理体制的初步构想和实践。

一、G20 主导的全球金融治理秩序

新兴经济体的崛起,尤其是 2008 年全球金融危机,推进了 G20 取代 G7 作为国际经济最重要治理平台地位的确立,并促使成功改制

---

① 参见王浩主编:《全球经济与金融治理》,中央编译出版社 2017 年版,第 129 页。
② 参见《统计局:2019 年中国 GDP 占世界比重预计将超过 16%》,和讯网,2020 年 1 月 17 日,http://news.hexun.com/2020-01-17/200003814.html,2020 年 2 月 10 日访问。

后的 FSB 和 BCBS 主动接纳包括主要新兴经济体在内的 G20 成员的加入。这一系列行动表明新兴经济体在全球金融治理中的地位得到显著的提高和认可。

然而，无论是 G20 还是 FSB 和 BCBS，其存在和运行都刻画着明显的时代烙印，始终无法摆脱应对金融危机的应急痕迹。特别是在全球性的金融危机过后，欧美经济出现复苏，全球对新兴经济体拯救危机的依赖程度有所下降的背景下，西方国家对 G20 和以 G20 为主要成员的 FSB 的重视程度已大不如前。特别是美国，暴露出其忘恩负义、过河拆桥的本性，抛弃为适应经济全球化而存在的多边机制，肆意运用其惯用的双边机制和单边措施，对处于弱势地位的经济实体各个击破，使之臣服，基于全球化和多边利益构建起来的多边机制反而遭到意想不到的冷落。为此，如何重新唤起世界各国对全球化和多边体制的热情，以人类命运共同体的顶层理念重新构建全球金融治理体制，已迫在眉睫。

二、新型货币金融体制及其影响

金砖银行、金砖国家应急储备基金及亚投行的设立，在以西方国家为主导的全球性国际货币金融体制的夹缝中另辟蹊径，形成了以新兴经济体为主导的新型国际货币金融体制的雏形。在这一新型的国际货币金融体制下，众多发展中国家完全摆脱了现行国际货币金融体制下的不公平待遇和不平等地位，享受着公平、公正的国际货币金融体制成员的资格和待遇，包括在重大事务决策中的表决权和在获取贷款资源方面的优厚待遇和宽松条件。因此，新型国际货币金融体制的形成，必将对由西方国家主导的现行全球性国际货币金融体制构成一定程度的冲击，也因此招致西方国家的共同抵制甚至仇视。

然而，这一新型货币金融体制的构建，并非刻意与以 IMF 为首的全球性国际货币金融体制形成抗衡，而是为了弥补现行国际货币金融体制的不足，以满足发展中国家防范金融危机和发展基础设施的现实资金需求。实际上，该新型国际货币金融体制并不具有全球统领性，也无意替代或称霸于国际货币金融监管领域，不过是局部修复国际货币金融体制弊端的功能性制度建构。

三、新型国际货币金融体制的定位及其局限性

如上所述,新兴经济体的崛起及其主导的新型货币金融体制的构建,并未对现行国际货币金融体制构成实质性的挑战,其主导者也无意构建这样的挑战,其基本定位是区域性和局部性的辅助机制,而不是被作为核心国际货币金融体制加以构建的,因此也无能力承担全球金融治理的重任。

然而,这一辅助性国际货币金融制度安排的出现,虽未对现行国际货币金融体制构成正面挑战,更无意取代现行国际货币金融制度,但它带来的一个毋庸置疑的事实和效果是,作为一个新生事物,它实际上已灵巧地牵动着以美国为首的西方国家的敏感神经,并迫使IMF对其治理体制进行一些改革,包括增加基金总规模,使更多的成员国在遇到国际收支困难或经济危机时能够获得更充足的资助;提升发展中国家在IMF中的发言权;增加发展中国家在执董会中的成员人数;增加新兴经济体的认缴份额;增加人民币作为特别提款权的一揽子货币等体制性的改革,从而营造对现行国际货币金融体制进行公平性改革的积极氛围。但也仅此而已,局部性、新型的国际货币金融体制的构建,并未能唤起以美国为首的西方国家的共鸣和支持,相反在一定程度上受到敌视和抵制。因此,局部的制度创新和改革如何融入全球性的治理体制的构建,并在全球性的治理体制构建中发挥重要作用,将是未来全球金融治理体制构建的重要课题和挑战。

四、新型国际货币金融体制的多元化与碎片化

新兴经济体的崛起和新型国际货币金融体制的运行,打破了现行国际货币金融体制由欧美垄断的格局,为发展中国家参与国际货币金融体制的多元化构建产生极大的催化作用,同时也对全球金融治理体制的完善无疑起到至关重要的推进作用。

然而,一个毋庸置疑的事实是,局部性、新型的国际货币金融体制的出现,并不能消弭现行全球金融治理体制碎片化的现状,反

而在某种程度上更加剧了碎片化的趋势。同时,也因其局部性特征,导致其实际上无力凝聚众多国际金融组织的力量以形成全球金融治理合力。因此,其作用不能被过分夸大,而应在对其进行客观评估的基础上,寻求更积极有效的推进全球金融治理机制完善的可行路径。

第四节 "多元一体"的全球金融治理机制路径与存在形式

从上述对全球金融治理困境及其已推行的改革的有限性可知,现行全球金融治理环境和治理体制仍然存在严重缺陷,充斥着各种形式的治理结构和利益分配的不公平、不合理及治理机制碎片化所造成的资源浪费。为此,如何凝聚现行不同层次、不同类型的治理机构和治理法制的长处,沿循国际政治与法律的路径,以构建人类命运共同体的站位和理念,探寻构建全球金融治理机制的应然模式,是全球金融治理领域刻不容缓的重大课题。

一、树立"共同发展"的全球金融治理理念

自布雷顿森林体系建立以来,由欧美等西方国家为主导的国际货币金融体制推行的是以经济实力为导向的治理理念,以对广大发展中国家的极度不公平、造成发展中国家利益的严重损害为代价,换取西方国家的霸权利益。然而,任何以损人利己为出发点的金融治理理念,最终都将是既损人又害己。2008年美国次贷危机的爆发及其蔓延即是典型例子。弱小的发展中国家固然经不起金融危机的猛烈冲击,即使是经济实力雄厚的西方发达国家也无法逃脱惨重损失,其至号称世界第一经济强国的美国也在金融危机中饱受重创。因此,全球金融治理机制的完善,特别是大国之间在国际货币金融领域的制度博弈,应以国际货币金融秩序的长期稳定和全球经济的共同发展为终极目标,树立为大多数国家谋求共同金融利益的新型全球金融治理理念,使各国共享全球金融稳定所带来的利益。换一

个角度说,只有得到世界各国共同支持和维护的全球金融治理机制,才能确保全球金融治理秩序的长期稳定,并为世界各国的共同发展保驾护航。G20峰会的制度化安排、FSB的成功升级和扩容,都体现了全球金融治理理念向着全球共同发展的方向迈出重要而坚实的步伐。

二、国际金融组织治理结构改革的关键

金融危机后的IMF治理结构改革,包括新兴经济体及发展中国家认缴份额的提高、执董产生方式的改变、发展中国家执董成员的增加、各成员国基本投票权的提高等,虽在一定程度上缓解了发展中国家在IMF发言权不足的弊端,但并未彻底改变其客观存在的对发展中国家总体不公平的事实,许多发展中国家在加权表决机制下被边缘化的现实并未得到任何实质性的改变。

事实上,在国际货币金融组织中实行加权表决制对众多弱小发展中成员国所形成的不公平和不合理,并不会因为其有限地提高少数发展中国家的认缴份额和投票权而变得公平和合理。美国至今仍拥有IMF近17%的投票权,[1] 对制度性的国际货币重大事务拥有一票否决权,纵使广大发展中国家再怎么凝聚力量、汇集呼声,也难以阻止美国对现行国际货币金融体制既得利益的固守。因此,IMF治理结构改革的终极目标应该是废除加权表决制,承认政府间国际组织中各主权国家的地位平等,使认缴份额与投票权完全脱钩,即认缴份额可与成员国从IMF享受的经济利益挂钩,如从IMF获得贷款的额度及分配特别提款权的额度可以与其认缴份额直接挂钩,但对于体现主权国家地位平等的投票权,则不容许与体现各国经济实力现实差异的认缴份额挂钩,每个成员国无论贫富、强弱均应拥有平等的投票权(发言权)。IMF是一个典型的政府间国际组织,不是

---

[1] 虽然经过2008年以来对IMF的一系列改革,包括提高各成员国的基本投票权、增加新兴经济体及发展中国家的认缴份额、发达国家向发展中国家转移投票权等,但截至目前,美国仍拥有17.46%的认缴份额和16.52%的投票权。See IMF Members' Quotas and Voting Power, and IMF Board of Governors, https://www.imf.org/external/np/sec/memdir/members.aspx#U, last visited on Apr. 26, 2019.

一家普通的股份制基金公司,不应以认缴份额的多寡作为行使投票权的根据。

只有彻底改革 IMF 的投票表决机制,使全体成员国在国际货币事务中的地位平等,并使其成为维护全体成员国共同利益而不是少数发达国家利益的全球性体制,IMF 才具有稳固的群体基础和广泛的社会认同,才能使国际货币金融秩序的稳定成为各国共同关心的事务,其职能才能得到有效的发挥,从而成为各国普遍拥戴的公平、平等、合法、高效的全球金融治理体制。

当然,在目前的国际经济与金融秩序下,要想彻底颠覆美国在 IMF 中的大国表决权,确实存在现实的困难。但是,平衡各成员国在 IMF 中的发言权,无疑是国际金融治理体制改革的重要方向和第一目标。切实可行的改革,可以从加大各成员国在 IMF 中的基本投票权和限制美国在其中的一票否决权开始,包括降低美国在 IMF 的认缴份额,将其加权投票权降低到 15% 以下,等等。

三、全球金融治理的核心架构

如前所述,当前全球金融治理的困境在于国际金融治理机构之间缺乏应有的协调、国际金融监管标准存在差异和碎片化、以美国为首的少数发达国家在全球金融治理体制中处于特权地位并享受着特殊的利益。为此,全球金融治理体制的改革并不是建立一个全新的全球金融治理机构,因为这既不现实,也不经济,特别是在当前南北矛盾不仅没有得到缓和,反而愈演愈烈的全球金融生态环境下,建立全新的全球金融治理机构的可能性更是微乎其微。因此,现实可行的全球金融治理体制的构建应该考虑的是如何有效整合全球各类国际金融监管力量,使其成为足以维护全球金融秩序稳定的制度基础。而这种力量整合,显然首先来自全球政治力量的博弈与妥协,只有在博弈中寻找到最佳的治理平衡点,才能最终形成一个有能力维持全球金融秩序长久稳定的"多元一体"的全球金融治理体制。

审视现有全球金融监管格局可知,在这一"多元一体"的全球治理体制中,首先,G20 作为全球经济发展的主要推动力量,虽然不是一个正式的国际组织,但在全球经济治理,特别是全球金融治理中的地位是不可撼动的。每一届 G20 峰会所确定的全球经济发展方向和全球金融形势评估与对策谋略,都将引领全球金融治理的方向。其次,FSB 作为在 2008 年全球金融危机后成功转型的国际金融治理机构,经过十多年的稳步运行,已然突显出其超然的地位,在全球金融治理中发挥着灵巧的协调作用,并逐渐成为该"多元一体"体制的中枢。特别值得一提的是,它以强有力的 G20 为后盾,其成员涵盖 IMF、WB、国际清算银行(BIS)、BCBS、国际保险监督官协会(IAIS)、国际证监会组织(IOSCO)等具有广泛代表性的国际金融机构和国际金融监管标准制定机构。① 因此,尽管 FSB 并不是严格法律意义上的国际金融组织,但经过全球金融治理模式的"锻造"和其自身内化式改革,由 FSB 与 IMF 联手,② 构成全球金融治理的两翼,必然成为全球金融秩序稳定的核心力量。最后,BCBS、IOSCO 等国际金融监管标准制定机构,在细化由 FSB 制定的全球金融治理规则方面,必然在各自的专业领域发挥不可替代的作用。这样"多元一体"的制度构建,必将铸就一个强有力的、规范国际金融秩序稳定运行的全球金融治理体制。③

当然,在这一全球金融治理体制中,FSB 本身不是正式的国际组织,更多是依托 G20 的力量,针对最新国际金融市场动态出台一些倡议性的国际金融监管文件。因此,FSB 仍然需要借助 IMF 等国际金融组织的力量,通过对各成员国行为的约束和资源释放对国际金融秩序形成直接约束,也需要借助 BCBS 等国际金融标准制定机构的力量,将全球金融治理理念和倡议转化成具体的国际金融监管规则,再通过各国的援引或转化而成为其国内立法,从而在更加广泛的范围内得到遵循和强制执行。

---

① See FSB members' plans to address legal barriers to reporting and accessing OTC derivatives trade data:Progress report,29 June 2017, https://www.fsb.org/2017/06/fsb-members-plans-to-address-legal-barriers-to-reporting-and-accessing-otc-derivatives-trade-data-progress-report/,last visited on Feb. 21, 2019.

② 当然,IMF 的不合理机制仍需进一步改革,以体现新兴经济体和众多发展中国家的共同利益。

③ 参见李国安:《金融风险全球化与全球金融治理机制》,载《国际经济法学刊》2014 年第 4 期,第 228—236 页。

这一"软硬兼施"的全球金融治理格局的建立,一方面可彻底消弭现行全球金融治理中存在的碎片化尴尬与困境,同时也可使全球金融秩序在强有力的全球金融治理体制的维系下达到长期的稳定。

然而,这一全球金融治理框架虽然业已存在,但在实际推行中仍然受到西方发达国家的诸多掣肘,特别是在作为重要国际金融治理机构的 IMF 中美国特殊霸权地位的存在,直接影响着全球金融治理的良性运行。

四、全球金融治理的法律体制保障

全球金融治理是一个复杂的系统工程,既需要有"多元一体"、相互协调、相互为用的治理机构,也需要一套宏观与微观兼顾、国际与国内互济的法律体制。在这一法律体制中,既应有具有强制约束力的硬法,也需要有仅具道义劝导和社会监督效果的软法。

在以条约为基础的政府间国际货币金融组织中,硬法的推行具有其天然的可操作性。其典型代表是《IMF 协定》以及 IMF 理事会和执行董事会的决议等对成员国具有法律约束力的文件,如关于汇率政策的《1977 年决定》和《2007 年决定》。①

然而,在国际金融监管领域,作为全球金融治理法制的重要内容,由国际金融标准制定机构制定的规范性文件(监管标准和规则等,为了区别于具有强制约束力的硬法,也可称为"软法"),在国际金融监管中的作用似乎更加有效,适用的范围也更加广泛,涉及国际金融各个领域。

无论是硬法还是软法,其中的核心环节都是全球金融治理规则的执行问题。因此,作为全球金融治理规则最终执行者的各个国家,在全球金融治理中的地位是异常重要和不可替代的,尤其是金融治理软法的执行,更是有赖于各国的主动援引和转化,才能最终得到有效执行。而从各国的实践可知,国际金融标准制定机构制定的国

---

① 尽管中国对 IMF《2007 年决定》持保留态度,但该决定作为 IMF 对成员国的汇率政策实施监督的法律依据是确定无疑的。参见《中国执董就 IMF 对成员国政策双边监督的决定答记者问》,金融界论坛,2007 年 6 月 22 日,http://bbs.jrj.com.cn/msg,24716503.html,2019 年 2 月 27 日访问。

际金融规范（软法）虽然对各国没有直接约束力，但相关机构的成员国通常都会通过直接适用或将其转化为国内法的内容后加以适用。因此，对于各国金融监管当局而言，这些国际金融规范最终都会转化为各国金融监管法律法规的重要内容，具有间接适用的法律效果。① 同时，由于这些国际金融规范反映了各国监管当局针对国际金融市场最新发展动态达成的监管共识，因此在全球金融治理中无疑更具有针对性和前沿性。②

第五节 中国在全球金融治理体制中的地位与作用

如前所述，全球金融治理体制主要由全球金融治理机构和全球金融治理法制构成。在全球金融治理机构中，中国已成为几乎所有重要的全球金融治理机构的成员，既是当前最重要的全球经济治理平台 G20 的成员，也是政府间国际金融组织国际货币基金组织（IMF）和世界银行（WB）的成员，还是许多非正式、民间性的国际金融组织，如 FSB、BCBS、IOSCO、IAIS、全球金融系统委员会、全球金融市场协会等的成员。但是，这种量的增加并不必然引致中国在全球金融治理中的发言权和影响力的提升，在全球金融治理体制改革中，中国既无力主导重要的全球金融治理机构的重大改革，也未能真正成为全球金融治理规则的主要倡导者和制定者，这与中国全球第二大经济体的地位是极不相称的。

因此，面对全球金融治理中存在的机构改革滞后、治理机构与治理法制碎片化以及新兴经济体及发展中国家在治理中的代表权不足等诸多弊端与问题，中国作为世界第二大经济体，应如何贡献自己的智慧、发出代表广大发展中国家和新兴经济体共同利益的中国

---

① 参见廖凡：《论软法在全球金融治理中的地位和作用》，载《厦门大学学报（哲学社会科学版）》2016 年第 2 期，第 25—27 页。

② See Carlo de Stefano, Reforming the Governance of International Financial Law in the Era of Post-Globalization, *Journal of International Economic Law*, Vol. 20, Iss. 3, 2017, pp. 530-533.

声音，提出构建更加公平合理的全球金融治理中国方案，成为引领和推进全球金融治理体制走向完善的重要力量，仍是需要政府部门和专家学者共同深思的重大课题。

中国作为发展中大国，一贯遵循不称霸、不结盟和韬光养晦的外交政策与外交理念，但这绝非意味着中国在国际关系中的软弱无力或无所作为。面对西方强国把持全球金融治理局势的不合理现状，中国作为负责任的大国，不可能也不应该坐视不理，任凭宰割。而应勇于担当，与众多发展中国家一道，合力挣脱西方国家定下的不合理的全球金融治理框架的束缚，在"共商共建共享"的新理念下，构建新的全球金融治理体制，为发展中国家争得应有的国际金融利益。

一、推进人类命运共同体的构建与"一带一路"建设

随着金融全球化向纵深推进，尤其是挟科技之力崛起的网络金融的快速发展，一国发生的金融危机和金融风险，已不可能被阻隔于一国境内，而是会在信息网络科技力量的裹挟下瞬间传播到全球各个角落。2008年爆发的全球性金融危机就是金融危机全球传播的现实景象。面对此类全球性的金融风暴，即使是世界第一大经济体美国也已自身难保，更遑论对其他国家施以救援。此时，国际社会唯有同舟共济，形成合力，方可望渡过时艰，共享太平。即使在全球经济平稳发展时期，各国也不能只为自身利益而无视甚至损害他国利益，而应在构建人类命运共同体的全局性战略思维下，谋求世界各国的共同发展和共同利益。①

"一带一路"倡议就是通过发展与沿线国家的经济合作伙伴关系，共同打造政治互信、经济融合、文化包容的利益共同体、命运共同体和责任共同体。"一带一路"遵循共商共建共享原则，通过创新双边和多边合作新模式，谋求全球化的再平衡，使"一带一路"沿线国家能够分享到全球化带来的福利。

---

① 参见杨松：《全球金融治理中制度性话语权的构建》，载《当代法学》2017年第6期，第113—114页。

为了落实"一带一路"建设战略,中国2014年宣布出资400亿美元设立"丝路基金",为"一带一路"沿线国家的基础设施、资源开发、产业合作和金融合作等与互联互通有关的项目提供多元化的投融资支持。为了扩大丝路基金的投融资范围和力度,2017年,中国再向丝路基金新增资金1000亿元人民币。正是丝路基金为"一带一路"沿线国家的基础设施建设和资源开发提供了较充分的投融资保障,使人类命运共同体在"一带一路"沿线区域得到成功践行。

二、提升亚洲基础设施投资银行发展层级

亚投行是中国主导成立的区域性多边金融机构,也是第一个由发展中国家倡导、世界各国共同参与的国际金融机构。

21世纪以来,特别是2008年全球金融危机之后,发达国家的经济长期陷入低迷,众多发展中国家,特别是新兴经济体,则率先摆脱危机困扰,成为全球经济治理特别是全球金融治理的重要主体,但全球金融治理体制并没有作出与这一现状相匹配的改革。由于以美国为首的西方国家长期把持IMF和WB的主导权,作为既得利益者,它们不可能也不愿意对现行全球金融治理体制作出有损其自身利益的实质性改革,让异军突起的新兴经济体及发展中国家公平参与和分享全球金融治理的权利和利益。为此,中国作为有担当的新兴发展中大国,有责任担负起在人类命运共同体框架下改革全球金融治理体制的重担。而亚投行的设立,就是推动全球金融治理体制改革的重要举措。亚投行的设立和运行,为亚洲国家基础设施建设和"一带一路"建设提供了重要的资金保障,同时也是中国另辟蹊径,参与和推动构建新的全球金融治理体制的重要尝试。

亚投行的设立,并不是要另起炉灶,更不会与现行国际金融治理体制形成对抗,但它显然已对现行国际金融治理机制形成有益的补充,使全球金融治理体制朝着更加完善的方向迈出重要的一步,同时也是中国积极、主动参与全球金融治理的一大创举。[①]

[①] 参见漆彤:《论亚投行对全球金融治理体系的完善》,载《法学杂志》2016年第6期,第16—19页。

亚投行虽为中国主导创立，但其成员遍布全球，涵盖发达国家和发展中国家，引入了"共商共建共享"的全新治理理念。作为创立者和引领者，中国虽然是最大的出资国，但并未享有"一票否决权"，而是致力于以协商的方式达成共识。更重要的是，亚投行在确保亚洲成员国拥有75%投票权的同时，兼顾其他成员国的权益保障，给予亚洲之外的成员国25%的投票权。这些貌似微小的变化，体现了中国引领的全球金融治理体制的公平性和大国担当的治理理念，为全球金融治理的理念更新注入了新的活力。

三、强化金砖国家金融治理圈

2014年7月，金砖五国中国、巴西、俄罗斯、印度和南非签署协议，确定设立金砖银行和金砖国家应急储备安排。

金砖银行是第一家由发展中国家牵头成立的国际性金融机构，其功能类似WB，旨在为金砖国家及其他新兴市场和发展中国家的基础设施建设和可持续发展提供中长期的开发性项目融资。金砖银行的启动资金为1000亿美元，由金砖五国平均分摊。此外，2017年9月，中国以捐赠的形式向金砖银行"项目准备基金"注资400万美元，以满足与银行贷款项目相关的资金需求，包括用于相关项目的可行性研究、帮助制订国家间伙伴关系计划、开展项目周期调研等。①

金砖国家应急储备基金初始承诺规模为1000亿美元，其中中国承诺提供410亿美元，俄罗斯、巴西和印度各提供180亿美元，南非提供50亿美元。应急储备基金的设立，是新兴市场国家跨越地域创设金融安全网的创新性尝试，旨在应对金砖国家可能遭遇的突发性金融风险，即在成员国面临国际收支压力时，以多边货币互换的形式为其提供短期流动性支持。同时，金砖国家应急储备安排的创设，也在IMF、区域金融安排、双边货币互换协议之外，为多层次的全球金融安全网的构筑增添了一道补充性、创新性的金融安全

---

① 参见黄鹏飞：《中国向金砖国家新开发银行项目准备基金捐赠400万美元》，新浪网，2017年9月5日，http://news.sina.com.cn/c/2017-09-05/doc-ifykpzey4466363.shtml，2019年3月29日访问。

屏障。

此外，中国积极推动和参与的东亚外汇储备库（2010年）、上海合作组织开发银行（2010年中国提出，正在推进中）[①]、"中国—中东欧金融控股有限公司"（2016年11月）等金融机构，也都具有区域性货币金融合作的功能，并构成全球金融治理体制的重要部分，成为助推全球金融治理体制改革和完善的重要力量。

[①] 2018年6月10日，习近平宣布，中方将在上海合作组织银行联合体框架内设立300亿元人民币等值专项贷款。

第六章
全球金融治理视角下的系统重要性金融机构监管

"系统重要性金融机构"(Systemically Important Financial Institution,SIFI)是2008年全球金融危机发生后被创造出来的概念,人们之前经常以"大型、复杂金融机构"等术语称呼此类机构,① 或者将得到政府全力救助的机构戏称为"大而不倒"(Too Big To Fail)机构。②

2008年全球金融危机的爆发,使SIFI的问题突显出来。危机之前,SIFI从事的许多业务都在法律监管的范围之外,积累的风险越来越大,并通过SIFI的混业经营和跨国经营在不同行业和不同国家之间相互传染,造成系统性、全球性的金融风险和危机。危机之后,以金融稳定理事会(FSB)为代表的国际金融监管机构出台了许多针对SIFI的监管建议文件,许多国家也在其国内监管改革中加强了对SIFI的监管。国际社会的这些努力对于结束SIFI"大而不倒"的地位、维护正常的市场秩序和降低道德风险等均具有重要意义。但是,对SIFI的监管是一项宏大且艰巨的"工程",目前国际社会对于SIFI的监管仍面临着诸多困境,各国采取的监管措施仍存在一定的不足。因此,国际社会特别是FSB等国际金融监管机构仍需要继续加强和完善对SIFI监管的研究并出台建议性的文件,以为各国制定适当的监管立法和政策提供有益的指导和帮助。

第一节 系统重要性金融机构的活动及其风险

国际上并无统一、权威的"系统重要性金融机构"定义,各国

---

① See Arthur E. Wilmarth Jr., Reforming Financial Regulation to Address the Too-Big-To-Fail Problem, *Brook. J. Int'l L*, Vol. 35, 2010, p. 707.

② See Ann Graham. Bringing to Heel the Elephants in the Economy: The Case for Ending "Too Big to Fail", *Pierce L. Rev.*, Vol. 8, Iss. 2, 2010, p. 117.

际金融组织和各国监管当局虽然都以"系统重要性"作为判定该类机构的标准,但是对"系统重要性"的判断依据的理解不尽相同。国际组织如 FSB、国际货币基金组织(IMF)、国际清算银行(BIS)、巴塞尔银行监管委员会(BCBS)、国际保险监督官协会(IAIS)等都对金融机构的系统重要性标准进行了量化,以通过衡量相关因素评估某金融机构是否具有系统重要性。英美等国虽然在其监管法律中并未提出"系统重要性金融机构"的概念,也因此没有制定衡量系统重要性的标准,但却规定了资产或者负债达到一定规模的金融机构均应附加适用特殊的监管规则。因此,一般认为这样的金融机构即为系统重要性金融机构。虽然不同组织、不同国家对"系统重要性"的理解不一致,但是有一点却是相同的,即该类机构在国际金融市场或者国内金融市场上占据重要地位,一旦倒闭或者陷入困难,将会对国内金融市场甚至国际金融市场整体造成较大的负面影响。

一、系统重要性金融机构的活动

如果将金融比作市场经济的血液的话,SIFI 无疑是市场经济运行的"大动脉"。无论是从规模还是从内部关系来看,SIFI 都会对一国国内经济甚至世界经济产生重要影响。SIFI 在全球金融市场上所从事的资金融通、金融创新、混业经营、跨国经营等活动,更对世界经济的发展起到风向标的作用。

(一)大规模资金融通

企业发展最关键的因素莫过于资金,资金短缺往往会成为制约企业进一步发展的不利因素。纵观企业成败和历次全球经济兴衰,无不与流动性是否充足有很大的关系。而金融机构最基本的业务活动便是资金融通,即通过筹集社会闲散资金向急需发展资金的企业注入"血液",以维持其正常经营活动并促进其不断发展。SIFI 无论是规模还是业务能力水平都远远高于一般的金融机构,特别是一些全球系统重要性金融机构(以下简称"G-SIFI"),更为一般金融机构所难以比拟。比如,根据 FSB 于 2011 年公布的《SIFI 发展对策》中的规定,只有像法国兴业银行(Société Générale)、美国银行

(Bank of America)、高盛集团（Goldman Sachs）、中国银行（Bank of China）这样资产几千亿美元甚至是万亿美元以上的超大型金融机构才有可能被认定为具有全球系统重要性。因此，SIFI 所从事的资金融通活动对于企业的发展特别是大型企业集团的发展至关重要，因为只有 SIFI 才具备为企业提供资金的能力。因此，SIFI 的存在是促进国内经济正常发展、提高国家竞争力的重要保证。

（二）推行金融创新

金融创新也是 SIFI 的重要业务内容之一，是金融市场保持活力的重要推动因素。尽管理论界对于金融创新的定义、实质和影响存在较大的争议，但是金融创新在提高金融业服务水平、促进实体经济发展等方面的作用则是显而易见的。SIFI 作为规模庞大、技术先进、从业人员众多的金融机构，始终是金融创新的主力军。自 20 世纪 50 年代以来，金融市场的每一次重大变革都与 SIFI 息息相关。SIFI 通过不断的金融创新，促进了金融机构业务能力的不断提高和技术水平的不断进步。可以说，SIFI 引领着金融市场的发展方向，提高了金融市场的服务能力，改变了金融市场的面貌。正是由于 SIFI 一次又一次的金融创新，才使金融机构的活动渗透到社会的各个层面，成为令人关注的市场行为。特别是 SIFI 在传统金融工具基础上开发出的各种金融衍生品，刺激了金融市场的交易活跃度，同时也使 SIFI 自身得到壮大。

（三）实行混业经营

早在 19 世纪末 20 世纪初，金融市场便已经出现混业经营的金融机构。但是，由于 1929 年经济危机的爆发，各国证券监管当局为了防止此类危机再次发生，严格限制金融机构的经营范围，形成金融市场分业经营的基本状态。20 世纪 80 年代，受金融科技进步的影响，各种金融创新层出不穷。特别是金融衍生品的大量出现，为金融机构突破经营限制提供了途径。在此大环境下，美国于 1999 年通过了《金融服务现代化法案》，正式从法律上废除对商业银行和证券公司分业经营的限制，美国的金融机构由此走上了业务多样化和国际化的发展道路，并迅速发展壮大。SIFI 作为大型、复杂的金融机构，为了实现利益最大化的目标，利用其在金融市场的优势地位，不断突破自己的业务范围,很快发展成为规模巨大、结构复杂、关联性极高的金融机构。例如,美国摩根大通集团从原来的商业银行业务拓展到投资银行、金融交易处理、投资管理等业务,在业务不断扩张的过程中,其规模也不断扩大,最终成为资产超万亿美元的超大型金融机构。可以说,某些金融机构正是因为实行混业经营,才逐渐成为系统重要性机构。

(四)实现跨国经营

混业经营是 SIFI 对自身业务范围的不断突破,而跨国经营则是 SIFI 地域范围上的不断扩张。在金融自由化浪潮和发达国家纷纷放松金融监管的背景之下,SIFI 的跨国经营可使其在全球范围内发挥自身金融服务方面的优势,降低其内部的金融服务成本,增强市场竞争力,从而获得更高的利润。同时,在信息技术高度发达的今天,SIFI 的跨国经营促使资金、信息等因素跨国传递的速度加快,各国之间的金融市场因而更加紧密联系在一起,促进了全球金融市场的形成,推动了经济全球化的进程。纵观主要发达国家公布的 SIFI 名单或者标准,具有系统重要性地位的金融机构都是实力雄厚的跨国公司或者跨国集团,某些 SIFI 更因其跨国经营活动对全球金融市场的重要影响而具有 G-SIFI 的地位。

二、系统重要性金融机构的风险

在金融自由化的推动下,发达国家纷纷放松对金融机构的管制,金融机构得到了快速的发展。特别是 SIFI,在宽松的环境中不断进行金融创新、拓展业务范围并积极推行服务的全球化。但是,缺少监管的 SIFI 经营活动不断扩大的过程,也是风险不断累积的过程。人们陶醉于金融市场的虚假繁荣,认为依靠市场声誉机制和对单个金融机构的微观审慎监管便足以防范 SIFI 经营活动可能带来的风险,忽略了 SIFI 经营活动可能给整个金融市场带来的系统性风险,最终导致 2008 年全球金融危机的产生和爆发。

(一)破坏市场秩序的风险

随着金融业分业经营限制的取消以及新兴市场国家金融市场的开放,SIFI 利用自己在金融服务方面的优势逐渐突破业务和地域的限制，经营规模和服务范围不断扩大。实际上，SIFI 的发展壮大在很大程度上是依靠合并与兼并完成的，是无数金融机构倒闭或被兼并换来的，其最终结果便是少数 SIFI 占据着一国国内金融市场甚至国际金融市场，取得市场垄断地位。同时，SIFI 的这种地位使其在金融创新和金融服务方面遥遥领先于其他金融机构，牢牢控制着金融市场，使其他金融机构很难与其竞争，只能在 SIFI 之间的"夹缝"中开展业务。而金融市场的不充分竞争，必然恶化信息不对称环境，导致市场定价的不合理、不准确，从而造成交易成本的增加。更为严重的是，当 SIFI 由于从事高风险活动而陷入困境时，政府往往基于公共政策考量而对其加以救助，以避免因 SIFI 倒闭而引起金融市场的动荡。这会导致优胜劣汰的市场法则无法实现，造成其他金融机构无论多么优秀都难以取代 SIFI 的地位，即使是经营不善的 SIFI。同时，这会导致市场资源的优化配置无法实现，违反市场的公平公正法则，并最终破坏市场经济的正常秩序。

（二）金融创新的风险

SIFI 的金融创新活动提高了金融市场的服务水平，是金融市场不断发展的主要推动力。然而，SIFI 的金融创新活动，特别是金融工具的创新，潜藏着巨大的风险。每一种金融工具的创新都会使基础金融工具蕴含的风险增加甚至被高倍放大，高风险的金融衍生品往往伴随着较高的投资收益，因而总能吸引投资者竞相追逐，造成市场风险不断增大。金融工具创新的风险首先来自金融工具"以小博大"的高杠杆率，这种高杠杆率使得金融市场的泡沫不断增大，而市场泡沫一旦破裂，必然使投资者遭受重大损失，甚至引发市场危机。同时，金融工具创新的风险还来自创新的金融工具的虚拟性，即金融机构以原生金融工具为基础创造出新的金融工具。这种金融衍生品的价值，在具有极大市场影响力的 SIFI 的鼓动宣传和投机者的不理智投机行为的双重作用下会与其真实价值逐渐背离，从而导致虚拟市场规模与实体市场规模的严重不匹配，并形成巨大的市场泡沫。一旦泡沫破裂，随之而来的便是金融市场的巨大动荡和危机。

（三）负外部性风险

金融负外部性意味着资源配置的低效率，是金融市场失灵的表现之一。在金融监管不力的情况下，SIFI 的经营活动具有很强的负外部性。首先，在利益最大化的驱动之下，SIFI 从事的金融创新活动往往是为了在实现高利润的同时转移金融风险。而随着风险的外溢，承担金融风险的主体范围也会不断扩大。其次，由于分业经营限制的废除，SIFI 的经营活动不断向其他领域渗透，一些 SIFI 的经营范围甚至触及实体经济领域。同时，SIFI 之间的业务往来也日益密切，由此造成 SIFI 的经营结构日益复杂，社会关联性不断提高，导致金融风险在不同领域之间的相互转移和累积。一旦某个环节出现问题，风险就迅速向其他领域传导，造成金融市场各领域乃至实体经济的不稳定。最后，受到金融自由化浪潮的影响，SIFI 的跨国经营活动异常活跃，很多 SIFI 已经发展成为规模巨大、员工众多的"跨国金融帝国"。

SIFI 的跨国经营活动虽然可以促进资本、信息等要素在全球范围的流动，有助于全球金融市场价格的形成。但与此同时，SIFI 的跨国经营活动也会使得存在于金融机构内部、国内金融市场内部的风险在全球范围内传递。一旦 SIFI 发生危机，便会通过发达的信息传递工具和 SIFI 广阔的经营网络迅速传导至其他领域和其他国家，造成全球金融市场的动荡。2008 年全球金融危机的爆发和传导便是很好的例证。

（四）道德风险

在法律监管存在不足和滞后的情况下，道德自律便成为规范金融机构市场经营活动的重要自治手段之一。但是，由于追逐高利润的驱使，SIFI 的经营活动往往存在或者可能产生诸多道德风险。首先，如前所述，SIFI 都是国内金融市场甚至是国际金融市场地位超然的庞大金融机构，是金融市场的核心力量。因此，SIFI 很有可能利用其在经济发展中的优势地位游说监管部门制定符合自己利益的政策，产生道德风险。其次，SIFI 以利益为导向从事的许多金融创新活动也会引发诸多道德风险。虽然学者们对金融创新的原因理解不一，但是从金融机构创新的实践来看，金融创新特别是金融工具的创新大都是为了规避法律规制和转移金融风险。由于法律规制往往会增加金融机构的营业成本，不利于利益最大化目标的实现，因此 SIFI 为了降低成本往往进行各种金融创新活动,利用法律监管的"真空地带"寻求额外利润和业务增长空间,如游离于法律之外的各种影子银行业务便是金融机构规避法律的结果。此类金融创新活动对法律的规避,往往使法律规制的目的落空,引发道德风险。从风险规避的角度看,SIFI 往往通过金融工具的创新将基础金融工具的风险转移给其他主体。在此过程中,其他主体并非自愿承担此风险者,而是在信息不对称的情况下,片面相信 SIFI 的高额回报、低风险宣传而成为金融风险的最终承担者。最后,SIFI 在 2008 年全球金融危机中最受人诟病的是因政府救助引发的道德风险。由于 SIFI 的系统重要性地位,许多国家政府选择向陷入困境的 SIFI 加以救助,防止 SIFI 倒闭给整个金融市场带来更大的冲击。政府的这种救助行为很容易使人相信 SIFI 是政府以国家公信力担保的机构,无论怎样政府都不会让其倒闭,因此投资 SIFI 是绝对安全的。这种观念一旦形成,一是会导致 SIFI 更加肆无忌惮地继续从事高风险的业务,因为如果从事高风险业务取得成功,SIFI 和公司高管都能够获得高额利润和丰厚回报;即便失败,其后果也将全部由纳税人承担。二是会导致投资者更加忽视投资风险,继续盲目投资 SIFI。三是政府职能机构会忽视对 SIFI 的监督,导致市场信息的不对称更严重,并可能由此给投资者造成更大的损失。

对于 2008 年全球金融危机爆发的根本原因,众说纷纭,莫衷一是。有人认为金融危机根源于市场,是市场失灵导致的;也有人认为 SIFI 不断进行金融创新导致的风险不断累积是金融危机产生的深层次原因;还有人认为,危机之所以产生是因为法律制度存在缺陷,即因为过于宽松的监管政策导致 SIFI 的许多业务游离于法律规制之外,从而导致风险不断聚集进而爆发金融危机。但无论如何,国际社会取得共识的是,必须对金融监管立法和政策进行深层次的改革,以填补既有监管立法和政策的缺陷和空白,从而将 SIFI 的经营活动纳入更严格的法律规制范围之内,以避免危机的再次发生。

第二节　系统重要性金融机构监管的困境及出路

2008年全球金融危机,使发达国家普遍遭受重创。由于危机的全球性特征,仅靠单个国家的努力很难使相关国家摆脱危机的泥潭。因此,世界主要国家为了应对此次危机,特别将二十国集团(G20)由部长级会议升级为国家领导人峰会,以共同应对经济危机的影响,促进全球金融市场的稳定和发展。为此,G20还将金融稳定论坛(FSF)升级为FSB,以制定和实施促进全球金融稳定的监管政策。为了维护全球金融秩序的稳定,FSB还与其他国际金融组织,如IMF、BCBS、国际证监会组织(IOSCO)、IAIS等,一道发布了许多金融监管改革的建议。

一、系统重要性金融机构监管的现状

2008年全球金融危机后,在FSB的主导下,各国及相关国际金融监管机构对SIFI的监管体制进行富有针对性的改革,尤其是对SIFI的监管措施的改革,对其他国际金融监管规则制定机构如BCBS、IOSCO、IAIS以及各国国内监管机构的监管体制改革和监管措施出台都有一定的指导意义。

(一)系统重要性金融机构监管改革进程

肇始于美国的2008年次贷危机,随着雷曼兄弟公司的倒闭,对全美金融市场造成极大的冲击,并在信息网络全球化和金融集团之间错综复杂的关联性的推动下,迅速传导至世界各地,进而发展成为全球性的大危机。有学者认为,此次危机的破坏程度和影响程度均超过1929年经济大危机。由于危机的广泛性以及大型金融集团的跨国性,单个国家已很难通过自己的努力恢复和发展经济。因此,发达国家积极推进G20领导人峰会的进程,希望通过共同努力摆脱本国经济乃至全球经济的低迷状态。为此,发达国家于2009年G20伦敦峰会上决定将原来的FSF成员扩展至中国等发展中国家,并更名为"金融稳定理事会",以制定和实施有关全球金融改革方面的建

议，特别是有关 SIFI 监管的建议。

FSB 成立之后，根据 G20 领导人峰会的决议，已出台了若干个涉及 G-SIFI 和 SIFI 的监管文件，并联合 BCBS、IOSCO、IAIS 等国际金融监管规则制定机构共同研究、制定了有关系统重要性银行、系统重要性保险公司、系统重要性非银行保险公司等方面的监管建议。2009 年 10 月，IMF、FSB 和 BIS 联合发布《系统重要性金融机构、市场和工具的评估指引》，提出衡量 SIFI 的规模、关联度和可替代性三个主要标准。2010 年 10 月，FSB 发布《降低系统重要性金融机构道德风险》。2011 年 11 月，FSB 发布《金融机构有效处置机制的核心属性》；该文件于 2014 年进行了修订，增加了《信息共享》《金融市场基础设施及基础设施参加者处置计划》《保险公司处置计划》《客户资产保护》四个附件。此外，在 2011 年 11 月发布的《针对 SIFI 的政策措施》中，FSB 正式将 SIFI 定义为"因为规模、复杂性和系统关联性，其陷入危机或无序倒闭将使更大范围内的金融系统和经济活动受到严重扰乱的金融机构"。

在系统重要性银行监管方面，BCBS 于 2011 年 7 月发布《全球系统重要性银行的评估方法和额外的损失吸收要求》，设置跨境活动（cross-jurisdictional activity）、规模（size）、关联度（interconnectedness）、可替代性（substitutability）和复杂程度（complexity）5 个维度、12 个评估指标以及相关的披露要求。2018 年 7 月，BCBS 发布新修订的全球系统重要性银行（G-SIBs）监管文件《全球系统重要性银行：修订后的评估方法和附加损失吸收能力要求》，对之前的版本进行了完善，包括完善跨境业务指标定义、采用和引入交易量指标、把保险子公司部分业务纳入指标计算等。同时，在信息披露方面增加交易量指标。

在系统重要性保险机构监管方面，2013 年 7 月，IAIS 发布《全球系统重要性保险机构：初步评估方法》，将 SIFI 的认定拓展至保险机构，设置规模、关联性、可替代性、全球活跃度以及非传统非保险业务 5 个指标，其中包含总资产、再保险以及金融担保等 20 个子指标。2018 年 8 月，FSB 发布《保险行业的关键要素评估方法》，指出"任何可能在破产时具有系统重要性或关键意义的金融机构，都应遵守一套处置机制"。

在其他系统重要性金融机构监管方面,2014年4月,FSB联合IOSCO发布《非银行非保险全球系统重要性金融机构评估方法(征求意见稿)》,明确了评估标准。2015年3月,FSB和IOSCO联合发布《非银行非保险全球系统重要性金融机构评估方法》第二次公众咨询。

FSB等国际金融规则制定机构的立法活动深刻影响着各国国内金融法的变革。例如,美国于2010年正式实施的《多德-弗兰克法案》基本上采纳了FSB等机构针对SIFI的监管建议。欧盟也针对系统重要性银行出台了监管建议文件,欧盟的许多成员国如英国(现已脱欧)、德国、西班牙、荷兰等国也根据FSB等机构和欧盟的监管建议修订其法律或者制定新的监管法律,将SIFI纳入法律规制范围。其他国家如澳大利亚、日本等国也进行了一定的金融监管立法改革,以增强监管机构在监管SIFI方面的权力和力度。

总之,各个国际金融监管规则制定机构已对2008年全球金融危机进行了大量的研究,出台的监管建议也是针对当时金融体制的弱点提出的补强措施。同时,各个国际金融监管规则制定机构每隔一段时间便会对其出台的监管建议进行评估,使这些文件能够及时反映金融市场的变化和适应金融市场的实际。但是,从国内层面看,各国的金融监管立法及其改革的进展则并不一致:有的国家如美国对国内监管规则进行了全面的改革,基本上采纳了FSB以及其他国际金融监管规则制定机构的监管建议;有的国家则只是对现有的监管政策进行了某些方面的修订,并未根据上述国际金融规则制定机构的建议对国内立法进行彻底的修改。当然,这与各国遭受金融危机影响的程度不同有关。然而,尽管各国的改革进程并不一致,监管改革的内容也不尽一致,但是各国基本上都采纳和参考了国际金融规则制定机构关于SIFI的监管建议,这使得各国之间在SIFI监管体制改革的方向上呈现一定的一致性。

(二)系统重要性金融机构监管的主要内容

在金融自由化浪潮的影响下,多国陶醉于金融市场的虚假繁荣之中,并未对金融市场可能遭受的系统性风险给予应有的关注。

第六章
全球金融治理视角下的系统重要性金融机构监管

2008年全球金融危机爆发之后,以风险和原则为导向的金融监管政策暴露出许多弊端,如对SIFI认识不清、监管主体不明、监管法律缺失、责任机制缺乏、国际协作不顺等。为此,在金融危机之后,国际金融监管标准制定机构和各国金融监管当局围绕上述监管弊端出台了一系列监管规则和建议。

1. SIFI的判定标准

尽管IMF早在2001年8月发布的《国际资本市场:发展、前景与关键政策》报告中即以"系统重要性"定义"大而不倒"机构,但其重点关注的是如何使这些机构避免被清算以及政府如何对这些机构进行干预等。2008年全球金融危机爆发之后,特别是美国允许雷曼兄弟公司破产之后,迅速引发金融市场"多米诺骨牌"效应,危机的深度、广度都前所未有。人们开始认识到某些大型、复杂机构具有系统重要性,一旦它们经营陷入困境或倒闭,将会殃及整个金融市场,因此FSB提出了"系统重要性金融机构"的概念。根据FSB对SIFI的定义,该类机构规模巨大、结构复杂、社会关联性较高,一旦倒闭将会对整个金融市场或者实体经济产生不利影响。① 虽然其他国际金融监管机构对于SIFI定义的表述与FSB并不完全一致,但是实质上都指向该类机构具有"系统重要性"。

为了使人们更加清楚地理解"系统重要性"的含义,更为了给各国监管改革提供清晰的指引,FSB等国际金融监管机构在其监管建议文件中提出了判断系统重要性金融机构的"指标衡量法"(indicator-based measurement approach),将机构规模、可替代性和关联性作为判断系统重要性的基本依据。② 此后,BCBS在FSB标准的基础上增加了"跨国业务"(global scope)和"复杂性"(complexity)

---

① See FSB Consultative Document, Effective Resolution of Systemically Important Financial Institutions: Recommendations and Timelines, 19 July 2011, http://www.fsb.org/wp-content/uploads/r_110719.pdf, last visited on June 20, 2019.

② See Arthur E. Wilmarth Jr., Reforming Financial Regulation to Address the Too-Big-To-Fail Problem, *Brook. J. Int'l L*, Vol. 35, 2010, p. 707.

两项标准。① IAIS 又在 BCBS 认定标准的基础上增加了"非传统和非保险业务"（non-traditional and non-insurance activities）标准，后又将该标准改为"资产清算标准"（asset liquidation）。②

尽管各国际金融监管机构对"系统重要性"标准规定不甚一致，但这并不代表它们对 SIFI 的理解不一致，而是它们在各自领域内根据金融机构业务上的差别所作的差异性规定。同时，由于上述国际金融监管机构采取的指标衡量法具有很强的主观性，在实践中很容易产生歧义，因此有些国家在其国内立法中并未加以采用，而是通过更加客观、简便易行的方式判断金融机构的系统重要性。例如，美国《多德-弗兰克法案》规定，系统重要性金融机构是指总资产在 500 亿美元以上的银行控股公司以及经认定的非银行金融机构；英国 2012 年《金融服务法》则规定，资产负债表中负债超过 200 亿英镑的大型银行、银行集团、房屋互助协会、外资银行均被视为具有系统重要性的机构，需要对其征收银行税。③

与此同时，上述国际金融监管机构和一些国家还根据 SIFI 的判断标准列举出 G-SIFI 和 SIFI 名单，并对上述名单进行定期或不定期的评估，以便根据金融机构和市场的变化及时予以调整。

2. 强化 SIFI 监管的理念

虽然 2008 年全球金融危机的原因是多方面的，但是从危机传导路径和传导速度看，SIFI 无疑是此次危机不断加深和扩大的罪魁祸首。④ SIFI 的混业经营和跨国经营模式使其经营范围不断扩大、公司结构日趋复杂，并与其他行业、其他国家存在千丝万缕的关系，一旦 SIFI 的某个部分出现问题，便会借助 SIFI 的经营网络迅速传导

---

① See BCBS, Global Systemically Important Banks: Assessment Methodology and the Additional Loss Absorbency Requirement—Rules Text, Nov. 2011, https://www.bis.org/bcbs/gsib/index.htm, last visited on Dec. 22, 2017.

② See IAIS, Global Systemically Important Insurers: Initial Assessment Methodology (2018), https://www.iaisweb.org/page/supervisory-material/financial-stability-and-macroprudential-policy-and-surveillance, last visited on May 22, 2018.

③ HM Treasury, Finance Act 2011, https://www.legislation.gov.uk/ukpga/2011/11/contents, last visited on Mar. 24, 2018.

④ Arthur E. Wilmarth Jr., The Dodd-Frank Act: A Flawed and Inadequate Response To the Too-Big-To-Fail Problem, *Or. L. Rev.*, Vol. 89, 2011, p. 955.

至各个部门，引发全行业、跨行业乃至全球性的经济危机。事实上，SIFI 在利益最大化的驱动之下不断创造出新的金融工具，这些新的金融工具又往往存在于法律监管的"真空地带"，因而无法通过监管控制这些金融工具内含的风险。同时，随着新金融工具的不断开发，其中蕴含的风险在传递过程中不断放大，并在监管缺位的情况下形成系统性风险。例如，在 2008 年全球金融危机爆发和蔓延过程中，影子银行业务起到了很大的推波助澜作用，其中就包括 SIFI 所从事的许多影子银行业务。因此，加强对 SIFI 的监管，已成为金融危机后各国金融监管当局和国际金融监管机构的共识。

针对 SIFI 的监管主体不明、责任不清以及法律缺失等问题，以 FSB 为代表的国际金融监管机构以及发达国家的立法机构均给予了及时和有针对性的回应。根据 FSB 制定的《金融机构有效处置机制的核心属性》的规定，各国必须制定针对 SIFI 的相关监管立法与政策，以便将 SIFI 的经营活动纳入有效的监管范围，降低 SIFI 经营活动可能带来的风险和负外部性。同时，《金融机构有效处置机制的核心属性》还规定，各国必须针对 SIFI 设立专门的监管机构，明确赋予该监管机构对 SIFI 的独立监管权，拥有行使权力所必需的资源，并明确规定其法律责任、监管程序等，以便该监管机构在法律规定的范围内对 SIFI 行使专门的监管和处置权力，防止因 SIFI 与传统监管机构存在某种关系而影响监管法律和政策的公正实施。[①]

许多国家也认识到设立专门针对 SIFI 的监管机构对于预防系统性风险的重要性，并根据 FSB 的要求纷纷调整既有的金融监管机构格局，增设专门针对 SIFI 的监管机构或者将这项权力明确赋予某个已有的监管实体。例如，美国在《多德-弗兰克法案》中明确了美联储对 SIFI 的监管权力，将美联储的监管权范围由银行控股公司扩展到其他系统重要性金融机构，同时授权美联储制定有关 SIFI 的宏观审慎监管政策。除此以外，《多德-弗兰克法案》还授权组建金融稳定监督委员会（Financial Stability Oversight Council），由其负责判断非

---

① See FSB, Key Attributes of Effcetive Resolution Regimes for Financial Institutions, 15 Oct. 2014, http://www.fsb.org/wp-content/uploads/r_141015.pdf, last visited on Nov. 9, 2017.

银行金融机构是否具有系统重要性和提出对 SIFI 的监管建议。[①] 英国与美国类似,将对 SIFI 的监管权赋予英格兰银行(英国中央银行),在英格兰银行内部成立类似美国金融稳定监督委员会的金融政策委员会(Financial Policy Committee),并赋予其广泛的宏观审慎监管权力。

3. 增强 SIFI 应对危机的能力

根据金融脆弱性理论,SIFI 特别是 G-SIFI 虽然在业务规模、总资产等方面超过一般的金融机构,但仍具有很强的脆弱性特征。特别是 SIFI 具有高负债经营特性,很容易因受到挤兑、价格波动等因素的影响而陷入经营困境甚至倒闭。美国雷曼兄弟公司在危机之前是全球最具实力的多元化投资银行之一,拥有雄厚的财政实力,但因其持有的巨量次级房屋抵押贷款的价格在短时间内出现暴跌,导致其一夜之间资不抵债,在没有其他可行的救助方案的情况下不得不申请破产保护,从而结束了其 158 年的经营历史。由此可见,即便是资本雄厚的 SIFI,也可能因其信用过度扩张而招致失败。因此,对 SIFI 的监管,应特别强调增强 SIFI 的风险吸收能力,从而提高其抵抗危机的能力。

针对 SIFI 特别是 G-SIFI 的经营活动对金融市场具有更高的系统性风险,FSB 制定的《减少系统重要性金融机构道德风险》特别要求其必须具有比《巴塞尔协议Ⅲ》规定的更高的损失吸收能力。[②] 根据 FSB 与 BCBS 共同制定的《全球系统重要性银行损失吸收能力充分性》的要求,各国监管机构应当要求全球系统重要性银行保留与其风险匹配的缓冲资本,全球系统重要性银行应当持有的最低缓冲资本应为其风险加权资产的 16%—20%,并且缓冲资本占其全部资产的比重也应该至少是《巴塞尔协议Ⅲ》杠杆率要求的两倍。[③]

[①] 参见卜永祥:《国外现行的金融监管体制改革比较》,财新网,2016 年 2 月 22 日,http://opinion.caixin.com/2016-02-22/100911236.html,2018 年 9 月 3 日访问。

[②] See FSB, Reducing the Moral Hazard Posed by Systemically Important Financial Institutions: FSB Recommendations and Time Lines, 20 Oct. 2010, http://www.fsb.org/wp-content/uploads/r_101111a.pdf, last visited on Nov. 5, 2017.

[③] See FSB, Adequacy of Loss-absorbing Capacity of Global Systemically Important Banks in Resolution—Consultative Document 10 Nov. 2014, http://www.fsb.org/wp-content/uploads/TLAC-Condoc-6-Nov-2014-FINAL.pdf, last visited on Nov. 5, 2017.

第六章
全球金融治理视角下的系统重要性金融机构监管

BCBS 在其制定的《全球系统重要性银行及其风险吸收能力评估办法》中,提出了全球系统重要性银行额外损失吸收能力评估办法。同时,BCBS 还发表公告称,被认为具有系统重要性的国内银行除了应满足《巴塞尔协议Ⅲ》规定的资本充足率不低于 8% 的规定外,还必须满足附加资本要求,该附加资本为风险加权资本的 1%—2.5%,并且应由一核心资本构成。此外,FSB 在其发布的文件中要求国内监管机构必须制定结束 SIFI "大而不倒" 的有效措施。FSB 认为,采取结构性措施(structural measures)可以降低 SIFI 经营活动的风险和负外部性,因此应当对 SIFI 的经营活动进行业务隔离,从而避免风险的相互转移。同时,还应该对 SIFI 所从事的高风险经营活动施加限制,以维护金融市场的稳定。[①]

许多国家根据国际金融机构的要求,在其国内立法中规定了 SIFI 增强自身抵抗风险能力的要求。根据美国《多德-弗兰克法案》的规定,SIFI 应当遵守美联储制定的更高的审慎监管标准(enhanced supervision and prudential standards),即应当随着 SIFI 经营活动风险的增加而适用更严格的监管标准,包括更严格的风险资本和杠杆率要求、清算要求、单一交易对手信贷限制、风险管理、压力测试等,从而将 SIFI 倒闭的可能性降到最低。同时,美国还实施"沃尔克规则",将金融机构自营交易同商业银行交易相分离,除了做市、风险对冲和促进客户关系可以从事自营交易之外,其他的自营交易均被禁止。同时,限制商业银行投资对冲基金、私募股权基金的权利,规定商业银行对对冲基金和私募股权基金的投资不得超过其一级资本的 3%,并且在每只基金中的投资不得超过该只基金募集资本比例的 3%。与美国类似,英国也在其 2012 年《金融服务法》中规定,在英国从事银行业务的国内银行、外国公司的附属机构均需提高资本要求、提高自身损失吸收能力,同时将服务中小企业、个人的零售业务与银行的自营业务、投行业务相分离,以防止银行

---

① See FSB, Progress and Next Steps Towards Ending "Too-Big-To-Fail" (TBTF) — Report of the Financial Stability Board to the G-20, 2 Sep. 2013, http://www.fsb.org/wp-content/uploads/r_130902.pdf, last visited on Nov. 5, 2017.

因从事高风险活动造成金融体系的动荡。①

4. 消除道德风险

2008年全球金融危机之后，社会公众对政府花费巨资救助陷入经营困境的SIFI表达了强烈的不满，认为政府的救助行为违反了社会公平正义的原则。同时，学者们也对因政府的救助行为引发的道德风险忧心忡忡。在所有权和控制权分离的现代企业运行机制下，SIFI的高管们掌握着投资者的资金，在利益最大化的驱动下，他们往往会将资金投资于高风险领域。投资成功的，高额的利润属于公司和高管。而一旦投资失败，所有的损失则由投资者承担。在SIFI的经营陷入困境时，政府一般会基于公共政策的考量，向SIFI提供紧急救助，以免引发更严重的危机。但是，政府的这种救市行为很容易导致SIFI的高管们继续从事高风险投资，因为失败的风险将由投资者、纳税人承担，而他们依然可以享受高额的薪资奖励。可见，政府的救助行为是引发道德风险的主要原因。为此，FSB在其《系统重要性银行有效处置》和《金融机构有效处置机制的核心属性》中一再强调，各国应当制定相关法律或者监管政策，以使对SIFI的救助不再仅局限于政府接管和政府救助，避免使纳税人承担救助SIFI的成本。同时，FSB认为，各国应当采取私人存款保险（privately-financed deposit insurance）、处置基金（resolution funds）、融资机制（funding mechanism）等措施，为处置SIFI提供临时资金支持，以避免政府资金过多介入市场。② 另外，FSB在《降低系统重要性金融机构道德风险》中强调，当SIFI的经营出现困境时，SIFI的股东和无担保债权人应首先承担经营失败的风险，而不是投资者和社会公众。③

---

① 参见钟震等：《系统重要性金融机构监管国际改革的路径：理念、主体与政策》，载《江苏师范大学学报（哲学社会科学版）》2014年第1期，第132页。

② See FSB, Key Attributes of Effective Resolution Regimes for Financial Institutions, 15 Oct. 2014, http：//www.fsb.org/wp-content/uploads/r_141015.pdf, last visited on Nov. 9, 2017.

③ See FSB, Reducing the Moral Hazard Posed by Systemically Important Financial Institutions: FSB Recommendations and Time Lines, 20 Oct. 2010, http：//www.fsb.org/wp-content/uploads/r_101111a.pdf, last visited on Nov. 5, 2017.

在美国，为了达到 FSB 要求的上述监管目标，《多德-弗兰克法案》设立了有序清偿机制。根据该机制，如果 SIFI 的经营活动产生的系统性风险威胁到美国金融市场的稳定，则由联邦存款保险公司（Federal Deposit Insurance Corporation）接管 SIFI，并实施有序清偿机制。在实施该机制时，联邦存款保险公司应尽量达到三个目标：（1）由股东和债权人承担 SIFI 的损失；（2）对 SIFI 经营困境负有责任的高级管理人员不再留任；（3）联邦存款保险公司及其他相关政府部门采取所有必要且适当的措施，以确保包括高级管理人员、董事以及第三方在内的所有对 SIFI 的经营困境负有责任的当事人承担与其责任相一致的损失。有序清偿机制被认为是《多德-弗兰克法案》最重要的创新，该机制可以避免使纳税人承担政府救助的成本，有助于解决因政府救助而产生的道德风险。[①]

5. 建立"恢复和处置计划"

在 2008 年全球金融危机之前，各国鲜有专门应对大型、复杂金融机构经营困境的处置措施。监管当局普遍认为，大型、复杂金融机构规模巨大、经营稳健，很难出现集体性经营困境或者倒闭等情况；即使出现此类金融机构倒闭，也是市场竞争环境中的偶然事件，不会对整个金融市场造成太大影响。因此，2008 年全球金融危机爆发时，美国雷曼兄弟公司倒闭引起的金融市场连锁反应完全超出了监管机构的预期，监管机构也缺乏足够的应对措施和应对经验，只能采取大规模的政府救助以避免市场崩溃。

为此，FSB 的前身 FSF 于 2009 年 4 月首次提出了"恢复与处置计划"（Recovery and Resolution Plan，RRP）概念，也称"生前遗嘱"。即当 SIFI 陷入经营困境甚至倒闭时，SIFI 应当根据事前制订的 RRP 的要求，自我恢复或者接受监管机构的处置，使其危机救助的成本不再由纳税人承担。[②] FSB 成立之后，进一步要求各国制订和

---

① 参见袁达松：《系统重要性金融机构监管的国际法制构建和中国的回应》，载《法学研究》2013 年第 2 期，第 192 页。

② See FSF, FSF Principles for Cross-border Cooperation on Crisis Management, 2 Apr. 2009, http：//www.fsb.org/wp-content/uploads/r_0904c.pdf, last visited on Mar. 20, 2018.

有效实施RRP。同时,FSB发布的针对SIFI的系列监管建议也是围绕RRP展开的。可以说,推广实施RRP成了2008年全球金融危机后FSB的核心工作。根据FSB《金融机构有效处置机制的核心属性》,有效的处置机制和处置措施可以使SIFI得到安全、迅速和妥善的处置,不会影响到金融体系的稳定,并且可以避免纳税人承担政府救助的成本。因此,FSB要求各国都应该制订持续的RRP。在制订RRP时,监管机构、处置机构或者SIFI应当考虑到SIFI的特殊情况、性质、复杂性、关联度、可替代性、规模等,使所制订的RRP符合SIFI的实际情况,具有可操作性。为此,FSB要求各国监管机构和处置机构应保证每个SIFI都已经制订了RRP,以便在SIFI陷入经营困境时,可以根据RRP的要求进行自我恢复或由处置机构及时介入。具体而言,RRP中必须包含以下内容:(1)包含多种恢复和处置措施,以应对各种危机情况;(2)包含解决资金短缺和流动性压力的措施;(3)包含保证RRP能够得到及时实施的必要程序。此外,SIFI必须保证其关键服务能够继续提供或者转移给过渡机构(bridge-institution)和收购者(a thirty party acquirer)。因此,RRP必须确认:哪些服务是关键的,关键服务保留或者逐渐削减的方式;金融机构的经营数据、结构以及系统重要性功能;实施RRP的潜在障碍及其克服措施。为确保RRP具有时效性,FSB要求,监管机构或者处置机构应至少每年一次或者在SIFI出现重大变化时对RRP进行及时更新。同时,在监管当局认为SIFI所制订的RRP不符合要求时,应要求其予以更正和补充。此外,为了提高SIFI的可处置性,在监管机构或者处置机构认为必要时,比如基于降低RRP的复杂性和成本的考虑,可以改变SIFI的业务活动和经营机构。除了FSB之外,BCBS、IAIS等金融监管机构也提出了制订各自领域的RRP建议。①

在国家层面,英国最早从实践层面和法律层面推进RRP的落实。英国金融服务管理局(Financial Service Authority)于2009年4

---

① See FSB, Key Attributes of Effective Resolution Regimes for Financial Institutions, 15 Oct. 2014, http://www.fsb.org/wp-content/uploads/r_141015.pdf, last visited on Nov. 9, 2017.

月要求渣打银行等 6 家银行制订 RRP，并于同年 8 月发布《恢复与处置计划（征求意见稿）》。① 美国在《多德-弗兰克法案》中也对 RRP 的制订和实施进行了详细规定。根据《多德-弗兰克法案》第 165 条（d）项的规定，SIFI 必须向美联储和联邦存款保险公司提交当其陷入重大财务困境或者面临倒闭时拟采取的 RRP，美联储和联邦存款保险公司将对 RRP 的内容和可行性进行审查。如果美联储和联邦存款保险公司认为 SIFI 的 RRP 尚未满足要求，则可以要求 SIFI 对其 RRP 进行更正和补充后重新提交，否则美联储和联邦存款保险公司将对其实施更加严格的监管。除了英国和美国之外，欧盟、中国、瑞士、日本等也已出台有关 RRP 的指导文件和意见。②

6. SIFI 跨境处置的国际协调机制

SIFI 特别是 G-SIFI，属于大型的跨国金融机构，一般奉行国际化经营策略，在世界上许多国家建立众多的分支机构，国际化经营的程度很深。因此，一旦 SIFI 的经营出现问题，很容易通过其发达的跨国经营网络传导至世界各地。2008 年全球金融危机本来仅仅是美国国内金融市场的危机，但是由于美国的 SIFI 在世界各地建立了密集的分支机构，且这些分支机构与东道国的金融机构存在错综复杂的联系，因此美国国内金融市场的危机迅速引发相关国家金融市场的动荡。对此，仅仅依靠母国监管机构和处置机构已无法有效处置陷入困境的 SIFI 特别是 G-SIFI，只有母国和东道国之间相互协作，才能制订和有效实施 RRP。

FSB 自成立以来便一直致力于监管政策制定和实施的国际协作。根据《金融机构有效处置机制的核心属性》的规定，母国在处置 G-SIFI 和跨国经营的 SIFI 时，应当与东道国处置机构相互协作。因此，国内法必须赋予处置机构对外合作的权力。同时，母国和东道国应废除不利于危机处置合作的国内法，并在国际协作和信息共享的情况下，由东道国与母国协作处置 SIFI 分支机构。在国际协作处

---

① 参见钟震：《系统重要性金融机构监管的国际改革：路径探微及启示》，中国人民银行工作论文 No.2014/4。
② 参见郭卫东：《国际组织对系统重要性金融机构的监管及启示》，载《经济纵横》2013 年第 2 期，第 103 页。

置过程中，东道国的处置机构拥有对母国 SIFI 分支机构的处置权，可以对母国的处置措施提供支持，也可以在其认为母国的处置措施不足以维护本国金融稳定或者母国根本未采取措施的情况下主动采取处置措施。但是，为了促进处置措施发挥协调作用，母国和东道国都应按照《金融机构有效处置机制的核心属性》的规定对国内金融法规进行修改，使各国采取的处置措施趋向一致。此外，母国与东道国之间应当在遵守保密规定并对一些敏感数据采取保护措施的前提下，就包括 RRP 在内的与 SIFI 处置有关的信息进行共享。①

对于 G-SIFI 的跨境处置，母国应与相关东道国共同成立跨境危机管理小组（cross-border crisis management group，CMG），并通过 CMG 进行协商，签订专门的合作协议（institution-specific cooperation agreement），以明确各自的权利义务。CMG 的组成人员应包括监管机构、中央银行、处置机构、相关公共机构等的代表。专门的合作协议应当包括成立 CMG 的目标和程序、各自的权利义务、适用的法律和信息共享程序、RRP 的共同制订程序、处置行动评估的协作等内容。②

2008 年全球金融危机之后，以 FSB 为代表的国际金融监管机构出台的一系列金融监管建议文件以及各国在该等文件指导下进行的金融监管体制改革，已深刻改变了既有的监管格局，对于预防系统性金融风险、降低因政府救助产生道德风险、避免使纳税人承担 SIFI 救助成本等具有重要意义。但是，由于国际金融本身的复杂性以及 SIFI 自身影响的广泛性等原因，国际社会对于 SIFI 的监管仍然面临着诸多困难。

二、系统重要性金融机构监管的困境

虽然 2008 年全球金融危机离我们渐行渐远，但是危机的影响仍然挥之不去。危机期间以 FSB 为代表的国际金融监管机构提出的针

---

① See FSB, Key Attributes of Effective Resolution Regimes for Financial Institutions, 15 Oct. 2014, http://www.fsb.org/wp-content/uploads/r_141015.pdf, last visited on Nov. 9, 2017.

② Ibid.

对 SIFI 的监管建议以及各国国内金融监管改革能否确实起到预防 SIFI 引起的系统性风险的作用，还有待实践的进一步检验。但不可否认的是，国际社会对于 SIFI 的监管仍只是在摸索中前行，其中的难题与困境仍有待进一步厘清。

（一）政府干预的困境

2008 年全球金融危机发生之后，发达国家的社会公众对政府奉行多年的以原则为导向的金融监管政策提出猛烈批评，认为正是由于政府对金融机构的过度宽容才导致 SIFI 的许多经营活动游离于法律的监管之外，导致风险的潜伏和积聚并进而损害宏观金融系统的安全。危机发生之后，发达国家在 FSB、BCBS、IAIS 等国际金融监管机构的指导之下开始"亡羊补牢"，纷纷对国内金融体制进行多层次的改革，加强对金融机构特别是 SIFI 及其经营活动的监管，以对金融机构的创新活动进行全面规范，防止金融机构过度扩张再次产生系统性风险。但是，随着 2008 年全球金融危机渐行渐远，人们似乎慢慢忘记其曾经带来的伤痛。面对经济的持续低迷，人们开始反思，政府在危机期间采取的监管措施是否过于严厉，甚至有人认为，政府只应对金融机构进行适度的监管，而《多德-弗兰克法案》规定的一些措施显然超过了适度的范围。[①] 事实上，在 2008 年全球金融危机之前，华尔街的精英们也时常抱怨政府的干预过度，这就使监管机构在制定或者改革金融监管立法与政策时不得不考虑政府干预的边界，即什么样的政府干预是适度的。

1929 年经济危机表明，完全依靠金融市场的自我调节显然无法有效克服其固有的缺陷，只有政府的适时介入才能维护金融市场的正常秩序。但是，政府的介入必然意味着金融机构的经营活动受到一定程度的限制和干扰，可能导致交易成本增加，从而影响金融机构的发展。金融市场存在的一个有趣现象是，金融市场随着监管政策的逐渐放松而走向繁荣。这种现象使人们不得不反思，2008 年全球金融危机之后发达国家经济恢复缓慢是否与监管部门采取的措施

---

① See Brett McDonnell, Financial Regulation Reform and Too Big to Fail, *Am. U. Bus. L. Rev.*, Iss. 1, 2011, p. 113.

过当有关？假如政府不过度干预金融市场，完全依靠金融市场对资源的重新分配和自我恢复，全球金融市场是否能够更快恢复如初？然而，假设毕竟只存在于推理之中，政府显然不敢坐视不理。这时，政府必定不得不面临干预政策选择的困境。造成这种困境的原因主要是：对危机产生的根本原因不甚明了；政府干预的成本无法预估；与金融市场力量博弈的结果难以预料。问题是，政府干预存在的困境必然造成两个不利的后果。

一是造成公权力的扩张。美国公共经济学家布坎南曾经指出，我们时代面临的挑战并不是来自经济领域，而是来自政治和制度领域。虽然民主法治的精神已经深入人心，但是如何防止公权力对其悄然的侵蚀仍是考验人类智慧的难题。防范金融风险并没有错，但是金融立法改革之后市民社会和政治社会的逐渐失衡，则是必须引起人们重视的。① 实际上，历次金融危机之后的立法和改革都赋予金融监管机构更多的干预市场的权力。以 2008 年全球金融危机为例，英美等发达国家都明显加强了中央银行等监管机构的权力，将对 SIFI 的判定、监管、政策制定和实施分别赋予相应的监管机构，丝毫没有考虑监管机构在历次金融危机中监管不力的责任。如此，每次经济危机的产生反而成为政府监管部门扩张权力的难得机遇。

二是监管政策的实施效果大打折扣。因为政府不得不在监管成本和各方的游说之间反复权衡。根据 FSB 的监管建议，各国应当建立独立的监管机构以加强对 SIFI 的监管。但是，纵观发达国家的金融监管改革，尽管许多国家调整了金融监管的格局，建立了若干针对 SIFI 的监管机构，但是这些机构并不具有独立性，而是隶属于原监管机构的附属机构或者仍然受到原监管机构的影响或制约。以美国的金融稳定监督委员会为例，委员会主席为财政部长，拥有投票权的成员分别是财政部长、美联储主席、证券交易委员会主席、货币监理署主任等九个监管机构的负责人以及联邦保险办公室主任。由此可见，该委员会不过是一个协调机构，在判定 SIFI 地位以及提

---

① 参见巫文勇：《问题金融机构国家救助法律边界界定》，载《法学论坛》2015 年第 1 期，第 106 页。

出监管建议方面完全是几大监管机构协调的结果。

自 1929 年经济危机以来,金融市场每隔一段时间便会发生一次全局性的危机。虽然在每次经济危机发生之后,各国都会采取相应的立法和监管措施,但是这些立法和监管政策始终未能达到当时政治家们所宣扬的"一劳永逸"的效果,"一乱一治"的循环始终是金融市场的常态,金融监管机构和各国政府至今仍未找到打破此种怪圈的方法。在 1997 年亚洲金融危机爆发之后,发达国家组成八国集团,旨在预防类似危机的再次发生,协调各国经济政策、监管政策的制定和实施,以维护全球金融市场的稳定。但是,这一发达国家组成的"富国俱乐部"不但未能阻止 2008 年全球金融危机的爆发,反而造成监管政策的全球性失调。此次危机中组成的 G20 能否预防全局性的金融危机再次发生,还有待实践的检验。

(二)"大而不倒"的困境

在 2008 年全球金融危机之前,国际社会就已经注意到金融机构"大而不倒"的问题。IMF 在 2001 年的一份文件中提到,各国需要对这些机构进行特别关注。然而,国际社会皆未料到,众多的"大而不倒"机构会在 2008 年全球金融危机中出现集体性的经营困境甚至倒闭。各国政府为避免"大而不倒"金融机构倒闭带来的金融市场崩溃和社会问题,不得不动用纳税人的资金对这些机构进行紧急救助,从而引发了关于道德风险和社会公平问题的大讨论。危机发生之后,FSB 引入了专门术语 SIFI,指代那些具有系统重要性的"大而不倒"金融机构,并且联合其他国际金融监管机构如 IMF、BCBS、IAIS、IOSCO 等出台了许多监管 SIFI 的建议文件。一些国家也在这些文件的指导下对金融监管法规作出专门修订,以加强对 SIFI 的监管。上述国际金融监管机构出台建议文件和相关国家国内立法改革的目的之一便是结束 SIFI"大而不倒"现象,避免由纳税人承担政府救助的成本,维护市场公平公正的基本理念和优胜劣汰的基本法则。

然而,从 FSB 等国际金融监管机构出台的监管建议文件以及发达国家监管改革立法的内容来看,此次金融监管改革很少涉及 SIFI"可倒"的内容。相反,更多是从法律上确立和巩固 SIFI"大而不倒"的地位。虽然 RRP 中应包含 SIFI 有序退出的内容，但是这属于 SIFI 的"生前遗嘱"，是 SIFI"生前"自愿作出的安排。FSB 出台的监管建议文件以及发达国家的立法改革从未明确表示要结束 SIFI"大而不倒"的地位。无论是对 SIFI 进行业务拆分，还是限制 SIFI 的经营规模，其目的都是为了避免 SIFI 承担过高风险而陷入困境。RRP 的规定也是希望 SIFI 能够未雨绸缪，在企业陷入困境时能够通过自救手段得以恢复，避免政府直接介入。此外，从 SIFI 救助资金的安排来看，FSB 出台的监管建议文件以及发达国家的国内立法也从未明确废除政府救助 SIFI 的权力，只是规定政府救助应该是最后的手段，以避免让纳税人承担救助 SIFI 的成本，降低因政府救助而产生的负面影响。实际上，从政府救助在历次危机中的表现来看，政府救助本来就是在 SIFI 无法"自救"（bail-in）以及无法获得私人救助之后的最后手段，因此，此项规定除了表明政府对纳税人的负责任态度以外，并未对限制政府救助起到实质性作用，反而使政府救助得以制度化。①

对于监管机构而言，对 SIFI 施以救助还是放任其倒闭，确实是一个两难的选择。2008 年美国次贷危机发生之后，持有大量次级抵押债券的雷曼兄弟公司陷入经营困境，美联储拒绝向该公司提供紧急救助，也拒绝向意图收购该公司的英国巴克莱银行和美国美林银行提供任何形式的财务担保，从而使该两家银行相继放弃了对雷曼兄弟公司的收购，导致该公司最终申请破产。雷曼兄弟公司的破产迅速引起金融市场的多米诺骨牌效应，导致原本由次贷危机引发的金融动荡进一步向纵深发展。美联储显然低估了雷曼兄弟公司破产的影响。于是，在之后的 SIFI 陷入经营困境时，美联储还是向它们提供了救助，从而避免了这些机构的倒闭，保护了大批投资者的利益，避免了美国金融市场的进一步动荡。可见，任由 SIFI 倒闭，虽然维护了市场优胜劣汰的竞争法则，降低了道德风险，但是很容易引发金融市场的动荡；向 SIFI 提供政府紧急救助，虽然有助于维护

---

① See Troy S. Brown, Legal Political Moral Hazard: Does the Dodd-Frank Act End too Big to Fail, *Ala. C.R. & C.L.L. Rev.*, Iss. 3, 2012, p. 1.

金融市场的稳定，但是却容易引发道德风险等问题。[①] 由《多德-弗兰克法案》关于 SIFI 的监管内容可知，经过雷曼兄弟事件之后，监管机构在是否允许 SIFI 倒闭方面持更加谨慎的态度。

同时，监管机构未能就政府救助 SIFI 提供一整套透明、可操作的程序。2008 年全球金融危机之前，监管部门往往基于公共政策、利益关系等确定是否给予陷入经营困境的 SIFI 提供救助，具有很大的任意性。2008 年全球金融危机之后，FSB 以及各国监管当局也未就政府救助的程序予以探讨和立法。程序是保证公正的前提，缺少操作程序的政府救助很容易在实践中造成对 SIFI 的差别待遇。仍以雷曼兄弟公司的破产为例，按照美联储的说法，拒绝向其提供救助的理由是它没有合法权力向其提供救助。但是，按照美国危机调查委员会（Financial Crisis Inquiry Commission）主席菲尔·安吉里德斯的说法，美国监管机构从一开始便不打算向雷曼兄弟公司提供紧急救助。此说法得到了前雷曼兄弟公司总裁迪克·福尔德的印证。福尔德表示，美联储和财政部在防止雷曼兄弟公司破产方面本可以有更多的作为。[②] 与此同时，美联储却向其他 SIFI 提供了巨额的援助。这显然与美联储"没有合法权力向雷曼兄弟公司提供援助"的说法自相矛盾。此外，说雷曼兄弟公司因为不具有系统重要性而被排除在援助名单之外，这是不具有说服力的。因为名誉和实力均不如雷曼兄弟公司的贝尔斯登公司最终得到了美联储的援助，因此只能说雷曼兄弟公司受到了美联储和财政部的歧视，而这种歧视的根源即在于没有公正、透明的法定救助程序。

（三）SIFI 与政府的关系困境

FSB 虽然在其出台的监管建议文件中要求各国应通过监管制度改革加强对 SIFI 的监管，但是 FSB 并没有考虑到 SIFI 本身对各国监管政策制定的影响。经济力量和政府部门从来都不是孤立存在的，它们之间是一种相互影响的关系。世界经济发展到今天，金融市场

---

① See Alison M. Hashmall, After the Fall: A New Framework to Regulate "Too Big to Fail" Non-Bank Financial Institutions, *N. Y. U. L. Rev.*, Vol. 85, Iss. 3, 2010, p. 830.
② Ibid.

已经成为市场经济的核心，而 SIFI 无疑是金融市场的核心。SIFI 作为国内甚至是国际上大型、复杂的金融机构，它们的运营健康与否对母国国内经济和国际经济的发展均有着重大的影响。因此，在西方发达国家，SIFI 在国家监管政策的制定和修订中均拥有很强的话语权。虽然西方发达国家在社会公众和金融危机的双重压力下制定了许多限制 SIFI 发展的规定，但是 SIFI 从未放弃游说政府放弃严格的监管政策。这在美国表现得尤为明显。

华尔街的金融机构在美国政治生活中一向扮演着重要角色，它们对美国金融政策的制定有着巨大影响。以"沃尔克规则"为例，它被视为《多德-弗兰克法案》的核心规则，主要通过限制商业银行的自营交易以及限制商业银行投资私募基金和对冲基金的权利达到限制其从事高风险业务的目的，避免商业银行因过度投资而遭致巨大的风险。与最初的监管设计相比，"沃尔克规则"虽然已作出较大的妥协，但是仍然招致来自 SIFI 方面的诸多批评。华尔街的商业精英认为，如果一刀切地限制商业银行的自营交易和综合经营，将会对银行的利润造成巨大影响，不利于同欧洲的银行进行竞争，同时"沃尔克规则"会减少市场的流动性，不利于金融市场的稳定。以高盛、摩根大通为代表的 SIFI 也一直在游说监管机构放松这一规则。这种游说在特朗普当选美国总统之后终于有了成效。

2017 年 6 月，美国众议院通过了大幅反转《多德-弗兰克法案》的《CHOICE 法案》，并提交参议院表决。该法案规定：取消"沃尔克规则"，允许所有银行开展自营交易、投资对冲基金或私募基金；废除系统重要性银行的"生前遗嘱"，废止联邦存款保险公司对各银行处置计划的监管职责等。尽管该法案因过于激进而招致民主党人和小部分共和党人的反对而搁浅，但是共和党和特朗普总统从未放弃修改"沃尔克规则"的努力。2018 年 4 月 13 日，美国众议院又通过了一项法案。该法案支持美联储成为监督"沃尔克规则"实施的唯一机构。这也是华尔街长期游说的结果，因为它们认为由美联储、美国证券交易委员会、货币监理署等五个机构联合实施"沃尔克规则"，必然造成对 SIFI 的重复监管。因此，该项法案通过后，对大型商业银行的监管和决议已无须五个监管机构达成一致，而只需接受美联储的监管，显然降低了此类商业银行的合规成本。[①] 更重要的是，美联储副主席德尔·夸尔斯在 2018 年 3 月的一次银行业会议上也表达了对"沃尔克规则"的不满，他认为"沃尔克规则"复杂、混乱、不宜遵守，因此美联储正在对"沃尔克规则"进行修改。[②] 2009 年 11 月，美国货币监理署、美联储理事会、美国商品期货交易委员会、美国联邦存款保险公司和美国证券交易委员会发布了改革后的"沃尔克规则"，从而使仅仅生效四年的"沃尔克规则"被大幅度松绑。根据该法案，商业银行按照资产规模被分成三类：第一类为 100 亿美元以上的商业银行，需要严格遵守"沃尔克规则"的限制；第二类为 10 亿美元至 100 亿美元之间的银行，需要满足的要求相对减少；第三类为 10 亿美元以下的银行，无须遵守"沃尔克规则"对银行交易限制的规定。同时，该法案还将受到美联储严格监管的商业银行的总资产由 500 亿美元提高到 2500 亿美元，这意味着总资产为 2500 亿美元以上的商业银行才有可能被认定为 SIFI。[③] 尽管"沃尔克规则"未被取消，但是该法案的通过意味着《多德-弗兰克法案》对 SIFI 严格监管的松动，也意味着 SIFI 的游说在美国立法中取得了重大胜利。

可见，在西方发达国家，由于 SIFI 与政府之间存在千丝万缕的关系，它们可以利用自己在金融市场的优势地位影响监管立法与政策的走向，从而使既有监管政策的效果逐渐减弱，使金融市场再次走向符合 SIFI 需要的自由化道路。SIFI 与政府之间的这种关系，既是双方存在利益关系的体现，也是政府长期奉行"亲市场"政策的

[①] 参见《美国众议院通过法案：支持美联储单独监管沃尔克规则》，新浪财经，2018 年 4 月 14 日，http://finance.sina.com.cn/stock/usstock/c/2018-04-14/doc-ifzcyxmu2390773.shtml，2018 年 4 月 20 日访问。

[②] 参见《美联储副主席：将修改"沃尔克规则"》，中金网，2018 年 3 月 7 日，http://www.cngold.com.cn/20180307d1702n213419188.html，2018 年 4 月 20 日访问。

[③] 参见《美联储公布放宽银行交易限制提案，沃尔克规则迎来首次修订》，搜狐网，2018 年 5 月 31 日，http://www.sohu.com/a/233516457_323087，2018 年 4 月 20 日访问。

结果。① 因此,如何降低 SIFI 对金融监管机构的影响,保持监管机构政策制定和修改权力行使的独立性,已成为国际金融监管机构和西方发达国家必须重新考虑的重要问题。否则,如果任由在金融危机后强化的金融监管法制因 SIFI 的影响而不断解禁和放松,金融市场必然再次走向监管缺失的老路,危机的再次发生也将不可避免。

(四) SIFI 跨境处置协作的困境

由于 SIFI 特别是 G-SIFI 都是大型、复杂的国际性金融机构,在很多国家分布着大量的分支机构,因此当 SIFI 主动或者被动进行危机处置时,分布在东道国的分支机构能否得到妥善处置,关系到 RRP 能否得到顺利实施的问题。为此,FSB 在许多监管建议文件中都强调母国与东道国之间就 SIFI 处置通力协作的重要性。母国与东道国之间的协作可以使东道国为 SIFI 的处置提供必要的帮助,或者双方、多方采取协调一致的行动从而使母国对 SIFI 的处置更加顺利。然而,就目前而言,FSB 规定的母国与东道国之间的跨境处置协作尚属于框架协议,监管当局在实践中仍面临诸多困境。

FSB 要求国内处置机构应当拥有与外国处置机构合作的权力,以利于双方达成针对 SIFI 的可行的处置方案。FSB 认识到,由于 SIFI 的跨国经营特性,只有母国和东道国之间就 SIFI 的处置能够达成协议,才能保证当 SIFI 陷入经营困境时能够有效实施 RRP。但是,由于不同国家之间的法律环境、监管方式等存在很大不同,母国与东道国之间很难在短时间内就 SIFI 的处置方案达成协议。虽然 FSB 要求各国应当根据《金融机构有效处置机制的核心属性》的规定对国内金融监管法规进行改革,以达到母国与东道国之间针对 SIFI 处置规定的一致性,减少协作中的障碍。但是,这并非意味着母国与东道国之间可以轻松达成这种一致性的协议,因为母国与东道国之间的利益通常并不一致。很难想象,当母国采取的处置措施违背了东道国的利益时,东道国仍会为母国的处置方案提供任何

---

① See Greg Anrig, Paradox of Deregulation: Why Market Fundamentalism Eventually Leads to More Government, Not Less, https://washingtonmonthly.com/2008/11/01/paradox-of-deregulation/, last visited on June 23, 2018.

支持。

  FSB 在《金融机构有效处置机制的核心属性》中还规定，对于每一个 G-SIFI，母国与相关东道国应当在预先规划或者危机处置阶段签订专门的机构跨境协作协议。然而，FSB 的此种要求在实践中可能造成母国、东道国大量的重复劳动。因为被 FSB 指定为具有全球系统重要性的金融机构一般都属于超大型、复杂的金融机构，可能在很多国家都设有分支机构。同时，从实践来看，G-SIFI 经营的地域范围存在高度重合性。因此，母国若就每一个 G-SIFI 都与相关东道国签订协议，必然会使其自身和东道国都面临大量的重复劳动，造成资源的极大浪费。况且，母国就 G-SIFI 与相关东道国签订合作协议，所涉及的东道国必定不在少数，因此母国如何在众多东道国之间找到利益的交汇点，以达成具有可操作性的跨境处置协作协议，其难度可想而知。另外，针对 G-SIFI 的跨境处置，FSB 要求母国与相关东道国之间成立跨境危机管理小组（cross-border crisis management groups），以协调各方的行动，明确各方的权利义务。虽然 FSB 规定了跨境危机管理小组的目标、组成人员等事项，但仍未能明确该小组如何运作、权利义务如何划分、协调成本如何分担等重要问题，因此，跨境危机管理小组运行的可操作性也是一个难题。

  FSB 认为，母国和东道国之间的信息共享对于 SIFI 跨境处置至关重要，因此，FSB 要求母国和东道国都制定 SIFI 跨境处置信息共享法律法规，以便母国和东道国能够完全掌握包括 SIFI 及其分支机构、子公司的 RRP 在内的所有 SIFI 跨境处置的必要信息。但是，由于金融领域的信息比较敏感，关系到一国金融市场的安全和稳定，因此金融机构信息的共享在实践中常会遇到各种阻碍。尤其是一国监管机构认为某类信息关系到国家安全和金融市场稳定时，往往会以保密为由拒绝提供。同时，FSB 并未就必要信息的范围作出界定，国内监管机构很容易以保密为由拒绝与其他国家的监管机构共享某类信息。此外，信息共享还涉及信息的保密问题，即便一国监管机构愿意将某项信息提供给另一国，也并不意味着该国已经允许将该项信息公开。虽然 FSB 要求各方严格遵守信息保密条款的规定，并应对敏感数据采取保护措施，但是 FSB 并未明确规定何种信息需要遵守保密条款的规定、哪些数据属于敏感信息、需保密的信息或者数据一旦泄露如何认定责任等。在信息共享与保密规定存在诸多缺陷的情况下，母国与东道国之间实际上很难就信息共享达成一致的协议。

对于 SIFI 特别是 G-SIFI 的处置，母国与东道国之间的跨境协作是必不可少的。若无母国与东道国之间的密切协作，SIFI 特别是 G-SIFI 的 RRP 的可操作性则得不到保障，当危机发生时，母国对 SIFI 特别是 G-SIFI 的处置也很难顺利实施。然而，FSB 对于母国和东道国之间的协作只提出了一个框架建议，与该协作有关的许多事项均未作具体规定，使得母国与东道国之间的跨境协作面临许多难以克服和协调的困难。

三、系统重要性金融机构监管的出路

2008 年全球金融危机后，以 FSB 为代表的国际金融监管机构出台了若干改革国内金融监管的建议文件，各国监管当局也在这些文件的指导下纷纷对国内金融监管进行了改革，以加强对 SIFI 的监管。FSB 等国际金融监管机构的建议文件以及国内监管改革措施，对于解决 SIFI "大而不倒"的问题、避免纳税人承担政府救助的成本以及降低道德风险等均具有重要的意义。但是，由于 SIFI 特别是 G-SIFI 在金融市场的重要地位，至今各国对于 SIFI 的监管仍面临诸多困境。因此，以 FSB 为代表的国际金融监管机构以及各国监管当局仍应继续对 SIFI 监管问题加强研究，以便制定更加符合 SIFI 实际需要的监管对策。

（一）FSB 应及时出台适当监管的建议文件

新自由主义认为，市场自由与政府干预之间是一种相互补充的关系。由于市场存在无法克服的固有缺陷，需要政府对市场进行干预以避免市场失灵。同时，国家干预不能破坏市场经济自由、公平、公正的基本理念，否则也会引发政府失灵。因此，政府应当秉持对市场适度干预的原则。但是，在政府干预市场的实践中，政府的适当干预往往面临诸多阻碍。首先，这种阻碍来自人们对危机产生的原因认识不清。当危机发生时，政府部门对于危机产生于市场失灵还是政府失灵往往存在较大争议，因此所制定的干预政策很可能并

没有消除导致危机发生的原因。其次,人们对政府干预边界的认识比较模糊。当需要采取政府干预时,人们对政府采取的干预措施适当与否就会存在较大争议,其结果便是政府干预政策往往是各方妥协的产物,干预是否适当反而不再是各方关心的问题。最后,政府的干预还会遇到来自实权部门和市场力量的双重阻碍。当危机发生时,实权部门往往会借机扩张自己的权力,而市场力量则会对政府的干预采取一些抵制行为,由此可能导致政府的干预超出"适当"的范围或者落空。

2008年全球金融危机的发生既有市场的原因,即SIFI基于利益最大化目的创造出许多规避监管的金融工具,导致风险逐渐累积进而发生全局性的危机;也与监管部门的监管不力有很大关系。危机发生之前,西方发达国家长期奉行宽松的监管政策,监管机构未能及时将SIFI从事的风险对冲业务、影子银行业务等活动纳入监管范围之内,导致SIFI经营结构的复杂性、市场的关联性不断提高,而监管部门却未对SIFI经营活动可能导致的系统性风险给予应有的关注,从而导致危机发生时政府除了对陷入困境的SIFI提供紧急救助之外,没有其他应对措施。因此,危机发生之后,在FSB等国际金融监管机构的主导下,各国纷纷采取了加强对SIFI监管的改革措施。但是,发达国家针对SIFI监管的改革本身即充满了争议。以美国《多德-弗兰克法案》为例,虽然此法案已在美国生效,但是围绕该法案的争论从未停止,美国共和党从未放弃修改甚至是取消《多德-弗兰克法案》的努力。因为他们认为,该法案会使金融机构承担额外的合规成本,减弱了美国SIFI的国际竞争力,有可能危害到美国金融中心的地位。美国总统特朗普在竞选时便作出承诺,如果其当选,将对《多德-弗兰克法案》进行彻底审查。实际上,特朗普上台后便启动了对该法案的审查程序,试图阻止或者削减涉及金融监管改革方面的规则。

美国《多德-弗兰克法案》被视为1929年经济危机之后最严格的监管法律,但从各方反应来看,该法案的相关规定是否遵守了适当监管原则存在很大争议。尽管有些规定如"沃尔克规则"已经作了较大的妥协,但仍有很多人认为该规则将会使美国的SIFI发展迎来寒冬。鉴于国内适当监管政策的制定面临着诸多阻碍，因此有必要通过国际金融监管机构的努力制定出适当监管的标准性文件。FSB作为当今世界最权威的国际金融监管机构之一，担负着联络其他国际监管机构为各国监管政策的制定和实施提供指导的责任，以避免各国的监管政策存在宽严不一的尴尬。但是，从FSB的职能及其出台的一些文件来看，FSB目前主要仍致力于各国监管政策的一致性和跨境协作方面的工作，并未针对监管政策的适当性出台专门的指导文件。因此，FSB除了协调各国的监管政策以外，还应该就适当监管出台专门的指导文件，以防止各国适当监管立法与政策的制定和实施受制于各种阻碍因素。

（二）进一步解决SIFI"大而不倒"的问题

此次国际金融监管体制改革的主要目的之一便是结束SIFI"大而不倒"的地位，避免因政府救助而使纳税人承担SIFI高风险经营的成本，从而降低道德风险。但是，FSB、BCBS、IOSCO等国际金融监管机构出台的文件从未明确表示要结束SIFI"大而不倒"的地位，更多的是如何避免使SIFI陷入经营困境和倒闭风险的内容。虽然SIFI具有系统重要性的地位，其倒闭必然会引起金融市场的动荡，但是系统重要性的地位不应成为其退出市场的阻碍。FSB等国际金融监管机构在其出台的文件中对SIFI退出市场是不得已的选择的暗示，显然不利于结束SIFI"大而不倒"的地位。因此，为了消除人们对SIFI"大而不倒"的固有观念，FSB等国际金融监管机构除了进一步完善RRP、增强RRP的可处置性之外，必须在其监管建议文件中表明SIFI不能因其具有系统重要性地位而不能"倒"。同时，FSB需要研究制定SIFI能"倒"的程序性要件，包括"倒"的条件、是否需要按照处置程序进行处置等。

与SIFI"大而不倒"相关的另一个问题便是政府救助问题。毋庸置疑，政府救助往往会引发SIFI的道德风险，因为它将使纳税人承担SIFI高风险经营的成本。为此，FSB在其出台的监管建议文件中一再强调，必须避免让纳税人承担政府救助的成本。据此，陷入困境的SIFI应该首先通过自有资金、社会资本进行自救。只有在无法通过上述方式获得流动性时，政府才可以决定是否向SIFI提供救助。可见，FSB等国际金融监管机构并未否定政府救助的介入。但是，在实践中政府救助可能是陷入倒闭风险的SIFI唯一的"救命稻草"。对此，规范政府救助的程序就成了消除政府救助弊端的必要途径。实际上，政府救助之所以饱受批评，除了因为它容易引发道德风险以外，还因为它缺乏透明的程序。因此，FSB应当主持制定政府救助程序的建议文件，对政府救助的条件、救助的方式、成本的承担等作出具体规定。此外，为了避免让纳税人承担政府救助成本而引发道德风险，FSB的文件还应明确规定：（1）并不是所有无法通过自救获得流动性的SIFI都有权获得政府的救助；（2）明确有权获得政府救助的SIFI的资格要求，以避免政府救助的歧视待遇；（3）在成本承担方面，应该禁止监管机构直接提供流动性支持的救助方案。

（三）建立独立的SIFI监管机构

SIFI特别是G-SIFI作为大型、复杂金融机构，对于各国金融监管立法与政策的制定和走向有着重要的影响。在发达国家长期实行宽松、轻市场监管政策的背景下，SIFI特别是G-SIFI与监管机构之间早已形成千丝万缕的关系。各国在加强对SIFI监管的过程中，如果不能隔绝SIFI对监管机构的影响力，监管政策的执行效果就会在SIFI的渗透下逐渐减弱。对此，FSB在其出台的监管文件中指出，各国应建立具有独立性的SIFI监管机构，以加强对SIFI的识别和监管。但是，许多国家并未按照FSB的要求建立独立性的专门针对SIFI的监管机构，而是将这一权力赋予中央银行。尽管英美等发达国家同时组建了监管SIFI的专门协调机构，但是这些协调机构的组成人员均来自原有的监管部门。这样的监管机构安排显然不能有效阻隔SIFI对监管政策的制定和执行的影响。因此，各国应当切实按照FSB的要求建立专门针对SIFI的独立性的监管机构。虽然该监管机构仍然可以由几大监管机构协调建立，但是必须保证该机构在识别SIFI、制定专门针对SIFI监管政策以及保证这些政策执行等方面拥有独立性。为此，该机构的组成人员除了几大监管机构的代表以外，还要包括地位独立的其他监管人员。至于该独立监管机构的职能、组成等要素如何规定，建议FSB以及其他国际金融监管机构出台相应的建议文件，以鼓励和指导各国组建此类监管机构。

（四）加强 FSB 在 SIFI 跨国处置协作中的作用

根据 FSB《金融机构有效处置机制的核心属性》的规定，母国与东道国之间应当就 SIFI 的跨境处置相互协作，以保证陷入危机的 SIFI 能够得到有效处置。该文件对 G-SIFI 的跨境处置专门作了规定，要求母国应当就每一个 G-SIFI 的跨境处置与相关东道国成立跨境危机管理小组，并应在该小组的协调下签订有关 G-SIFI 跨境处置协作协议。考虑到 G-SIFI 涉及的东道国数量众多，针对每一个 G-SIFI 都成立专门的跨境危机管理小组将会造成母国与东道国大量的重复劳动。另外，要在法律文化、监管政策、利益等方面存在不同的多方之间达成一项针对单个 G-SIFI 的处置协议也是非常困难的。

为了克服以上困难，提高 G-SIFI 跨境处置协作的可操作性，FSB 应该在其组织框架内设立跨境处置协作委员会，协调各方就 G-SIFI 的跨境处置协作达成一个框架性文件，以促进母国与东道国之间关于 G-SIFI 的跨境处置协作，克服因各国法律、文化、利益等不同造成的协作困境。这样，各国也无须就每一个 G-SIFI 签订专门协议，可以避免相关国家的大量重复劳动。此外，考虑到 G-SIFI 跨境经营地域的广泛性，上述委员会成员的来源可以不局限于 G20 成员，一切与 G-SIFI 跨境处置相关的母国和东道国都可以成为委员会的成员，以使制定的文件能够得到尽可能多的国家的认可。目前，由于几乎所有的 G-SIFI 的母国都是 G20 成员，因此在该委员会扩大成员组成并不会遇到太大阻碍。

第七章

全球金融治理视角下的逆周期监管

经济全球化和金融自由化的浪潮使全球金融市场的运行呈现显著的顺周期性。而顺周期性的成因较为复杂，制度记忆、公允价值会计、货币政策、保证金要求、信息的不对称性均是顺周期性产生的推力。其中，全球金融监管体制对金融市场的顺周期性具有潜在的放大效应。2008年全球金融危机之后，各国纷纷对其金融监管存在的问题进行深刻反思。特别是微观审慎监管，在此次金融危机中暴露出许多缺陷，为此，各国开始重新审视其功能效用。同时，旨在化解系统性风险与降低对实体经济不利影响的宏观审慎监管重获关注，构建逆周期的宏观审慎政策框架被各国提上议事日程。

第一节　全球金融市场的顺周期性

经济全球化和金融自由化的浪潮使全球金融市场的运行呈现显著的顺周期性。而全球金融监管体制对金融市场的顺周期性具有潜在的放大效应，这种放大效应是可以通过监管进行抑制和缓释的。顺周期性（procyclicality），也叫"亲周期性"，指的是金融系统放大经济周期的能力。[①]"顺周期性"一词最早被用来描述金融指标和经济周期的关系。一般来讲，金融指标的变动与经济指标变化呈现正相关性，二者之间互相反馈。在经济上行时期，金融的扩张会加快经济的增长速度；在经济下行时期，金融的收缩会促使经济放缓。金融指标随着经济的波动而波动，这种现象即为"顺周期性"。可见，金融指标与经济周期运行方向存在相当程度的一致性。

---

① 参见刘鹏：《监管视角下的金融顺周期性研究——兼论中国银行业的顺周期效应》，经济管理出版社2016年版，第10页。

一、顺周期性与经济周期

(一) 全球经济周期性

经济周期是指在经济运行过程中,各种经济指标围绕以平均值为起点的上下有规律的波动,如果经济指标如经济总量、失业率、进出口总额、投资数额等指标的变动等,表现为各指标大幅度偏离平均值,现实中则会出现经济发展的过热或收缩。

尽管全球经济周期性的成因很多,但总结起来可分为内在原因和外在原因两大类。内在原因主要是由于全球经济活动自身具有的阶段性所表现出的经济周期性。以全球大宗粮食贸易为例,粮食的生产本身具有周期性,从开始种植到收获是一个持续投入的过程,与粮食生产相关的产业,如化肥、农药的产量便会随着粮食生产的周期而变动。在粮食收获之后,粮食的仓储、运输、进出口以及海运行业便会进入生产周期。诚然,现代社会是工业社会,全球的生产多为工厂式生产,但由于产品生命周期的存在,工业产品的生产销售也无法摆脱经济周期性。外在原因主要是由于外部因素的叠加介入,加速全球经济下行,如战争、金融危机、政治冲突、贸易战、地区不稳定等。以2008年美国次贷危机为例,这场危机演变成国际金融危机后,受金融危机影响,全球实体经济衰退,美国国内进口减少,中国对美国出口减少,全球经济普遍受到影响。

(二) 货币政策和金融周期

"金融"和"金融资产"是密切联系的两个概念,金融资产的价格变动是金融发展变化的外在表现形式,金融周期也可以通过资产价格的变化加以观察。西尔维娅(Silvia)等人通过中等规模的Bayesian VAR模型对全球金融周期进行分析,[1] 并通过研究美国的货币政策、实体经济活动和跨境信贷流动、银行杠杆、资产价格的全球因素等金融变量,发现美国的货币政策对全球其他国家具有溢

---

[1] Silvia Miranda-Agrippino & Hélène Rey, World Asset Markets and the Global Financial Cycle, National Bureau of Economic Research Working Paper 21722, Nov. 2015, pp. 37-38.

出效应。具体而言，股票和公司债券的投资收益率在全球范围内呈现高度的联动关系。美国的货币政策对美国和欧洲投资者的杠杆率有着重要的影响，尤其是在欧洲和英国拥有庞大资本市场业务且被列为系统重要性的银行。

同时，西尔维娅在其研究中发现，美国的货币政策是全球金融周期的重要驱动因素。从美国的货币政策和全球金融周期的联系来看，美元是全球金融中介机构的重要融资货币，全球投资组合中很大一部分是以美元计价的。当美联储收紧货币政策时，美国国内的产出、投资和通货膨胀都会随之收缩。随后，这些变化会传导到国际金融市场，主要表现为全球资产价格下跌、利差上升、国内和跨境信贷大幅下降、杠杆率下降。这种现象首先出现在美国的自营交易商中，其次会出现在欧元区和英国的全球性银行，最后是欧洲和美国的银行业。从汇率的角度来看，汇率波动使相关国家无法不受美国货币政策的影响，浮动汇率的国家不可能实行完全独立的货币政策。这个结论对"世界各国的货币政策是独立的"这一观念构成无情的挑战。对此，张夏等人在对美国货币政策的外溢效应研究中认为，美国货币政策的变动对一些国家的经济增长和产出以及物价水平均有显著的影响。① 白玥明等人的研究结果表明，美联储缩减资产负债表规模将会影响中国市场的信心，造成投资和商业活动减少，影响实体经济的发展。②

（三）全球流动性与顺周期性

全球新兴市场政策制定者经常使用"全球流动性"一词描述跨境溢出效应的全球因素。这个术语经常与发达经济体的货币政策溢出联系在一起。③ 全球流动性主要表现在资本的跨境流动以及全球性的债券交易中。

---

① 参见张夏、戴金平：《美国货币政策外溢效应：一个文献研究》，载《财经科学》2018年第5期，第15—32页。
② 参见白玥明、王自锋、陈钰：《美国非常规货币政策退出与中国实际产出——基于信号渠道的国际分析》，载《国际金融研究》2015年第8期，第21—30页。
③ See Hyun Song Shin, The Second Phase of Global Liquidity and Its Impact on Emerging Economies, in Kyuil Chung, et al., (eds.), *Volatile Capital Flows in Korea*, Palgrave Macmillan, 2014, pp. 247-257.

希恩（Shin）研究发现，即使一个国家拥有庞大的外汇储备，但其企业部门可能仍然缺乏足够的资金资源，会出现削减投资并减少运营投入，从而导致投资减少、经济增长放缓的局面。因此，即使拥有大量外汇储备的中央银行，在全球金融收缩时也可能很难阻止经济放缓。① 当流动性不足时，各项金融指标会随之下降，在经济上即表现为下降趋势。

国际货币基金组织（IMF）政策战略研究部在对全球流动性的研究中发现，自1999年以来，按名义价值计算的全球流动性增加了一倍多。特别是自2004年以来，约2/3的经济增长来自非核心流动性。② 在2008年全球金融危机之前的经济上升时期，非核心流动性是G4经济体的关键驱动因素，虽然越来越多的金融机构依靠其内生货币创造资金，但是核心资金相对GDP的比值保持不变。金融危机爆发后，非核心资金缩减，核心资金部分填补了非核心资金，这反映了中央银行在金融危机期间运用特殊政策支持注入流动性。总体而言，这些趋势都证实了全球流动性的顺周期性。③

（四）经济周期与金融周期

金融体系与经济周期之间的联系一直是许多研究的主题。金融体系具有顺周期性的观点可从现实中找到证据，比如20世纪90年代初的美国信贷危机、20世纪90年代末的俄罗斯和亚洲金融危机以及21世纪初的大型企业破产。④

---

① See Hyun Song Shin, Global Liquidity and Procyclicality, Speech at the World Bank Conference "the State of Economics, the State of the World", 8 June 2016.
② See Sally F. Chen, et al., Exploring the Dynamics of Global Liquidity, IMF Working Papers, 2012, p.10.
③ See Claudio Borio, Craig Furfine & Philip Lowe, Procyclicality of the Financial System and Financial Stability: Issues and Policy Options, in Bank for International Settlements (ed.), *Marrying the Macro- and Micro-prudential Dimensions of Financial Stability*, Bank for International Settlements, Vol. 1, 2001, pp. 1-57.
④ 参见牛欢:《我国经济周期和金融周期关系的研究》，青岛科技大学2018年硕士学位论文，第10—18页。

蕾伊（Rey）在其研究中发现了全球金融周期的证据。[①] 克莱森斯（Claessens）等人对 44 个国家在 1960 年至 2007 年间的 200 个商业周期和 700 个金融周期进行分析的结果表明，不同的商业阶段和金融周期间有着密切的联系。[②] 其一，金融周期比商业周期表现得更强、更深远、更激烈。这一点是很容易被理解的，因为实体经济的生产多具有实体性，因而其负外部性比金融风险要小得多，而金融具有虚拟性，其运行不依赖于实体经济，但实体经济也会对其产生影响。例如，以期货、期权、掉期等为代表的金融衍生品，如果没有实体经济的发展作为支撑，其价值就会大打折扣。其二，新兴市场国家的商业和金融周期比发达国家更为明显。因为新兴市场国家的经济和金融发展不成熟，容易受到外部因素影响。

另外，克莱森斯等人对宏观经济变量与经济周期的关系进行的分析表明，金融衰退的情况与生产增长放缓成正相关性，金融市场的上升通常与更快的经济扩张相对应。岑丽君等人考察了中国金融周期和实体经济周期之间的关联性，其实证研究结果表明，中国金融周期与实体经济周期之间具有较强的正相关关系和协同关系。[③]

博里奥（Borio）认为金融周期的繁荣往往是以危机结束。[④] 即使不以危机结束，也会出现增长放缓。一旦金融周期达到峰值，实体经济通常会受到影响。这在金融危机中表现得尤其明显，金融危机往往伴随着信贷扩张和资产价格上涨，即金融周期的繁荣。相反，在金融危机爆发后，由于资产价格下跌、债务负担加重以及资产负债表失衡，拉低了经济增长速度，因此金融危机往往会引发深度经

[①] See Hélène Rey, Dilemma not Trilemma: The Global Financial Cycle and Monetary Policy Independence, Federal Reserve Bank of Kansas City Economic Policy Symposium, 31 Aug. 2013, pp. 1-2.

[②] See Stijn Claessens, M. Ayhan Kose & Marco E. Terrones, How Do Business and Financial Cycles Interact, *Journal of International Economics*, Vol. 87, Iss. 1, 2012, pp. 178-190.

[③] 参见岑丽君、黄新克：《中国金融周期与实体经济周期关联性研究》，载《商业研究》2016 年第 4 期，第 70—75 页。

[④] See Claudio Borio, The Financial Cycle and Macroeconomics: What Have We Learnt?, *Journal of Banking & Finance*, Vol. 45, Iss. C, 2014, pp. 182-198.

济衰退。

二、顺周期性的表现

（一）银行准备金的顺周期性

金融活动是具有顺周期性的，银行准备金是银行经营活动必不可少的一部分，同样也具有顺周期性。比克（Bikker）和梅泽梅克斯（Metzemakers）使用来自29个经合组织国家的8000家银行观察10多年的数据，研究银行准备金与经济周期的相关性。当GDP增长速度较低时，银行准备金就会大大增加，这反映出当处于经济周期下行阶段时信贷组合的风险增加，经济下行会增加信贷紧缩的风险。① 在经济周期下行阶段，银行资产质量下降，风险敞口增大，因而需要提高资本要求，抬高新增资本价格，而这对一些实力较弱的金融机构来说是相当困难的。因此，银行被迫削减贷款，特别是在企业贷款主要由银行提供的国家，信贷紧缩会传导到实体经济，加剧经济衰退，加快经济下行速度。

在关于顺周期的讨论中，人们并没有对银行准备金引发的潜在顺周期问题给予太多的关注。现有研究表明，银行准备金在很大程度上依赖于经济周期，GDP增长与银行准备金之间存在负相关性。这种强烈的周期性表现意味着银行准备金具有顺周期性：在经济衰退时，银行坏账增加，需要增加准备金以应对风险，而银行在增加准备金后，将会被迫减少贷款，其利润必然减少。在银行盈利增加后，准备金的顺周期效应将会得到缓解，因为银行盈利意味着可用于增加准备金的利润增加。②

（二）影子银行顺周期性

信贷额度是银行为获取未来利息而向借款人提供的，从理论上

---

① See Jacob Bikker &. Paul Metzemakers, Bank Provisioning Behaviour and Procyclicality, *Journal of International Financial Markets, Institutions and Money*, Vol. 15, Iss. 2, 2005, pp. 141-157.

② See Katalin Mérö, Balázs Zsámboki &. Edit Horváth, Studies on the Procyclical Behaviour of Banks, Magyar Nemzeti Bank (Central Bank of Hungary) Occasional Papers 2002/10, 2002, p. 47.

讲，银行可以无限制地对外提供信贷额度，因为它们的负债不受限制。[1] 但是，现实并非如此。首先，因为银行的主要业务是负债经营，负债的取得是有成本的，无限制地对外提供信贷额度可能非但不能为银行带来利润，反而会带来无限的风险。其次，银行提供信贷额度一般会要求借款人提供等值抵押或担保，这些抵押或担保的价值决定了信贷额度的高低；同时，银行会根据借款人的情况评估信贷违约风险，针对违约风险高的借款人银行会拒绝提供信贷额度或仅提供较低的信贷额度。最后，来自监管机构的监管同样会使银行信贷规模受到限制。

既然银行不能满足所有的信贷需求，而信贷需求又不会消失，借款人就会转向其他渠道获取资金，这时没有监管负担、模仿银行功能的机构便应运而生，并被称为"影子银行"。影子银行虽然并非完全依靠信用发放贷款，可以为资质不太好的借款人提供资金，但它们同样会要求借款人提供抵押或担保。具体来说，在经济上行时期，良好的经济发展预期会给各种抵押资产带来一个较高的评估价值，影子银行提供的贷款数额也会随着资产价值的变化而调高；当经济下行时，资产价格下降，影子银行发放贷款的基础资产价值收缩，其放贷规模也会相应缩小。这就是影子银行运行的顺周期性。这种顺周期特征从信贷需求层面看，也可作同样的解释。在经济下行时期，由于各行业的衰退，投资收益率为零或趋于负值，坏账上升，这一方面会抑制信贷需求，另一方面，面对坏账风险，影子银行会要求风险补偿，从而提高利率。而在经济上行时期，情况则正好相反。

黄吉通过宏观消费模型刻画经济动态，发现影子银行在2007—2009年期间有两个显著的动态特征：影子银行的顺周期性和影子银行在危机爆发后将资产转售给正规银行进行补救的行动。[2] 在经济繁荣时期，高资产价格和持有资产的回报率低导致银行业的利润率下

---

[1] See Ronen Palan, Futurity, Pro-cyclicality and Financial Crises, *New Political Economy*, Vol. 20, Iss. 3, 2015, pp. 367-385.

[2] See Ji Huang, Banking and Shadow Banking, Oct. 30, 2015, https://www.gsb.stanford.edu/sites/gsb/files/conference-2016-junior-faculty-workshop-paper-huang.pdf, last visited on May 24, 2019.

降。相比之下，影子银行由于不受金融监管的约束，加上其借贷能力具有顺周期性，因此影子银行在经济向好时可积累大量资产。不过，当宏观经济受到负面冲击时，影子银行便不得不处理其资产，从而出现规模萎缩。

对于小额信贷机构而言，同样存在顺周期性的问题。欧洲系统性风险委员会认为，小额信贷机构可能通过促进信贷增长以及在银行系统之外进行期限和流动性转换而助长系统性风险，从而产生顺周期效应。①

在中国，影子银行同样存在顺周期性。有学者在对2006年1月至2016年11月的相关数据进行顺周期行为分析后认为，影子银行业务在经济波动过程中具有顺周期性，该顺周期性由于资金在不同市场间流转需要时间而显示时滞性特征。②

（三）信贷顺周期性

由于银行的信贷行为受资本金和准备金要求的限制，因此信贷具有明显的顺周期性，只有在授信有利可图时，银行才会筹集资金扩大信贷规模。在经济衰退期间，由于银行资本规模的限制以及违约风险的上升，外部资金成本可能更高，使银行不愿筹集外部资金，从而造成信贷萎缩。③在银行资本金限制以及外部资金成本随着经济周期变化而变化过程中，我们可以观察到银行资产的顺周期性。

伯杰（Berger）认为，银行贷款行为具有高度的顺周期性，在商业周期扩张期间贷款往往会大幅增加，在经济低迷期间贷款则会大幅下降，而这往往会加剧经济的周期性。④从银行贷款业绩衡量指

---

① See ESRB, EU Shadow Banking Monitor, No. 3, Sep. 2018, https://www.esrb.europa.eu/pub/pdf/reports/esrb.report180910_shadow_banking.en.pdf, last visited on May 24, 2019.

② 参见权威：《影子银行顺周期行为研究》，南京大学2018年硕士学位论文，第7—10页。

③ See Robert R. Bliss & George G. Kaufman, Explaining Bank Credit Crunches and Procyclicality, Chicago Fed Letter, No. 179, July 2002.

④ See Allen Berger & Gregory Udell, The Institutional Memory Hypothesis and the Procyclicality of Bank Lending Behavior, Journal of Financial Intermediation, Vol. 13, Iss. 4, 2004, pp. 458-495.

标来看，整个经济周期似乎也遵循一种明显的模式：在经济扩张的大部分时间里，逾期、非应计贷款、拨备和冲销通常都很低，并且在经济扩张接近尾声之前一直保持在较低水平；在经济低迷期，这些指标则大幅上升。银行信贷行为的顺周期性可能造成一些潜在的问题，包括加剧经济周期、增加系统性风险、贷款资源错配。这表明银行在经济扩张期间可能承受更大的风险，而由于顺周期性的存在，这些风险只会在经济放缓后才会显现，因为信贷风险问题通常需要一段时间才会暴露。针对这些事实，原美联储主席艾伦·格林斯潘指出，监管机构同意"最坏的贷款是在经济周期的顶部发放的"说法。正如最近一份贸易出版物所反映的那样，金融从业者经常附和这种观点："人性本来就是这样，贷款人和借款人经常认为强劲的增长将持续下去。在经济周期接近尾声时发放的贷款，往往基于对增长不切实际的假设。"[1] 格林斯潘认为，经济周期的根本问题不在于发放不良贷款，而是在于不向信用良好的客户发放任何贷款，无论是好贷款还是坏贷款，这与经济衰退期间信贷大幅下降的情况相一致。[2]

有关银行信贷质量与宏观经济周期之间关系的实证文献同样认为，银行信贷质量易受负面宏观经济和金融冲击的影响。由于银行信贷是顺周期性的，信贷质量与经济周期成相反方向变动。银行信贷在经济增长时期迅速增加，在经济衰退时趋于稳定甚至萎缩。作为衡量银行信贷质量指标的不良贷款，在经济强劲增长时期相对稳定，而在经济衰退时期则可能呈指数增长。这时就会遇到一个相当重要的问题，鉴于信贷质量与经济周期的逆向关系，在经济增长期间的信贷是否会在经济收缩时造成大量坏账。对此，卡波拉莱（Caporale）等人对2008—2012年经济衰退期间不良贷款进行实证分析

---

[1] Allen Berger & Gregory Udell, The Institutional Memory Hypothesis and the Procyclicality of Bank Lending Behavior, *Journal of Financial Intermediation*, Vol. 13, Iss. 4, 2004, pp. 458-495.

[2] See Ricardo Bebczuk, *et al*., A New Look into Credit Procyclicality: International Panel Evidence, BCRA Working Paper Series 201155, Central Bank of Argentina, Economic Research Department, 2011, p. 19.

研究的结果表明，对于整个银行业而言，在经济下行时期，在经济增长期间所发放的信贷会加速变为不良贷款。①

（四）监管的顺周期性

金融监管在一定程度上以顺周期的方式变动。通常而言，在发生危机之后，经济运行暴露出的风险，总会促使监管机构出台一些收紧资本的规定，此时银行信贷通常都会受到一定程度的限制。而在经济下行时期，对资本或贷款的收紧往往会引起争议。如有人认为，在宏观经济下行时期，收紧监管会削弱金融对经济的支持。事实上，在经济下行时，在经济上行时期积累的金融风险会逐渐显现，若不加强监管，则可能产生系统性金融风险。

实际上，大多数国家在经济下行时期都会收紧监管，只不过通常会逐步实施监管措施。例如，许多国家制定了达到特定的资本标准或采用现实的贷款损失拨备规则的时间表。银行若不据此收缩信贷，当时间节点来临时，则可能需要额外的资本来满足监管要求。

特纳（Turner）认为资本比率同样具有顺周期性。当经济衰退时，银行贷款损失往往会增加。如果贷款损失不在贷款坏账准备金范围内（实际上这些准备金通常都是不足的），则这种损失将导致银行资本金的减少。如果资本充足率接近甚至低于最低要求，则银行将不得不筹集新的资本金或减少高风险权重的资产尤其是贷款，以满足监管资本要求。但是，在经济衰退时期筹集资本金很困难，银行一般更倾向于选择削减贷款。②

在2008年全球金融危机之后的金融监管体制改革中，有过许多关于银行资本监管的顺周期效应的讨论，顺周期效应的观点被广泛传播。雷普洛（Repullo）等人认为，在经济衰退时期，坏账损失会侵蚀银行的资本金，而基于风险的资本金监管要求会变得更高。如

---

① See Guglielmo Maria Caporale, Stefano Di Colli & Juan Sergio Lopez, Bank Lending Procyclicality and Credit Quality During Financial Crises, *Economic Modelling*, Vol. 43, Iss. C, 2014, pp. 142-157.

② See Philip Turner, Procyclicality of Regulatory Ratios?, CEPA Working Paper Series Ⅲ, No. 13, 2000, http://citeseerx.ist.psu.edu/viewdoc/download?doi=10.1.1.203.6028&rep=rep1&type=pdf, last visited on May 24, 2019.

果银行不能迅速筹集到足够的新资本金,其放贷能力就会受到严重影响,随之而来的可能就是信贷紧缩。而要防止这种情况发生,就需要引入一些周期性的调整政策,如在经济不景气时的特殊安排或新的资本金注入等举措。①

贝恩(Behn)等人对引入基于风险的资本监管是否对银行信贷总量产生顺周期效应进行研究发现,为应对信贷风险冲击银行会削减那些高风险的贷款。同时,在经济衰退期间,借款人通过增加从其他银行的贷款来减少一家银行的贷款似乎是不可能的。这表明,在经济衰退期间,微观审慎监管可能对实体经济产生相当大的影响。②

(五)巴塞尔协议与顺周期效应

各国专家、学者普遍认为,2004年《巴塞尔协议Ⅱ》具有潜在的顺周期性。根据该协议,只要银行评级系统对借款人违约风险的变化作出反应,建立在内部评级方法下的资本要求就会随着经济陷入衰退而增加,随着经济进入扩张而下降。如果银行以削减(扩张)贷款作为回应,衰退(扩张)则被放大。因此,许多人认为《巴塞尔协议Ⅱ》使得决策者难以维持宏观经济的稳定。③

戈迪(Gordy)等人认为,最低资本要求监管标准的最终成功取决于如何很好地服务于市场纪律。④ 实践中,一家运行良好的银行通常会持有远远超过最低要求的资本金,因此根据最低资本要求,监管资本比率将不具有实际约束力。就这些机构而言,如果披露的资本比率提供了衡量资本充足程度的可靠指标,那么市场参与者就可以更好地评价和识别风险。

---

① See Rafael Repullo & Javier Suarez, The Procyclical Effects of Bank Capital Regulation, *Review of Financial Studies*, Vol. 26, Iss. 2, 2013, pp. 452-490.

② See Markus Behn, Rainer Haselmann & Paul Wachtel, Procyclical Capital Regulation and Lending, *The Journal of Finance*, Vol. 71, Iss. 2, 2016, pp. 919-956.

③ See Petra Šobotníková, *Procyclicality in Basel Ⅱ and Basel Ⅲ*, Charles University in Prague, 2011.

④ See Michael Gordy & Bradley Howells, Procyclicality in Basel Ⅱ: Can We Treat the Disease Without Killing the Patient?, *Journal of Financial Intermediation*, Vol. 15, Iss. 3, 2006, pp. 395-417.

清水（Shimizu）等人对银行贷款风险敏感资本监管的顺周期效应进行研究后发现，根据内部评级法，银行贷款对国内生产总值的敏感性是明显正相关的。①他们的研究数据显示，《巴塞尔协议Ⅱ》和《巴塞尔协议Ⅲ》对银行风险敏感性的要求，对9个欧洲国家的银行放贷产生了顺周期效应，因此引入风险敏感资本要求对这些国家的贷款产生了负面影响。

比克等人认为，《巴塞尔协议Ⅱ》的资本要求可能导致这样的情况：风险增加导致资本需求增长过快，以致可用于放贷的资金变得更少。然而，《巴塞尔协议Ⅱ》恰恰鼓励银行奉行更审慎的政策，以确保银行体系的稳健运行。尽管该协议旨在减轻最严重的信贷紧缩风险，即在银行业危机时出现放贷枯竭，但银行作为信贷提供者，在经济周期性下行期间其贷款政策却变得不那么自由，而最低资本要求必然助推信贷紧缩的趋势，因此《巴塞尔协议Ⅱ》实际上具有顺周期效应。②

（六）中央银行储备管理的顺周期性

中央银行主要通过两个渠道向银行业提供资金。一个是通过定期的货币再融资操作为国内银行提供流动性。另一个虽然不太为人所知，但同样很重要，就是中央银行将官方储备投资于短期银行存款甚至外国银行的证券。第二个渠道作为银行资金的重要来源，特别是对于设在发行储备货币国家的大型国际银行尤为明显。在2008年全球金融危机爆发之前，许多中央银行的很大一部分储备金就是存放在这些银行。虽然与其他资金来源（尤其是消费者存款和批发融资）相比，这些资金的平均规模较小，但就绝对值而言，这些资金规模是相当可观的，而且通常集中在最大的银行。尽管这些银行确实可以从其他渠道获得资金来源，但中央银行的储备无疑为其提

---

① See Katsutoshi, Shimizu & Kim Ly, Did Basel Regulations Cause a Significant Procyclicality?, Working Papers 2018-06 Swansea University, School of Management, 2018, pp. 22-23.

② See Jocob A. Bikker & Haixia Hu, Cyclical Patterns in Profits, Provisioning and Lending of Banks and Procyclicality of the New Basel Capital Requirements, Benca Nazionale del Lavoro Quarterly Review, Vol. 55, Iss. 221, 2002, pp. 143-175.

供了一个有吸引力且稳定的资金来源。

当危机爆发时,许多中央银行往往以与商业资产管理公司非常相似的方式撤回其储备金投资,这种情况对相关银行来说往往是非常突然的。对于风险偏好低的保守型投资者而言,对储备金管理者这种应对危机的反应或许并不意外。然而,当其他资金来源同时枯竭、利差扩大时,中央银行撤出储备金给银行业带来的压力是巨大的。实际上,在一些国家,中央银行撤出储备金是不可避免的,因为在危机期间整个市场迫切需要中央银行利用储备金进行干预或为国内救助措施提供资金。①

种种迹象表明,中央银行在储备金管理上的行为具有明显顺周期性。信贷本质上是一种具有顺周期属性的资产,中央银行在面临危机或违约风险时撤回其储备金,主要是为了保证其资金不受违约风险的影响。在许多情况下,大幅减少信贷资产的配置是具有合理性的。

(七)信用评级的顺周期性

在当今金融市场上,信用风险度量在信贷风险评估、资产配置决策和综合风险管理等方面发挥着越来越大的作用,无论是投资者还是金融机构均将信用评级作为投资风险识别的重要参考依据。衡量信用风险的一个重要挑战是要透过整个金融周期识别未来风险,其评估实际上隐含对未来的预期。因此,评级机构最好能在贯穿整个经济周期的条件下进行评级,并给出不受经济周期波动影响的信用风险指标,使信用评级发挥最大的长线投资指引作用。具体而言,如果人们认为一家公司的业绩水平只是暂时的,那么就不应把高额的股价配置给一家业绩达到顶峰的公司。同样,只要人们能够预见公司业绩未来能有更好的表现,就没有必要因其一时的表现不良而降低评级。

从历史上看,信用评级是为长期买入并持有的投资者设计的,

---

① See Jukka Pihlman & Han van der Hoorn, Procyclicality in Central Bank Reserve Management: Evidence from the Crisis, IMF Working Papers 2010/150, International Monetary Fund, 2010, p. 24.

他们一般不太关心只影响资产短期市值但不会从根本上影响其到期时全额偿还的信用事件。因此,评级机构均声称它们的评级是"贯穿整个周期"的,其评级结果并不受经济状况短期变化的影响。

阿马托(Amato)等人利用美国公司的年度数据研究标准普尔(Standard & Poor's)评级的顺周期性程度并得出结论,认为几乎没有证据表明其评级存在顺周期性。①

但是,切萨罗尼(Cesaroni)从顺周期性的角度评估了企业信用风险的时间点(PiT)评级方法的特点,认为信用评级具有顺周期性,但该顺周期性可以通过事后调整得以减轻。②

尽管信用评级是否存在顺周期性目前仍存在争议,但从信用评级设计的理念来看,其发展方向一定是尽可能排除受经济周期波动影响的。

三、顺周期性的成因

(一)制度记忆假设

有学者认为,"制度记忆"可能驱动商业银行扩张贷款模式的形成,这种模式与银行认识潜在贷款问题能力下降以及其自身在贷款周期中放宽信贷标准有关。③ 具体来说,随着时间的推移,银行可能忘记它们从上次破产危机中吸取的教训;信贷员业务能力的下降,部分是由于从未经历过贷款泡沫破灭的信贷员人数增加,部分是由于经验丰富的信贷员自上次处理问题贷款以来,随着经济趋向繁荣以及对未来的乐观预期,危机感丧失和信贷技能下降。信贷员能力的下降势必然导致信贷标准的放宽,因为信贷员区分低质量借款人和高质量借款人的能力下降。同时,银行内部监测系统审查、评价和约束信贷员的能力也会随着时间的推移而下降,进而造成机构风

---

① See Jeffery D. Amato & Craig H. Furfine, Are Credit Ratings Procyclical?, *Journal of Banking & Finance*, Vol. 28, Iss. 11, 2004, pp. 2641-2677.

② See Tatiana Cesaroni, Procyclicality of Credit Rating Systems: How to Manage It, *Journal of Economics and Business*, Vol. 82, 2015, pp. 62-83.

③ See Allen Berger & Gregory Udell, The Institutional Memory Hypothesis and the Procyclicality of Bank Lending Behavior, *Journal of Financial Intermediation*, Vol. 13, Iss. 4, 2004, pp. 458-495.

险记忆的丧失。此外，外部利益攸关方（如次级债券持有人、股东和监管机构）评估和控制银行经理的能力也可能随着时间的推移而削弱，尽管银行上次破产是由于没有观察到贷款风险问题。

虽然制度记忆假设根植于银行自身的贷款业务管理问题，而非基于整个经济周期，但银行往往同时经历问题贷款，集中释放的风险会加剧经济波动，对整个银行业也会造成极大危害。① 布拉科夫（Burakov）认为，根据制度记忆假设，一方面贷款繁荣与萧条的交替周期是由信贷员的记忆视野决定的，与前一次危机的时间间隔越长，他们接受风险的意愿就越高。另一方面，信贷员的生命周期也会削弱经验积累的作用。② 可见，制度记忆在信贷市场周期性趋势中是无可回避的。

（二）公允价值会计导致顺周期性

任何顺周期性的分析都应该讨论会计问题，因为资产的估值和会计处理会通过盈利能力影响银行的行为。这一现实性问题对会计未来的发展方向具有重大意义。现有研究对公允价值会计给予越来越多的关注，公允价值会计在处理财务信息时会尽可能接近资产价值，这意味着非实现利润和损失也会被考虑在财务处理中。采用公允价值计量银行存在问题的资产，问题资产的价值会立即以跌价体现在财务报表中。这与历史成本会计不同，历史成本会计要求银行为账面价值和实际价值之间的差额提取准备金。但是，受到市场价格波动影响的资产组合价值的频繁变动，往往会放大资本波动，而资本波动又会影响贷款周期。③

公允价值会计的好处之一是它可以提供一家银行在任何时间点的资产最新情况，在评估一家机构的财务状况时，可以向投资者、

---

① See Jon Danielsson, Hyun Song Shin & Jean-Pierre Zigrand, *Procyclical Leverage and Endogenous Risk*, Social Science Electronic Publishing, 2012, pp. 34-35.

② See Dmitry Burakov, Retesting the Institutional Memory Hypothesis: An Experimental Study, *Panoeconomicus*, Vol. 65, Iss. 4, 2018, pp. 441-458.

③ See Katalin Méro, Balázs Zsámboki & Edit Horváth, Studies on the Procyclical Behaviour of Banks, Magyar Nemzeti Bank (Central Bank of Hungary) Occasional Papers 2002/10, 2002, pp. 26-28.

银行管理层和监督方提供更好的信息。但是,公允价值会计也有其缺点,如没有充分反映谨慎性原则,也没有充分认识到银行贷款的特殊性质。因此,公允价值会计可能导致银行贷款的顺周期性,使银行信贷市场与债券市场非常相似。这意味着,在债券市场收紧时,银行将无法提供其他流动资金来源,因为经济和金融市场的发展将对其资产负债表产生与债券市场相似的影响。

诺瓦(Novoa)等人认为,尽管对波动性和计量困难存在担忧,但公允价值会计仍然是适当的前进方向,是一种最能反映金融机构当前财务状况的衡量方法。[1] 公允价值会计的应用使经济波动对资产负债表的影响更加透明,在某些风险管理框架下,这种影响可能加剧资产和负债价值的周期性波动。例如,在经济繁荣时期,夸大利润会产生错误的决策。相反,在经济低迷时期,估值的更多不确定性可能为信贷过度紧缩创造条件,并在最需要信贷扩张的时候对经济增长造成负面影响。

黄世忠在其公允价值会计的顺周期效应研究中论述了公允价值会计诱发顺周期效应的机理和传导机制,认为公允价值会计主要通过资本监管、风险管理和心理反应这三个机制传导顺周期效应。[2] 首先,由于资本监管过于依赖会计处理,导致公允价值会计通过资本充足率这一机制传导顺周期效应。其次,银行业现行的一些风险管理惯例无意中成为公允价值会计传导顺周期效应的管道。例如,银行业经常用贷款与资产价值的比率来控制和规避抵押贷款风险。最后,投资者对市场价格变化作出的不自觉的同步反应会诱发"羊群效应",从而产生顺周期的破坏性。

(三)货币政策与顺周期性

金(Kim)等人认为,宽松的货币政策可能使金融中介机构的

---

[1] See Alicia Novoa, Jodi Scarlata & Juan Solé, Procyclicality and Fair Value Accounting, IMF Working Paper, WP/09/39, International Monetary Fund, 2009, pp. 27-28.

[2] 参见黄世忠:《公允价值会计的顺周期效应及其应对策略》,载《会计研究》2009年第11期,第23—29页、第95页。

融资活动相当容易，从而导致金融脆弱性的加剧。① 事实上，关于货币政策在全球金融危机中的作用，已有越来越多的学者对其进行研究。一些学者认为，货币政策在顺周期性方面发挥了重要作用，长期过低的政策利率极大地促成金融中介机构杠杆率和风险偏好的急剧上升，在很大程度上推动了信贷扩张，进而加剧了金融脆弱性。②

总体而言，货币政策对于增加金融市场的货币供应量有着巨大的作用，中央银行储备金是各大银行的一大资金来源。一方面，如果没有额外的来自中央银行的货币供应，金融中介机构之间的交易或资产证券化很少会增加信贷供应总量；另一方面，复杂的银行间交易与当前以利率为导向的货币政策框架相互作用或结合，使信贷供应更具内生性，从而加剧金融的顺周期性。

（四）保证金要求推动顺周期性

保证金通常在金融交易中被采用，这些保证金规则往往基于风险价值计量。由于投资交易商很可能在市场低迷时期将保证金率设定在较高的水平，从而增加系统的顺周期性。而在经济繁荣期间，即资产价格上涨和波动性低的时候，保证金要求比在金融危机期间，即资产价格可能下跌和波动性高的时候要低。这就可能在经济繁荣时期进一步刺激金融业活动，并在金融动荡时期阻碍市场流动性。③

金融衍生品普遍采用保证金交易，衍生品合约中的保证金要求通过保护合约一方不受另一方违约的影响起到风险缓冲作用，防止损失通过金融系统传递。但是，由于保证金数额要求与资产价格波动性成正相关性，因此在市场形成下行压力时期，资产价格波动性的激增将导致潜在的保证金追加可能。

格拉斯曼（Glasserman）等人在就保证金对经济周期的影响作

---

① See Kyungsoo Kim, Byoung-Ki Kim & Hail Park, Interest Rate-oriented Monetary Policy Framework and Financial Procyclicality, Paper prepared for Conference on Macroeconomic and Financial Stability in Asian Emerging Markets, Kuala Lumpur, Malaysia, 2010, p. 4.
② See Benjamin M. Friedman, Michael Woodford, Handbook of Monetary Economics, Elsevier, 2010, pp. 1439-1520.
③ See Nadja Kamhi, Procyclicality and Margin Requirements, *Bank of Canada Financial System Review*, June 2009, pp. 55-57.

了研究之后，证实风险敏感的保证金要求在放大市场冲击方面具有顺周期性。① 具体而言，当波动出现时，市场参与者必须满足追加保证金要求，如果不能及时追加保证金，将面临被强制平仓的风险。然而，市场参与者并不总是能够满足保证金要求，这种情况必然迫使市场参与者贱卖其所持有的可用资产，而此时的市场可能只有少数买家，卖家却很多。而如果没有足够多的交易对手，即使降价出售资产也可能无法成交，因此市场参与者可能面临再次被要求追加保证金的风险。此时，市场便会产生流动性不足风险，而这种风险会随着资产价格下跌再次反馈到保证金要求上，从而形成负反馈，加剧顺周顺性。

在流动性风险上，库尼奥（Cugno）认为，流动性风险在于资金的短缺，即资金不能以与保证金需求同样的速度增长。② 为满足保证金要求，市场参与者为筹集资金很有可能动用其实体资产向金融机构抵押贷款，但因市场处于资产价格下跌时期，银行也会行使加速到期条款或对借款人提出追加担保要求，这无疑会进一步加重市场的顺周期性。

（五）信息的不对称性与顺周期性

借款人为从银行取得贷款，往往会对其自身的盈利能力和未来发展前景进行包装。从银行角度来讲，为了防范风险，银行会尽可能地要求借款人提供真实准确的信息。同时，银行并非对借款人具有天生的信任，而是会对其提供的信息进行认真审核，甚至进行实地调查。然而，信息的审核和调查都是需要成本的。在经济繁荣时期，一方面银行的利润水平相对较高，另一方面违约风险也相对较低，因而其放贷成本并不会太高。③ 但是，在经济衰退时期，由于信息的不对称，一些在正常时期可以获得的融资，也可能因为银行的

---

① See Paul Glasserman & Qi Wu, Persistence and Procyclicality in Margin Requirements, *Management Science*, Vol. 64, Iss. 12, 2018, pp. 5705-5724.

② See Dario Cugno, The Paradox of Margin Requirements: Systemic Liquidity Risk and Procyclicality, Master Thesis of Radbound University, 2018, pp. 43-44.

③ See Panayiotis P. Athanasoglou & Ioannis Daniilidis, Procyclicality in the Banking Industry: Causes, Consequences and Response, Bank of Greece Working Paper 139, 2011, pp. 51-52.

过于审慎而无法获得。因此,银行的行为实际上会进一步加深正在经历的经济危机。而在经济增长期间,情况则完全不同,企业贷款申请更容易被接受,贷款条件也相对宽松,因而往往会促进和加速经济的发展进程。

在经济运行良好时期,债务人的偿还能力普遍较强,而在经济衰退期间,债务人的偿还能力则普遍较弱。在债务人偿还能力较强时期,对信息的误判并不会产生太大的风险;但在债务人的偿还能力普遍较弱时期,如果银行不加强信息审查,无疑会产生坏账风险。因此,信息的不对称将随着经济周期的变化而影响银行的风险偏好,且银行往往会作出过度的反应。由于前期的风险积累会让银行无力再去承担更多的风险,因此银行应对信息不对称的信贷管理政策,无论是从经济周期的上升还是下降的角度来看,均具有强烈的顺周期性。[1]

此外,有学者认为,在金融危机期间,未偿还贷款的增加不仅可能导致进一步的实际经济衰退,而且可能造成金融中介系统中的贷款人和借款人关系恶化、信息不对称等问题变得更加严重,从而使借款人更难获得资金。[2]

四、顺周期性与金融监管

(一)缓解顺周期性的政策

顺周期性的缓释,需要各方的协同努力。私营部门应通过制定正确的激励措施以更好地控制自己的行为,监管机构应通过审慎的规则和规范以防止市场出现过度投机行为,中央银行可通过控制总

---

[1] See Leopoldo Avellan & Guillermo Vuletin, Fiscal Procyclicality and Output Forecast Errors, *Journal of International Money and Finance*, Vol. 55, Iss. C, 2015, pp. 193-204.

[2] See Katalin Mérö, Balázs Zsámboki & Edit Horváth, Studies on the Procyclical Behaviour of Banks, Magyar Nemzeti Bank (Central Bank of Hungary) Occasional Papers 2002/10, 2002, p. 17.

体流动性和利率以控制过度杠杆的基础。①

在金融危机后的市场环境下,顺周期性的缓释,无论是私营部门还是决策者都不能操之过急,快速实施可能进一步破坏金融市场的稳定,损害一些本来实力弱小的企业。例如,在银行间市场运行不佳时期,增加流动性缓冲可能适得其反。同时,在采取措施解决一个领域的顺周期性问题时,应确保不会对其他领域造成意外的负面后果,以避免对已实施的措施产生抵消作用。②

以减轻市场和信贷风险管理顺周期性为例:首先,应改进和丰富市场风险管理模式。为了消除可能加剧市场波动的风险管理制度的影响,风险管理模式应适合相关公司的特点和业务范围,监管部门应鼓励这些风险管理模式的创新和多样化。其次,应建立放大循环的机制,特别是对于证券和衍生品交易等采用保证金交易的业务,实施追加保证金要求可能导致周期性恶化。同时,为了避免这种情况发生,风险应该以贯穿整个经济周期的方式加以衡量,或者应该给予足够长的时间加以消化。最后,可进行更严格的压力测试。通过在应对方案中纳入其他重要对手方的反应,以避免因"羊群效应"而产生的顺周期效应。

(二)顺周期银行资本监管

2008年全球金融危机之后,提高银行资本充足率和改善资本质量的呼声日益高涨。业内人士普遍承认,银行过低的资本水平助长了金融危机的蔓延。危机的爆发在相对较短的时间内造成集中损失,引发金融机构的去杠杆化,对全球金融市场影响深远。显然,如果银行资本基础更厚实,金融体系的杠杆率更低,那么金融危机造成的影响和损失可能小得多。

有学者研究结果表明,当经济陷入衰退时,银行的放贷能力会大幅下降(信贷配给则会增加)。同时,《巴塞尔协议Ⅱ》规定的银

---

① See Markus Behn, Rainer Haselmann & Paul Wachtel, Procyclical Capital Regulation and Lending, *The Journal of Finance*, Vol. 71, Iss. 2, 2016, pp. 919-956.

② See Jochen Andritzky, John Kiff & Laura Kodres, *et al.*, Policies to Mitigate Procyclicality, IMF Staff Position Note, SPN/09/09, May 7, 2009, p. 18.

行偿付能力要高于《巴塞尔协议Ⅰ》规定的银行偿付能力。①

当经济周期性恶化时,银行预计其收入将会受到冲击,并会削弱其未来的放贷能力,作为回应,它们会主动或被动持有和提高资本缓冲。而较高的资本要求则会降低贷款的盈利能力,并会降低银行未来贷款能力。在《巴塞尔协议Ⅱ》基于周期性变化的风险资本要求下,银行在扩张时需要拥有比在衰退时更大的资本缓冲。然而,这些缓冲往往不足以防止衰退到来时信贷供应出现的大幅收缩。

对于资本状况欠佳的银行,基于风险的资本要求的增加,并没有引起顺周期性的大幅度增加;而对于资本状况良好的银行,情况则正好相反,其顺周期性将大幅度增加。因此,在银行资本的顺周期监管中,应当针对不同的银行进行区别对待。然而,如何平衡二者的关系则往往成了考验政策制定者能力的难题。②

(三)顺周期性应对

实际上,金融体系的顺周期性具有两面性,并不都是负面的。这主要取决于金融体系究竟是破坏市场稳定的源头和放大器,还是仅仅对实体经济的周期性演变作出的正常反应。我们在看到顺周期效应在经济衰退时对经济造成巨大损害的同时,也应当看到其对实体经济的周期性增长的促进作用。

同时,金融市场短期波动的过程往往也是消化和吸收风险的过程,即经济的自我修复调整。但是,如果允许金融不平衡的长期存在,就会造成现实中的重大损害,并产生不良的后果。如果资产价格大量并长期偏离其基本趋势,则会形成风险累积,给市场提供错误的导向,造成资源错配。一旦市场参与者意识到这种扭曲的存在,便不再会认可其过高的资产价值,这种不平衡便会被打破,并引发经济增长和经济周期的中断。

因此,对待金融体系的顺周期性应当回归金融的本质,宏观审慎

---

① See Rafael Repullo & Javier Suarez, The Procyclical Effects of Bank Capital Regulation, *Review of Financial Studies*, Vol. 26, Iss. 2, 2013, pp. 452-490.

② See Charles Goodhart, Procyclicality and Financial Regulation, *Estabilidad Financiera*, Vol. 16, 2009, pp. 9-20.

监管既要避免泡沫,又要合理、可行。顺周期性并非金融体系自我独自运行而产生的,其扩张更多的是来自实体经济的相互正(负)反馈,故对顺周期性的调整不能忽视来自实体经济扩张冲动的影响。①

第二节　全球视角下的金融市场逆周期监管与跨周期调控

2008年全球金融危机之后,世界各国都对此次金融危机进行了深刻反思。微观审慎监管在此次金融危机中暴露出许多不足之处,"合成谬误"、金融危机的传染性、"大而不倒"的道德风险、"动物精神""羊群效应"等多种理论解释,使得各国开始重新审视以往偏爱的微观审慎监管政策。此后,旨在化解系统性风险与降低对实体经济不利影响的宏观审慎监管被视作缓解经济周期波动的良药,成为被各国寄予厚望的破局之道,相应地,构建逆周期的宏观审慎政策框架被各国提上了议事日程。

一、逆周期监管理念的提出和确立

(一)逆周期监管的内涵及目标

如上文所述,金融活动,尤其是银行活动,基本上都具有顺周期性。这种顺周期性有些是源于金融的固有性质,有些是某些金融法规、政策所导致的潜在后果。金融体系的顺周期性(或称"亲周期性")放大了商业周期的动态:在经济扩张时期,信贷增长往往超过整体经济的增长。在经济衰退时期,一方面,公司利润减少、家庭收入和财富值下降等一系列原因导致借款人信誉恶化,抵押品价值降低,借贷风险迅速增加;另一方面,银行贷款的标准亦有所提

---

① See Jean-Pèerre Landau, Procyclicality: What It Means and What Could Be Done, Remarks at the Bank of Spain's Conference on "Procyclicality and the Role of Financial Regulation", Madrid, May 4, 2009, p. 6.

高，信贷政策紧缩。如此往复循环的直接后果，就是经济前景的进一步恶化。简言之，在顺周期的情况下，系统性风险在经济扩张时期逐渐累积，在衰退时期集中爆发并不断向外传导，最终导致整个经济体系的过度波动。为应对金融体系的顺周期性，具有逆周期性的金融监管理念逐渐登上历史舞台。

逆周期可以通俗地理解为"逆金融顺周期而行"。[①] 通过逆周期宏观调控，可以减轻金融体系固有的顺周期性所引起的经济波动，把周期的波动"熨平"。有效利用逆周期工具和手段，便可以在经济扩张时期避免过度繁荣，在经济衰退期更好地把控失衡，提高金融体系整体抗风险能力。2008年全球金融危机后，各国监管理念和监管框架均有了重大转变和调整，从基于单个机构的微观审慎监管转向针对整个金融体系的宏观审慎监管，其中最重要的举措之一就是逆周期的宏观调控。

逆周期审慎监管措施的目标包括两个方面：一是在经济周期内，减少信贷过度扩张、降低风险及经济上升过程中不平衡的累积；二是加强金融体系对未来可能出现的经济衰退的应变能力。实现这两个目标的难易程度是不同的，一般而言，建立缓冲区以增强金融体系的弹性，比减少经济上升过程中的风险累积更容易实现。而事实也表明，迄今为止后者几乎没有成功过。[②]

同时，国际社会对这两个目标的相对权重目前尚未达成共识。部分学者认为，逆周期的宏观审慎政策应当有一个明确而可实现的目标，即强调加强金融体系的弹性，而不是消除信贷繁荣和资产价格泡沫。部分学者则更倾向于将逆周期监管的重点放在防止金融过

[①] 参见王学菲：《逆周期金融监管难点及应对策略》，载《西南金融》2017年第3期，第54页。

[②] See Haocong Ren, Countercyclical Financial Regulation, Policy Research Working Paper Series 5823, The World Bank Financial and Private Sector Development, Financial Regulation and Architecture Unit, October 2011, p. 5.

度行为和风险的积累上。① 然而,无论如何,逆周期监管总体而言一定是合理的,若想使其成为一个可实现的目标,只能不断开发和试验新的政策工具。②

(二) 逆周期监管与宏观审慎监管的关联性

早在 20 世纪 70 年代末,巴塞尔银行监管委员会(BCBS)的前身库克委员会(Cooke Committee)及国际清算银行(BIS)就已经提出"宏观审慎"的概念。20 世纪 90 年代起,特别是 1997 年亚洲金融危机以后,国际社会逐渐认识到微观审慎监管的局限性,并加强了对宏观审慎监管的探讨。但直至 2008 年全球金融危机爆发后,宏观审慎监管才真正成为各界关注的焦点。

广义的宏观审慎监管可以被视为对系统性风险的监管。狭义的宏观审慎监管则主要关注四方面的内容,分别是金融体系不稳定对实体经济的影响程度;具有系统影响力的内容(不包括具有传染性的偶发事件);内生性风险;金融体系与实体经济的相互关系和作用。③ 与传统的关注个体金融机构、行业的微观审慎监管不同,宏观审慎监管关注的是金融机构间的相互影响力和顺周期影响下的风险积累,以及金融体系的整体运行,以防止整体经济的发展受到金融事件的影响。简言之,宏观审慎监管更多关注的是宏观经济层面,而微观审慎监管则主要考虑金融机构的微观经济行为。④ BIS 将"宏观审慎监管"定义为:宏观审慎监管系微观审慎监管方法的有益补充,该方法不仅考虑单个金融机构的风险敞口,更从金融体系的系

---

① See Markus Brunnermeier, Andrew Crocket & Charles Goodhart, et al., The Fundamental Principles of Financial Regulation, Geneva Reports on the World Economy 11, 2009, pp. 31-32.

② See Claudio Borio, Implementing the Macroprudential Approach to Financial Regulation and Supervision, Financial Stability Review, No. 13, The Future of Financial Regulation, Bank of France, Sep. 2009, pp. 34-38.

③ See Claudio Borio, Discussion of Session on "Macroprudential Regulation", Prepared for the Joint Conference of the Inter-American Development Bank and the Reserve Bank of Atlanta's Americas Center:"Toward Better Banking in Latin America", Washington D. C, 30 Sep. 2005.

④ 参见李国安主编:《国际金融监管法制现代化研究》,法律出版社 2016 年版,第 130 页。

统性角度出发对金融体系进行风险监测,从而实现金融稳定。①"它作为一种监管方法、一种政策视角,都须以微观审慎监管为基础,是微观审慎监管的补充,并与其他维护金融稳定的公共政策之间相互作用、相互影响。"②

博里奥认为,宏观审慎监管以防范系统性风险为目标,旨在降低时间维度与跨行业维度(也称"横截面维度")两方面的风险:一方面,由于顺周期效应放大了经济的周期性波动,系统性风险就是在放大的繁荣和衰退周期中逐渐累积的。因此,宏观审慎监管在时间维度上所面临的关键问题在于如何缓解金融体系的顺周期性。另一方面,由于各国经济具有高度关联性,全球金融市场之间有着千丝万缕的联系,各金融机构在同一时点的共同或相似行为可能导致风险的急剧增大;又或者单个金融机构尤其是系统重要性金融机构的风险可能迅速跨部门、跨行业传染和扩张,导致风险迅速蔓延。因此,在跨行业维度,宏观审慎监管的首要任务在于降低系统性风险的集中和传染。③ 本书第六章"全球金融治理视角下的系统重要性金融机构监管"对此已进行了部分探讨。

宏观审慎监管的目标着眼于整个金融体系,防范系统性风险,维护金融稳定,系防止金融系统对经济体系的负外部溢出而采取的一种自上而下的监管模式。就作用范围而言,宏观审慎监管旨在解决金融系统中时间维度、跨行业维度的风险,其中时间维度的系统性风险与经济周期直接相关,应对危机最有效的方法就是缓解顺周期性,施行具有逆周期性的调控。④ 有学者认为,逆周期监管原则可

---

① See BIS, Cycles and the Financial System, 71st Annual Report, June 2001, http://www.bis.org/publ/arpdf/ar2001e7.pdf, last visited on Mar 20, 2021, pp. 123-131.
② 李仁真、李玥:《论宏观审慎的概念》,载《理论月刊》2012年第4期,第72页。
③ 国内外学者对宏观审慎监管目标的论述,可参见 Claudio Borio, Implementing the Macroprudential Approach to Financial Regulation and Supervision, Financial Stability Review No. 13, The Future of Financial Regulation, Bank of France, Sep. 2009, pp. 31-34;李仁真、李玥:《论宏观审慎的概念》,载《理论月刊》2012年第4期,第70—73页。
④ 参见包勇恩:《金融业逆周期宏观审慎监管制度研究综述》,载《现代经济探讨》2012年第3期,第85页;李仁真、李玥:《论宏观审慎的概念》,载《理论月刊》2012年第4期,第70—73页。

以被视为宏观审慎监管三大基本原则之首。①

（三）我国逆周期监管政策的出台

2009年4月，G20领导人峰会在英国伦敦召开，会议的主题是讨论如何合作应对百年一遇的金融危机。峰会报告指出，"金融业的重大衰退，以及金融监管措施的重大失误，是导致当前危机的根本原因"，并进一步提出"加强金融监管必须……能抵御波及整个金融系统的风险；能缩小而非放大金融和经济周期"。② 2010年，BCBS发布《巴塞尔协议Ⅲ》，明确将宏观审慎元素添加到监管框架中，系限制顺周期性的新监管措施。③ 之后，各国便在此基础上逐渐加强本国的逆周期监管实践。

在我国，自2008年全球金融危机后，建立逆周期宏观审慎监管制度也受到监管部门的高度重视。2010年10月党的十七届五中全会通过的《中共中央关于制定国民经济和社会发展第十二个五年规划的建议》首次提出："深化金融体制改革。构建逆周期的金融宏观审慎管理制度框架。"2011年3月，紧随其后正式发布的《国民经济和社会发展第十二个五年规划纲要》再次明确提出"完善金融调控机制"，"构建逆周期的金融宏观审慎管理制度框架"。

从2011年起，中国银监会④根据《巴塞尔协议Ⅲ》的核心精神，结合我国银行业的实际经营发展状况，先后颁布了《中国银行业实施新监管标准指导意见》《商业银行杠杆率管理办法》《商业银行资本管理办法（试行）》《商业银行流动性风险管理办法》等一系列文件，引入逆周期元素、改善监管方法和工具，对我国商业银行监管

---

① 根据现有的国际和国内实践，宏观审慎监管的基本原则可以归纳为逆周期监管原则、协调监管原则和全局监管原则。参见马诗琪：《论宏观审慎监管的基本原则》，载《时代法学》2013年第6期，第109—115页；李国安主编：《国际金融监管法制现代化研究》，法律出版社2016年版，第159页。

② See London Summit—Leaders' Statement, 2 April 2009.

③ 《巴塞尔协议Ⅲ》是BCBS为应对2008年全球金融危机而制定的一套国际商定措施，这些措施旨在加强对银行的监管与风险管理等。《巴塞尔协议Ⅲ》最初于2010年12月发布，并于2011年6月进行了更新。该协议弥补了金融危机前监管框架中的一些缺陷，并为建立有弹性的银行系统奠定了基础，有助于避免系统性风险的积累。同时，该协议规定了一些具体的、具有逆周期性质的宏观审慎监管措施，后文会具体论述。

④ 2018年3月，中国银监会、中国保监会合并，成立中国银保监会。

制度进行了重要改革,拉开了逆周期宏观审慎监管的序幕。

二、逆周期监管工具及其选择与运用

当前,已有许多国家实施逆周期监管。逆周期监管的规定主要集中于《巴塞尔协议Ⅲ》中,由于银行在系统重要性金融机构中占据主要地位,因此大多数逆周期监管政策和措施集中指向银行业,关于证券、保险、信托和基金等其他金融行业的规定则相对较少。

(一) 逆周期资本缓冲

《巴塞尔协议Ⅰ》对全球银行业的资产进行了详细的分类,规定了风险资产的种类,并根据其风险度的不同设定了风险权重。在明确资产分类及其风险权重的基础上,银行的自有资本总额与风险加权资产的比率,称为"资本充足率"。逆周期资本缓冲是指在经济上行时期,在最低资本充足率的基础上储备更多资本,通过动态调整资本充足率,扩大缓冲的空间,以便在经济下行时期从容应对资本充足率下滑的情况,避免出现信贷紧缩等问题。

《巴塞尔协议Ⅲ》规定了逆周期资本缓冲规则,旨在确保银行业资本要求将银行运营的宏观金融环境考虑在内,将资本要求与宏观金融状况和系统风险水平联系起来。根据 BCBS 的要求,国家监管机构及银行在经济上行时期实行逆周期资本计提规则,具体计提数量可根据所面临风险程度的大小在加权资本的 0%—2.5% 区间浮动。[1]

逆周期资本缓冲机制意在确保银行系统的资本充足水平,从而避免在经济衰退时期出现信贷紧缩。[2] 在该机制下,当经济上行时期信贷超额增长与系统性风险的累积产生相关性时,实行逆周期的资本计提规则,建立一定的缓冲资本;在经济下行时期,则释放该缓

---

[1] See Basel Committee on Banking Supervision, Basel Ⅲ: A Global Regulatory Framework for More Resilient Banks and Banking Systems, December 2010 (revised version June 2011), paras. 139, 142.

[2] See Haocong Ren, Countercyclical Financial Regulation, Policy Research Working Paper Series 5823, The World Bank Financial and Private Sector Development, Financial Regulation and Architecture Unit, Oct. 2011, p. 23.

冲资本、吸收损失，以维持信贷流，避免信贷过度减少，从而实现以逆周期资本缓冲减少顺周期性所带来的不利影响。历史经验表明，金融危机之前往往会出现一段信贷过度增长的时期。因此，逆周期资本缓冲机制在防止经济繁荣时期信贷规模过度扩张的同时，可在经济衰退时期相应地维持信贷流，提高银行的风险承受能力，从而在一定程度上避免金融体系对实体经济造成负面影响。

2012年6月中国银监会发布的《商业银行资本管理办法（试行）》第22条规定："商业银行资本充足率监管要求包括最低资本要求、储备资本和逆周期资本要求、系统重要性银行附加资本要求以及第二支柱资本要求。"其中，逆周期资本要求为风险加权资产的0%—2.5%，由核心一级资本来满足。随后，美国、加拿大、英国、日本、新加坡等国家也纷纷出台相关监管规定。在设计逆周期资本缓冲监管工具时，困扰各国的最大问题是，是否能够准确识别金融系统性风险的积聚以及经济的周期性质？这无疑对监管当局的判断力提出了更高的要求。

（二）前瞻性贷款损失拨备

拨备可以理解为银行对预期损失所预留的准备资金，是对经营中可能已经形成的风险和损失作出的准备。有关银行拨备的规定主要涉及会计准则、监管规定及税务政策等。各个国际监管规则制定主体由于职责与使命的不同，对银行风险拨备提取水平的偏好明显不同。① 例如，《巴塞尔协议Ⅲ》主张将会计准则中现有的以"已发生损失"为基础的拨备计提方法转变为强调"预期损失"的计提方法，建立更具逆周期性的前瞻性拨备，并明确表示支持国际会计准则理事会（IASB）制定一套高水平的指导原则，以改革国际会计准则。

前瞻性拨备制度是从宏观审慎层面出发的会计制度，可起到有效的平滑经济波动的作用。同时，在经济繁荣时期提取更多的拨备，还可有效抑制银行的过度信贷，避免资产价格过度上涨，也在一定

---

① 参见温信祥：《银行资本监管研究——银行行为、货币政策与金融稳定》，中国金融出版社2009年版，第112页。

程度上降低了顺周期性。

然而，前瞻性拨备制度在执行中也存在挑战。其一，贷款损失拨备应该具有动态效果，为银行的贷款损失设定缓冲期。其二，大多数银行缺乏关于历史损失的数据，前瞻性地预估损失成为规则制定者所面临的首要难题。[①] 由于既往数据缺失和风险管理能力等方面的限制，各国在制定和适用前瞻性拨备制度时，应结合自身情况考虑对国际会计准则理事会的规则进行不同程度的调整和变更。

（三）杠杆率监管机制

杠杆率是指商业银行持有的一级资本净额与商业银行调整后的表内外资产余额的比率，对杠杆率的监管旨在限制银行业杠杆的累积，避免去杠杆化进程中的不稳定性，以及去杠杆化进程可能对金融体系和实体经济造成的伤害。早在《巴塞尔协议》实施之前，对杠杆率的监管就已经被广泛使用。实践证明，杠杆率监管可以有效地削弱银行体系的顺周期性，是加拿大银行在 2008 年全球金融危机中受到冲击较小的重要原因。[②]

在金融危机前的经济繁荣阶段，商业银行贷款和资产业务规模过度扩张，银行系统杠杆化水平呈现非理性增长，系统性风险不断累积。因此，金融体系资产负债表过度扩张、金融机构过度承担风险导致的杠杆化程度过高被广泛认为是危机发生的重要原因。[③] 危机爆发之后，商业银行迅速去杠杆化，显著放大了金融体系脆弱性，加剧了对实体经济的负面影响。为了避免高杠杆率和去杠杆化给实体经济造成的伤害，BCBS 引入了一个简单、透明、非基于风险的杠杆比率，作为对基于风险的资本充足率的可靠补充措施。

《巴塞尔协议Ⅲ》明确了杠杆率的国际监管标准，即按照不低于

[①] See Haocong Ren, Countercyclical Financial Regulation, Policy Research Working Paper Series 5823, The World Bank Financial and Private Sector Development, Financial Regulation and Architecture Unit, October 2011, pp. 18-19.

[②] 参见祁敬宇、王刚：《后危机时代的金融监管研究》，首都经济贸易大学出版社 2011 年版，第 234 页。

[③] 参见《银监会有关部门负责人就〈商业银行杠杆率管理办法〉答记者问》，搜狐网，2011 年 7 月 7 日，http://roll.sohu.com/20110707/n312749328.shtml，2019 年 2 月 20 日访问。

3%的标准（一级资本/总资产）监控杠杆率的变化。中国银监会紧跟 BCBS 的步伐，于 2011 年 6 月通过《商业银行杠杆率管理办法》，该办法第 4 条规定："商业银行并表和未并表的杠杆率均不得低于 4%。"

（四）其他逆周期监管工具的运用

除上述几种常见的逆周期监管工具以外，部分国家还尝试了一些具有逆周期性的监管工具。例如，建立留存超额资本（Capital Conservation Buffer），用于吸收因严重经济和金融衰退给银行体系带来的损失；设置流动性缓冲要求，针对流动性风险进行监管；降低最低资本金顺周期性要求，属于微观审慎监管工具，主要为了确保个别银行的偿付能力。①

此外，针对特定的部门、行业，有些国家还推出专项的逆周期监管工具。其中以亚洲国家最为突出，许多措施涉及房地产行业。例如，出台逆周期信贷政策，通过动态调整一些信贷指标进行监管。又如，通过贷款价值比（LTV）、贷款收入比（LTI）和债务收入比（DSTI）等贷款限制工具的运用，实施逆周期监管。

（五）逆周期监管工具的选择

每一种具体的监管工具都有其优点和局限性，其复杂程度和适用难易度各不相同，其优先次序也因各国金融、经济发展状况的不同和系统性风险程度的高低而存在差别。同时，在选取、组合不同监管工具时，还应仔细考虑工具之间的相互作用。例如，资本缓冲机制和拨备制度通常具有互补性，前者处理非预期损失，后者处理预期损失，在选取监管工具时可以将这二者结合起来，以更有效应对顺周期性。

"当前主流观点认为，应通过货币政策和宏观审慎政策共同维护金融稳定。"② 此外，在重视系统性风险和宏观审慎监管的同时不应

---

① See Haocong Ren, Countercyclical Financial Regulation, Policy Research Working Paper Series 5823, The World Bank Financial and Private Sector Development, Financial Regulation and Architecture Unit, October 2011, p. 23.

② 包勇恩：《金融业逆周期宏观审慎监管制度研究综述》，载《现代经济探讨》2012 年第 3 期，第 86 页。

降低对微观审慎监管的关注。

总之,目前世界各国在逆周期监管方面的实践经验仍比较有限,各国应精心选择和创新符合本国国情的监管工具,对其有效性作出实际评估并适时加以调整。因此,要制定出成熟的逆周期性金融宏观审慎政策框架,可能还需要相当长一段时间的实践。

与此同时,关于逆周期监管主要应基于规则还是相机抉择,业界、学界均存在广泛的争论:一方面,以规则为基础的制度更为透明、稳定,更具公信力、可预测性,可尽量减少利益集团和公众对监管机构不适当的影响。然而,在进行逆周期监管时,如何判断经济周期和金融周期的转变,这无疑对监管机构提出了较高的要求,时机的选择更是一道亘古不变的难题。

另一方面,相机抉择更有利于在不同情况下选择更恰当的监管方式及工具,如果在合适的时机选择正确的监管方式及工具,就有可能最大限度地减少损失,甚至避免危机。但是,自由裁量的缺点也是明显的:其一,什么是恰当的监管方式及工具?对此,监管机构的判断能力和治理水平将受到极大的考验;其二,相机抉择所采用的政策,可能由于公众的短视和对既得利益的损害而受到来自公众和利益集团的阻碍,特别是在实行偏紧的政策时,监管机构可能需要承受更大的阻力。

随着金融业的迅猛发展,全球金融市场的联动效应越来越强,金融产品的结构越来越复杂,对监管机构实施金融监管和宏观调控的专业能力也会相应地提出越来越高的要求和挑战。监管机构不仅背负着"大而不倒"的道德风险,还需要考虑来自社会各界的多方面影响。总而言之,无论是基于规则还是相机抉择,逆周期监管制度都要求监管机构结合本国国情,从自身实际出发,选择一些最有效的指标并持续监测,以准确识别系统性风险并对采取行动的准确时机和适当性作出考量。

三、我国宏观调控的跨周期设计与调节

2020年7月30日,中共中央政治局会议首次提出"完善宏观调控跨周期设计和调节",给我国未来的宏观调控走向定下了基调。

"跨周期"是相对于"逆周期"而言的。所谓"跨周期",就是要着眼于长期,而不局限于单个周期内,其目标不仅在于平滑经济周期性的波动,还在于解决经济中的长期问题,是对"逆周期"的补充和完善。

根据中共中央政治局会议纪要,当前经济形势仍然复杂严峻,经济发展中遇到的很多问题是中长期的,必须从持久战的角度加以认识。[1] 鉴于此,以应对长期问题、打好持久战的准备为出发点,就需要开启经济社会发展工作中的长期协调机制,完善跨周期的宏观调控设计、调节。金融作为社会经济发展的重要组成部分,未来的宏观调控基调也将发生从"逆周期"到"跨周期"的转变。

跨周期的提出,具有重大战略意义。从纵向上看,传统的逆周期调控重在避免短期经济发展问题,难免留下"短期过渡刺激"等后遗症;跨周期在关注短期经济周期性问题的同时,更加关注中长期的结构性和趋势性变化。[2] 从横向上看,就金融方面而言,国际金融市场实际上更类似于各国金融市场的国际化,各个国家的经济发展周期不具有同步性,但会相互影响,而进行跨周期的调控,亦可以从容应对我国可能面临的来自国际金融市场的外部周期性影响。

第一,分析跨周期宏观经济调控政策的背景可以发现,宏观调控跨周期是相对于传统的逆周期调节而言的,但不是对逆周期调节的否定或取代,而是对之进行的完善和升级,[3] 而是在现有框架体系基础上的创新和拓展,但更加注重长短期调控的结合。既有的逆周期调控政策主要着眼于应对单个经济周期内的经济波动,为经济平稳运行、高质量发展保驾护航;而跨周期更是从结构优化、稳发展与防风险的长期均衡等角度出发,调节、完善既有宏观调控政策。

第二,正如本书第一章所述,全球金融监管呈现出内国化,全

---

[1] 参见《2020年中共中央政治局会议研究部署哪些大事?》,中国共产党新闻网,2021年1月9日,http://cpc.people.com.cn/n1/2021/0109/c164113-31994670.html,2021年3月11日。

[2] 参见郭威:《完善宏观调控跨周期设计和调节》,载《光明日报》2020年8月3日第2版。

[3] 同上。

球金融治理主体及规则碎片化,国际金融市场在本质上更类似于内国金融市场的国际化。在此种现实背景下,即使在许多情况下"全球同此凉热",但各国的经济周期不可能是完全同步的。国际金融市场中的每一部分均已高度关联,各国金融市场交错联结、相互影响,尤其是对世界金融举足轻重的大国金融市场。当国际金融市场中的其他成员正在经历经济的周期性波动时,无论该等波动周期与我国是否同步,均会对我国金融市场产生不容忽视的影响。因此,未来我国在对本国市场进行宏观调控时,应当结合国际金融市场的周期情况,从更高的国际视野进行跨周期的综合调控,以提高宏观调控的精准度并取得良好效果。

2021年3月,"搞好跨周期政策设计"被纳入《中华人民共和国国民经济和社会发展第十四个五年规划和2035年远景目标纲要》,未来监管部门会出台更多具体详尽的细则,相应的监管工具等也会有新的调整。

四、科技金融的逆周期监管

互联网彻底改变了人类社会的原有生活方式。网络金融在提供便捷服务的同时,因其快速的信息处理与传递功能、虚拟性与隐蔽性,使得风险传染速度更快、范围更广,并加剧了信息不对称的程度。同时,网络金融除了可能放大金融体系的固有风险以外,还存在自身特有的缺陷,如信息安全与技术问题等。此外,网络金融在一定程度上也会加剧市场的顺周期性。以投资理财产品为例,建立在大数据算法和人工智能基础上的智能投资,如果采用相同或相似的算法程序,得出的投资策略就具有趋同性,"这种趋同性带来的最直接后果就是在市场异常波动或是个股异动期间,助涨助跌效果明显,破坏性影响可能更大"[①]。

随着各类金融活动的网络化,各国监管机构也进一步加强对互联网金融的监督和管理。随着科技金融的发展,新监管工具的不断

---

① 刘沛佩:《我国证券市场智能投顾发展的监管思考》,载《证券法律与监管》2019年第1期,第66页。

研发和发生演化，并随着互联网金融的成长变化而产生新的突破。针对互联网金融的逆周期监管，各国监管机构正在寻求一套行之有效的解决对策。为了更有效应对科技金融带来的风险，特别是其助推经济周期的负面效应，各国监管机构有必要在功能监管、行为监管和审慎监管的基础上，综合运用大数据、云计算、人工智能、区块链等科技手段，有条件地适用"监管沙盒"（regulatory sandbox），对科技金融产品和业务实施全生命周期的智能化实时监控，以实现对科技金融顺周期性的及早发现、有效应对。

总之，逆周期监管作为宏观审慎政策框架的重要组成部分，对防范顺周期性的副作用具有举足轻重的地位，在一定程度上与金融行业的发展息息相关。同时，由于金融业在整个宏观经济发展中的核心地位，金融业逆周期监管的有效性也必然影响到整个宏观经济的发展。因此，在金融创新和逆周期监管二者的博弈中寻求稳定与发展之间的平衡点，不断创新和尝试符合实际需求的监管工具，完善逆周期监管体制，对于维护金融系统稳定运行和实体经济的有序发展都是至关重要的。

第八章
全球金融治理的法律保障

在全球金融治理中，国际金融软法和硬法都在各自的领域发挥着重要作用。一般而言，具有一定私法内容的国际金融软法规则更加强调市场参与者之间的契约自治和主动执行，但软法规则没有法定的执行程序，对规则效果的评估存在许多不足，使得原本多元化的软法价值变得更加凌乱。而硬法性的国际金融规则由于执行机理的公法化，更加强调规则的法定性，权利义务关系相对比较清晰，但规则的坚硬性可能导致有些国家选择性参加或者不参加的窘境，进而影响到国际金融市场的综合治理效果。因此，监管机构应从正面推动硬法与软法规则的积极作用，尽可能消解其负面影响，从国际金融市场均衡性的视角构建国际金融硬法与软法规则的协同治理体系。

第一节 全球金融治理体制中的硬法与软法

一、全球金融治理中硬法与软法的起源

（一）硬法与软法的内涵与界分

"硬法"（Hard Law）和"软法"（Soft Law）这一组概念，是20世纪中后期以后经常使用的词汇。该组词汇创设的主要目的在于区分社会治理领域不同形态的治理规范。从过往的社会治理历史中可以看出，因为社会大众的多元需求，调整社会关系的手段与方法也同样呈现多样性。[1] 无论是在早期的奴隶制社会、封建社会，还是在晚近的资本主义社会、社会主义社会，社会治理的手段与方法都

---

[1] 无论按照制度经济学、社会学还是法学的观点，一个国家的制度、秩序和法都是由多种方法共治的。参见谢晖：《论民间法结构于正式秩序的方式》，载《政法论坛》2016年第1期，第11页。

在不断变化,没有统一、定型化的表述。但是,从历史资料来看,不同社会形态中的社会治理方法还是具有一定的规律性的,即从早期的家法为主、以父权为核心塑造家族成员之间互为等级的亲属间关系,[①] 到后来的君主法或王法为主、以君权或王权为核心形成庞大帝国政治权力架构,再到以议会权或人民权为主、以权力分散与相互制衡为主轴形成现代国家治理体系。

不过,在过去很长一段时间内,学者研究的视角主要集中在以国家名义制定、具有强制约束力、体现国家统治阶级意志的国家制定法方面,如家庭法、君主法和国家法等,但对于非国家制定、非以国家强制力为后盾或者与统治阶级整体意志可能并不一致的其他行为规范和治理规则,如友邻关系、乡规民约、习惯规则、文人教化、宗教信仰和伦理道德等的认识并不充分,[②] 甚至可能将其误解为"旁门左道"。[③] 这种研究视域上的不足,对我们理解社会形态以及社会形态本身的运转规律可能带来负面影响。如谢晖所言:"法律之所以能构造主体的规范生活,在于法律自身对主体生活的照应、提炼与回护。这一由生活到法律,再由法律到生活的回环型命题,彰显着一国的法治建设如果决然抛开自家的文化传统,割断自己的法制经验,我们收获的可能是法治的外观,我们失去的,则是法治赖以

---

① 这里所指的"家法"是指以家庭关系为基础的治理哲学。总体来看,在人类文明的发展演变中,人类社会都经历过以家庭关系为基础的治理阶段,只是在后来的文明变迁过程中,不同的社会选择了不同的发展历程,进而形成了各国在治理体系上的差异。简单来说,中国以家庭之观念为中心构建了以家族本位与伦理法为内在精神的家国一体政教治理结构,而西方在宗教和教会的帮助下,通过瓦解家庭构建了以市民社会和个人本位为基础的契约社会。参见〔德〕费希特:《自然法权基础》,谢地坤、程志民译,商务印书馆2004年版;张晋藩:《中国法律的传统与近代转型(第二版)》,法律出版社2005年版;瞿同祖:《中国法律与中国社会》,中华书局2003年版;〔德〕黑格尔:《法哲学原理》,张企泰、范扬译,商务印书馆1961年版;〔美〕弗朗西斯·福山:《政治秩序的起源:从前人类时代到法国大革命》,毛俊杰译,广西师范大学出版社2012年版。

② 关于软法的范畴,理论上存在争议。例如,姜明安教授认为并不是所有影响人们行为的非国家法的规范都是软法,社会规则、政策、道德、理念、潜规则、习惯、法理、政策、行政命令等不能纳入软法的范畴。参见姜明安:《软法的兴起与软法之治》,载《中国法学》2006年第2期,第26—28页。

③ 参见谢晖:《论民间法结构于正式秩序的方式》,载《政法论坛》2016年第1期,第11页。

生存的文化基础和生活事实。"① 这种缺失可能导致两方面的不利影响：一方面，过于夸大由国家强制力执行的治理规则的有效性，忽视了其他治理规则的重要意义；另一方面，影响对社会关系复杂性和群体利益多样性的判断，对社会秩序容易产生武断式评价，并根据该评价滥用国家强制，破坏社会系统内在的协调性和正义性。

20世纪中后期之后，学者开始习惯用硬法和软法来区别社会治理中不同类型的治理规范。传统意义上依赖国家强制力实施的治理规则具有绝对性、强制性和法定性，犹如"长了牙齿"一般，具有"咬人"的功能。如果违反该类规则，行为人要承担不利的法定后果，这类治理规则被统称为"硬法"。从司法实践来看，硬法的范畴相对比较固定，主要指在司法活动中据以定案的、有效力的法律规范，通常包括法律规则、习惯法和一般法律原则。

与此同时，学者把未依据国家强制力实施，但具有一定的社会治理效果或具有一定法律效果的治理规则统称为"软法"，即"没有长牙齿"的规则。② 软法本质上并不是法律，③ 其作用可能更多在于学者的类型化归类，以便与硬法相对应，方便识别和比较。因此，就法产生的一般规律而言，硬法与软法类别的出现，更大的可能是来自国内法，而后外溢到国际法领域。对于"硬法"与"软法"概念的最初产生，可能已难考证。有学者认为"软法"术语最初产生于国际法领域，④ 但这仍有待进一步考证。

硬法一般是指具有明确法律约束义务的法律规范，明确性、法

---

① 谢晖：《主体中国、民间法与法治》，载《东岳论丛》2011年第8期，第128页。
② See G. L. Lugten, Soft Law with Hidden Teeth: The Case for a FAO International Plan of Action on Sea Turtles, *Journal of International Wildlife Law & Policy*, Vol. 9, Iss. 2, 2006, pp. 155-173.
③ 这里可能要注意对"法律"的解释，此处主要是从强制力角度分析的，但不同的人有不同的理解。哈特认为：对于"什么是法律"这一问题，除了一些明确的标准情况（它们被现代国家的法律制度所设定，这些制度是法律制度，对此没有人表示怀疑）之外，还存在一些模糊的情况，对它们的法律性质，不仅受过教育的普通人，甚至连法律专家也为之犹豫不决，原始法和国际法就是这类模糊情况的典型。参见〔英〕哈特：《法律的概念》，张文显等译，中国大百科全书出版社1996年版，第3—4页。
④ See L. Erades, *Essays on International and Comparative Law: In Honour of Judge Erades*, Brill Archive, 1983, p.187.

定性和强制性是其突出特点。① 而软法一般是指没有国家强制力保障实施的、具有一定社会治理效果的行为规范。对于软法有无法律效力，目前还存在争议。部分学者认为其没有法律约束力，但有一定的法律效果或实际效果，如王铁崖认为，软法严格意义上没有法律约束力，但有一定的法律效果；② 施耐德（Snyder）认为，软法不具有法律约束力，但可能产生实际效果。③ 部分学者对软法是否有法律约束力持谨慎态度，如罗豪才认为，软法的效力结构未必完整，但能够产生社会实效；④ 霍夫曼（Hoffman）认为，软法不具有法律约束力或者约束力较弱；⑤ 弗朗西斯科（Francesco）认为，软法可以产生一定的法律效果。⑥

由上可知，对于硬法与软法是否存在法律约束力的差异以及该种划分是否合理仍然存在争论，其可能的根源在于如何界定法和法的效力。这个问题与国际法是否是法的思考，其内在逻辑是相同的。按照目前的研究，学界普遍认为国内法与国际法是两个不同的体系，不能用国内法的标准去度量国际法是否是法。也就是说，对法的理解可以分成不同维度，要从多维度的视角加以审视。从这个角度而言，硬法与软法的区分是具有现实意义的。

国际法中的硬法是国际法的根基。根据《国际法院规约》第38条的规定，国际法中的硬法一般是指国际条约、国际习惯法和一般国际法原则等。这些都是正式的国际治理工具。与国内法不同的是，

---

① See Kenneth W. Abbott & Duncan Snidal, Hard and Soft Law in International Governance, *International Organization*, Vol. 54, Iss. 3, 2000, pp. 421-422.
② 参见王铁崖主编：《国际法》，法律出版社1995年版，第456页。
③ See Francis Snyder, Soft law and Institutional Practice in the European Community, in Steve Martin (ed.), *The Construction of Europe: Essays in Honour of Emile Noel*, Kluwer Academic Publishers, 1994, p. 198.
④ 参见罗豪才、宋功德：《认真对待软法——公域软法的一般理论及其中国实践》，载《中国法学》2006年第2期，第4页。
⑤ See Marci Hoffman & Mary Rumsey, *International and Foreign Legal Research: A Coursebook*, Martinus Nijhoff Publishers, 2007, p. 7.
⑥ See Francesco Francioni, International "Soft Law": A Contemporary Assessment, in V. Lowe & M. Fitzmaurice (eds.), *Fifty Years of the Internationational Court of Justice: Essays in Honor of Sir Robert Jennings*, Cambridge University Press, 1996, p. 167.

在国际法领域，因为国际社会的特殊构成，软法比例很高。根据王铁崖的研究，国际组织和国际会议的决议、决定、宣言、建议和标准等绝大多数都属于软法范畴。[①] 也有学者认为，私人标准、准则、行为准则和跨国对话论坛等都应该被纳入软法的范围。[②]

在国际金融领域，由于主权国家不愿意在事关国计民生的货币、金融等重大事项上将主动权或控制权让渡于国际组织或国际社会，国际社会很难在该领域达成统一认识，难以形成国际金融硬法。相应地，在国际金融治理中，除了《IMF协定》《国际复兴开发银行协定》和GATS及其《关于金融服务的附件》等少数规则可以被称为"硬法"之外，在银行、保险、证券、支付等业务领域，基本上依据倡导性、鼓励性、指导性、宣示性的非强制性规范加以调整。这些非强制性规范实际上为主权国家提供了一个缓冲空间，[③] 形成不同于硬法的国际金融软法法群，方便国家的操作和执行。可见，按照上述区分标准，在目前的全球金融治理体制中，以国际金融软法治理为主是不争的事实。

(二) 国际金融软法和硬法的发展背景

国际金融软法是什么时候出现的，已经难以考证。因为在国际金融法的发展历史中，其起源或者渊源一般都会追溯到中世纪甚至更早时期的区域性商人习惯和商人习惯法，但这种商人习惯和商人习惯法仅是国际金融法的渊源，与后来逐渐形成的国际金融法或者国际金融软法有着本质的区别。依据软法在国际环境法和国际人权法中出现的时间推算，大致可以判断国际软法应该是在一定规模的国际组织形成之后出现的。譬如，联合国大会于1948年通过《世界人权宣言》，联合国首次人类环境会议于1972年通过《人类环境会议宣言》，等等。在国际货币与金融治理领域，19世纪之前的各国实

---

① 参见王铁崖主编：《国际法》，法律出版社1995年版，第456页。
② See Gary E. Marchant & Brad Allenby, Soft Law: New Tools for Governing Emerging Technologies, *Bulletin of the Atomic Scientists*, Vol. 73, Iss. 2, 2017, pp. 108-114.
③ See John J. Kirton & Michael J. Trebilcock (eds.), *Hard Choices, Soft Law: Voluntary Standards in Global Trade, Environment and Social Governance*, Ashgate Publishing Limited, 2004, pp. 253-264.

践，一般情形下只能称为"跨国货币金融关系"，还不具备当下国际金融法上所认定的国际流通性和国际影响力。第一次世界大战结束之后，国际社会建立了国际联盟这一超越主权国家和区域影响的国际组织，民间商业组织和企业组成了国际经济联合会——国际商会，这两个国际组织的建立为后来国际金融软法的产生提供了重要平台。

1920年国际联盟行政院举行的布鲁塞尔国际金融会议和1922年英、法等几十个国家举行的热那亚国际经济会议，开始了建立国际金融软法的尝试。① 国际商会随后通过了一些倡议性商事规范，这些倡议性质的商事规则，被施米托夫（Schmitthoff）称为"新商人法"②，为后来国际金融软法的发展提供了有力支撑。二战结束之后，联合国、世界银行（WB）、国际货币基金组织（IMF）等国际组织成立，创设了《IMF协定》《国际复兴开发银行协定》等国际条约，并在随后的发展中相继建立了国际证监会组织（IOSCO）、国际保险监督官协会（IAIS）、巴塞尔银行监管委员会（BCBS）、国际会计准则理事会、国际会计师联合会和金融稳定理事会（FSB）等国际组织，这些国际组织和联合国系统内创设的政府间国际组织一起，创设了一大批没有法律强制力的软法规范，调整着日趋复杂的国际货币金融法律关系。

当然，诚如许多学者研究得出的结论，国际金融软法的兴起与时代发展存在紧密的联系。金融资源和金融风险的全球化，全球公民社会的兴起与对金融民主化的追求，金融业务的日趋专业化和金融秩序管理的日益艰难，大量非政府组织对国际金融事务的影响日渐增长，以及政府权威的普遍下降、全球金融治理秩序趋于多元化等，都影响着国际金融硬法、软法的产生和发展。

---

① 热那亚会议的一项议题是建议各国实行金本位制，并建立黄金兑换标准。鉴于当时的国际环境，虽然各国间没有达成相关国际金融合作协定，但该会议实际上对各国的金融制度和后来的国际金融制度设计产生了重要影响。

② 〔英〕施米托夫：《国际贸易法文选》，程家瑞编，赵秀文选译，中国大百科全书出版社1993年版，第2—24页。

(三) 国际金融硬法与软法的表现形式

1. 国际金融监管硬法的表现形式

国际货币与金融治理领域中的硬法,主要是指依据一般国际法原理,能够使国际法主体承担约束性义务的规范。根据《国际法院规约》第 38 条的规定,国际金融监管硬法的表现形式为:

(1) 国际条约。国际货币与金融领域中的条约并不多,从历史发展来看,主要有以下几种:第一,全球性多边条约。例如,《制止货币伪造国际公约》《IMF 协定》《国际复兴开发银行协定》《关税与贸易总协定》及其关于金融服务的附件和议定书、《牙买加协定》《统一汇票和本票法公约》《解决汇票和本票法律冲突公约》《汇票本票印花税公约》《统一支票法公约》《解决支票国际冲突公约》《支票印花税公约》《联合国关于独立保函和备用信用证公约》《海牙取证公约》等。第二,区域性多边公约。例如,《欧洲经济和货币联盟条约》《欧洲中央银行体系章程》、欧元区的《稳定与增长公约》、亚洲的《清迈倡议多边化协议》等。第三,双边条约或者具有双边约束力的文件。例如,中国与法国证券监管部门签订的《证券期货监管合作谅解备忘录》,一些国家间签署的 FTA、RTA 和司法互助协定等。第四,一些政府间国际金融组织或机构发布的具有类似于条约强制约束力的政策或规则。例如,《国际复兴开发银行贷款协定和担保协定通则》《国际开发协会开发信贷协定通则》,IMF 执行董事会通过的有关规则如《双边监督决议》等。

(2) 国际习惯法。对国际货币与金融领域存在的国际习惯法,目前并没有统一的认识。按照《国际法院规约》第 38 条第 1 款 (b) 项的规定,国际习惯法是作为通例的依据而被接受为法律的规则。[①] 一般国际法理论认为,国际习惯法主要有国际惯例和法律确信两个构成要件。[②] 但是,在不断变动、调整的国际金融实践中,如何判断是否已经形成前后比较一致的多次国家实践,并且这些国家实践是

[①] 该规定英文原文为:"international custom, as evidence of a general practice accepted as law." See Statute of the International Court of Justice, Art. 38 (1) (b).

[②] 当然,对于国际惯例的形成和法律确信,理论上也有不同观点。参见江海平:《国际习惯法规范构成机制》,载《厦门大学法律评论》2006 年第 2 期,第 253—282 页。

否具有国际代表性,都可能存在较大的争议。从目前的国际金融实践来看,有些规则可能已经具备国际惯例和法律确信的构成要件,如 BCBS 制定的《统一资本计量与资本标准的国际协议》及其《修订框架》等监管规则,国际商会制定的《跟单信用证统一惯例》《托收统一规则》《见索即付保函统一规则》等,实际上已经被国际社会广泛接受为习惯法使用和遵守。

(3)一般国际法原则。国际金融法作为国际法的一个分支,要遵守一般国际法原则,如国家主权平等原则、平等互利原则、和平共处原则、和平解决国际争端原则等对各国金融交往具有普遍约束力。同时,国际金融法也有一些独特的原则,如约定对第三者无损益原则、不得操纵汇率原则、透明度原则、信息共享原则、相互协助调查取证原则等。另外,有些其他国际法领域的一般原则,在特定条件下也可能对国际金融实践产生效力。例如,尽管《IMF 协定》中没有最惠国待遇原则,但该协定要求成员国必须保证与 IMF 和其他成员国合作,共同促进汇率秩序的稳定。据此,根据 IMF 与 WTO 签订的两者之间关系的协定,如果 IMF 成员国实行歧视性的汇率政策,同样构成违反最惠国待遇的规定。①

2. 国际金融监管软法的表现形式

根据内容和目的的不同,国际金融监管软法大致可分为宣言类、指南类、章程类、技术规范类、规范性文件类等表现形式。

(1)宣言类。包括宣言、号召、呼吁、声明、展望、原则声明、决议等类型。例如,联合国大会通过的关于建立国际经济新秩序的系列宣言,G20 峰会公报和《加强金融体系宣言》等文件,IOSCO 发布的《证券监管目标与原则》《关于相互协助的决议》《关于合作的决议》《致力于维护严格监管标准及相互协作基本原则的决议》等文件,IOSCO 与 BCBS 联合发布的《长寿风险转移市场:市场结构、增长驱动和障碍、潜在风险》《信用评级机构行为基本准则》等。

(2)指南类。包括指南、纲要、建议、倡议、议程、大纲等类型。例如,WB 制定的《外商直接投资待遇指南》,联合国国际贸易

---

① 参见韩龙主编:《国际金融法》,法律出版社 2007 年版,第 95 页。

法委员会公布的《国际贷记划拨示范法》，G20财长会议公布的《亚洲经济稳定行动计划》，FSB发布的一系列指导性文件，如《关于建立有效存款保险制度的指南》《减少系统重要性金融机构道德风险的建议和时间表》《全球系统重要性银行：评估方法和额外损失吸收要求》《金融机构有效处置机制的核心属性》《恢复和处置计划：促进关键属性的有效施行》《国内系统重要性银行处置框架》《系统重要性金融机构恢复与处置计划：开发有效处置政策建议》《系统重要性金融机构恢复与处置计划：关键功能和关键性服务识别的建议》等。另外，还有其他专业性国际金融组织或机构制定的一些指导性文件，如 IMF《存款保险制度的现状与良好做法》、欧盟各机构发布的相关建议和意见、IOSCO 的各种报告等。

（3）章程类。包括章程、协定、公约等，主要是指非政府组织的章程或未生效但对国家实践已经产生影响的国际公约，前者如《国际证监会组织章程》《国际会计师联合会章程》等，后者如《统一汇票本票法规则》《统一汇票和本票法公约》《统一支票法公约》和《联合国国际汇票和国际本票公约》等。

（4）技术规范类。包括标准、规范、准则等，往往是专业性的国际组织或机构发布的专业技术标准。例如，国际会计准则理事会制定的《国际会计准则》，国际保理联合会制定的《国际保理通则》，国际商会发布的《关于审核跟单信用证项下单据的国际银行标准实务》，IOSCO 制定的《外国发行人跨国发行与首次上市国际披露准则》，国际标准化组织发布的一系列标准，等等。但是，要注意甄别技术规范的硬法效力转变，即技术规范不具有强制约束力，但如果技术规范被纳入技术法规或者国际条约，它们便从软法转变为硬法，并具有强制约束力，如被纳入技术性贸易壁垒的国际标准。

（5）规范性文件类。包括规定、决定、办法、措施等，主要是指自律组织或机构发布的一些对组织内成员具有约束力的规定。例如，国际资本市场协会制定的离岸股票、离岸债券等的发行规则，世界证券交易所联合会发布的自律规定等。

（6）部分国内金融法律的溢出国际法效力。主要包括三种情形：其一，国家为履行和落实国际法规范制定的国内法和国家制定的涉外金融管理法,该部分国内法在落实执行国际法义务、解释国际习惯法和一般国际法原则时,具有一定的国际法效力。其二,部分国内金融软法具有溢出的国际软法效力。在一定条件下,国内金融软法会产生外溢的国际软法效力,特别是一些专业组织或自律组织制定的行业标准和自律规范,如果该专业组织或自律组织在国际同类行业中处于领先水平,则其行业标准和自律规范实际上不仅会产生国内软法的效力,也会外溢到国际领域。其三,部分金融大国制定的国内金融法规,由于金融大国在国际金融领域的重要影响力、专业水准,其制定的国内金融法规客观上会产生示范效应,并具有国际影响力。例如,一些金融大国国内金融监管机构发布的监管报告或监管意见可能被纳入国际金融软法的范畴,因为它们可能暗含着未来监管规则的发展走向。[①] 同时,某些金融大国还可能依据"长臂管辖"理论,强行将其国内法律效力外溢,使其他国家不得不接受其约束。尽管对于该种情形下的行为是否符合国际法,理论上尚存争议,但从金融治理的效果来看,不能否认其产生的实际效果或法律效果。

二、全球金融治理中硬法和软法的作用

(一)国际金融硬法的作用

1. 国际金融硬法的奠基性作用

国际金融业务的复杂性和金融业对于国家安全与发展的重要性,使得国际社会很难在国际金融治理领域达成具有强制约束力的条约或协定。但是,国际金融业务又关系到国际金融资源在不同国家间的优化配置,直接或间接影响各国经济增长,并牵连因各国经济增长差异和经济管理手段多样化而导致的金融风险在国家间的生成和流动。就国际金融体系而言,相对稳定的金融政策和金融秩序是保证全球经济平稳、有序发展的前置条件,但在现实的金融监管操作中,一些国家会借助于自身金融体系片面追求本国的金融政策目标,

---

① See Chris Brummer, Why Soft Law Dominates International Finance-And Not Trade, *Journal of International Economic Law*, Vol. 13, Iss. 3, 2010, pp. 623-643.

并或明或暗地企图将自身金融体系所滋生的金融风险转嫁给他国。一个国家失控的金融体系，如因滥发货币而引发通货膨胀或者因政策错误而导致严重的系统性金融风险，可能引起全球金融秩序的混乱和经济增长的严重衰退，进而影响国际社会的整体福利增长。因此，国际社会需要一些共同的"底线准则"或"共生性底线"，[①] 防止某些国家过分追求其私利或者故意损害他国金融利益。国际金融硬法扮演的就是这种角色。从法的社会作用分析，国际金融硬法虽然很少，但具有奠基性和全局性作用，代表着国际金融治理中的公平正义追求和走向。

2. 国际金融硬法的指导作用

国际金融业务的内容和特性决定了国际金融硬法只能是指导性规范，而不是准用性规范。例如，作为国际金融硬法主要法源的《IMF协定》，本质上是约束成员国对外支付和货币汇率的指导性准则，可据其判断成员国的货币行为是否符合该协定的规定，但它并不能解决对外支付或货币汇兑中的具体商事法律关系，甚至在某种意义上对具体商事行为的预测和强制作用都是非常有限的。同样，GATS及其相关金融附件和议定书，本质上是为了降低金融服务业的准入门槛，推进金融服务贸易自由化，但我们只能通过WTO成员的条约义务和实际履行中的国内法规范来判断各成员是否遵守了相应的承诺义务，并不能将其直接适用于金融服务贸易者之间的具体法律关系。因此，就法的规范作用而言，国际金融硬法的主要作用在于指导或指引。

3. 国际金融硬法的强制作用

国际金融硬法具有一定的强制约束力，这是硬法与软法的关键区别。首先，行为主体如果违反国际条约和国际习惯法，则应承担相应的法律责任。例如，《IMF协定》规定了成员国在国际储备体系、汇率制度安排、国际收支调节制度等方面的履约义务，成员国如果违反，则应承担相应的责任。又如，WTO成员如果违反GATS

[①] 参见金应忠：《试论人类命运共同体意识——兼论国际社会共生性》，载《国际观察》2014年第1期，第42页。

及其相关金融服务规范项下的义务,则应承担相应的法律责任。但需要注意的是,一般意义上的法的规范作用中的教育、预测甚至强制功能,在国际金融硬法中的表现并不明显。也就是说,国际金融硬法上的强制与国内法上的强制是有区别的。总体而言,国际法上的强制义务的来源是直接或明确的,但强制效力要弱一些,并且其强制效力是间接发生的,而不是直接触发式产生。其次,行为主体如果违反一般国际法原则,也会产生一定的法律责任。国际法承认金融管理事项属于国家经济主权的一部分,但金融业务的全球延展和金融资源在各国间的游走,使得金融管制已经超越纯粹的国内法范畴,一国的金融管制措施可能直接影响他国的金融利益甚至他国国民的具体权益。因此,一国国内的金融事务可能完全属于《国际法院规约》第36条第2款规定的有关国际法律问题的法律争端,从而应受到国际法的规制。最后,国家在实施主权行为时,并不是完全不受制约的,国家主权行为可能因违背一般国际法原则而面临诸多责难,在特殊情况下可能受到谴责甚至引发诉讼。因此,与国际条约和国际习惯法相比,违反一般国际法原则的强制义务的来源可能是不明确或者不是直接的,而是在具体案件中伴随主要诉求附带寻找相应的国际法原则。因此,国际金融硬法的强制效力是次级的、不完整的。

(二)国际金融软法的作用

关于国际软法的作用,学界习惯将其与国际硬法的缺陷联系起来,[1] 认为国际硬法具有滞后性、单一性、僵化、无法直接适用、难修改、程序复杂等固有缺陷,而国际软法能够弥补或克服这些缺陷。相应地,国际金融软法的功能和意义就是降低缔约成本、灵活、简单快速、缓和分歧、扩大参与性、渐进性等。然而,这些特点实际上仅反映了软法的部分特征,如果从法理视角进行思考,可能就不

---

[1] See Jaye Ellis, Shades of Grey: Soft Law and the Validity of Public International Law, *Leiden Journal of International Law*, Vol. 25, Iss. 2, 2012, pp. 313-334; Matthias Goldmann, Soft Law and Other Forms of International Public Authority—The View from Discourse Theory: A Reply to Jaye Ellis, *Leiden Journal of International Law*, Vol. 25, Iss. 2, 2012, pp. 373-378.

会把"功能和意义"等同于"作用"。因此，如果将国际金融软法仅视为国际金融硬法无法形成时的妥协产物，[①] 将软法视为硬法的附属产品，可能是对国际金融软法的"天然的歧视"，这种隐藏在价值选择背后的"先验知识"，可能容易忽略国际金融软法的独立作用。

1. 国际金融软法的调整作用

调整作用是国际金融软法的首要作用。学界对国际条约和国际习惯法已经具有相对成熟的理论界定，但是国际社会很难在短时期内达成具有硬法约束力的国际条约或形成习惯国际法。现有的国际金融硬法规范较少，加上其部分内容过于原则、欠缺执行性，部分内容已经滞后，因此，国际金融硬法规范在实践中只能起到基础作用和指导作用，具体调整国际金融法律关系的规范主要是软法规范。当然，强调软法规范在国际金融治理中的主要作用，并不是要弱化或忽视国际金融硬法的效力，也不是将国际金融软法视为国际金融硬法的补充，而是鉴于国际金融关系的特点，强调国际金融软法与硬法设计功能的不同。

2. 国际金融软法的评价作用

在国际金融治理关系中，软法起着重要的评价作用。这是因为：其一，国际金融硬法规范较少，并且普遍具有宏观性、政治性和原则性的特点。其二，由于国际关系的特殊性、复杂性以及国家的偏好分歧与政治差异，国际社会无法通过硬法准确判断某国行为是否合法或合理，因此硬法的评价效果并不充分。例如，《IMF 协定》第 4 条第 1 款禁止成员国操纵汇率。[②] 但是，成员国对于什么是"操纵汇率"却难以达成共识，以至于在实践中无法准确判断成员国是否违反相应的国际法义务。相比之下，国际金融软法多以技术规范和

[①] See Kenneth W. Abbott & Duncan Snidal, Hard and Soft Law in International Governance, *International Organization*, Vol. 54, Iss. 3, 2000, pp. 444-450.

[②] See Each member shall: "avoid manipulating exchange rates or the international monetary system in order to prevent effective balance of payments adjustment or to gain an unfair competitive advantage over other members." See IMF, Articles of Agreement of the International Monetary Fund, Art. IV (1) (iii).

操作指南为表现形式,具有比较明确的判断标准,能够给国家和国际社会提供比较清晰的价值指向。例如,IOSCO制定的《外国发行人跨国发行与首次上市国际披露准则》①,对于外国发行人应该披露什么信息、什么时候披露等都有明确规定,因此,行为人的行为是否符合规范一目了然,非常容易判断。

3. 国际金融软法的预测作用

国际金融软法的预测作用主要表现在以下三个方面:首先,国际金融行业具有即时性、高风险性和维持公共信心的特征,在面对不断急速变动的国际关系和国际金融市场时,国际社会及个人如何作出预警判断和快速反应,考验着国际金融制度的安全性和有效性。对于个人、市场和国家而言,要作出预警和快速反应,主要依赖于对金融信息和金融市场的判断。国际条约和国际习惯法也可以为国际关系或国际市场的宏观走向提供有效证据,但因性质所限,其证明效果没有国际金融软法那样直接、迅速和有效。相反,BCBS、IOSCO、国际商会等组织或机构发布的专业性报告,却能为市场预测提供更为有效的凭据。其次,国际条约等国际金融硬法一般都以主权国家的名义签署,难免会关涉政治利益的角力,从市场参与角度评估,专业机构出具的具有软法性质的报告和规则,政治因素则相对较少,从而更具客观性和可信性。最后,国际金融软法虽然是非正式的,但仍在不同程度上表达了相关成员国所作出的类似合意或承诺的效力。例如,宣言类国际软法一般是国际社会达成相对一致的认识后作出的整体性表态,代表着国际社会对特定问题的基本价值取向和判断,能够为市场参与者的预测提供有价值的指引。②

4. 国际金融软法的证明作用

这主要是针对国际金融软法与国际金融硬法两者关系而言的。首先,从理论上看,国际金融软法有助于促进惯例向国际习惯法发

---

① IOSCO, International Disclosure Standards for Cross-Border Offerings and Initial Listings by Foreign Issuers, Sep. 1998.

② See Sergei Marochkin & Rustam Khalafyan, The Norms of International Soft Law in the Legal System of the Russian Federation, *Journal of Politics and Law*, Vol. 6, Iss. 2, 2013, pp. 91-92.

展,并能够证明国际惯例和国际习惯法的存在。其次,国际金融软法有助于促进一般国际法原则的形成,并能够证明其存在的合理性和有效性。在相关司法案件或法律解释中,国际金融软法也是证明力较强的重要资料。最后,在一定条件下,国际金融软法可以转化为国际条约或国内法律,成为国际法或国内法的法律渊源。

三、全球金融治理中软法的硬法化趋势

(一)国际金融软法的硬法化途径

依据各国学者的研究,"国际金融软法的硬法化"这一表述并没有确切的定义。按照文义解释,"国际金融软法的硬法化"主要是指通过各种方式赋予国际金融软法一定的法律强制力或法律约束力。现有理论普遍认为,国际金融软法主要通过两个途径向硬法转化:一是法律方面的硬化,主要是指通过一定的立法程序,将没有法律约束力的软法规范纳入国内立法或国际条约。也就是说,既可以通过纳入或转化的方式把国际金融软法纳入国内硬法系统,也可以通过国际会议、多边谈判或双边谈判将国际金融软法纳入条约内容。二是事实方面的硬化,主要是指通过法律之外的其他手段,如政治手段、经济手段、文化手段、军事手段、同盟关系等,迫使国际社会或部分行为主体遵守原本没有强制约束力的软法规范。这种强迫手段可能是利诱,也可能是胁迫。可见,法律方面的硬化程序和效果兼顾,具有比较明确的标准,而事实方面的硬化重在实际效果,并没有确定的标准。

根据上述理论认识,国际金融软法的硬法化趋势在于向国际条约或国际习惯法靠拢。例如,韦斯(Weiss)认为,软法可能朝着发展成为条约、国内法或习惯法一部分的方向发展。[①] 因此,期待国际金融软法向具有强制约束力的硬法转化似乎是目前理论研究的主要

---

① See Edith Brown Weiss, Conclusions: Understanding Compliance with Soft Law, in Dinah Shelton (ed.), *Commitment and Compliance: The Role of Non-Binding Norms in The International Legal System*, Oxford University Press, 2000, pp. 535-553.

落脚点。①

(二)对国际金融软法硬法化的思考

国际金融硬法和国际金融软法在法的作用方面存在差异,硬法具有较强的奠基性、强制性和指导性,而软法具有较强的规范性、预测性、证明性和评价性。很明显,现有的研究以国际硬法为标准,认为软法的主要缺陷在于缺乏强制力或者欠缺法律约束力,所以,软法应该向硬法方向发展。②但是,基于国际金融实践,这种思考可能并不能有效排除以下质疑:

1. 对于调整国际金融秩序而言,硬法一定比软法有效吗?

尽管硬法的法律约束力或者强制力比软法强,但其作用和实施效果并不一定比软法有效。尤其是在国际金融领域,硬法数量少,内容宏观且略显陈旧,大多缺乏可执行性和可操作性,因此,实际调整国际金融关系的主要还是软法规范,在国际金融市场实际发挥调整、预测、评估作用的也主要是软法规范。实际上,国际金融软法与国际金融硬法在当前国际金融法律关系中具有不同的功能和效力,即硬法具有奠基性和指引性作用,软法主要负责规制与调整。因此,硬法与软法只是设计功能不同,在理论上并不能得出硬法一定比软法有效的结论。

2. 从国际法的产生与发展规律而言,软法必须向硬法靠拢吗?

既然在国际金融秩序的管理中硬法并不一定比软法有效,或者说并不能人为地区分或割裂硬法与软法的有效性,那么软法为什么一定要向硬法转化呢?从国际法的发展规律来看,国际惯例、行业规则等软法可能在一定的条件下被纳入国际法的范畴,但无论是条约的合意性还是习惯法的法律确信,都是在国际社会认为有必要将国际惯例、行业规则等转化为国际法时,才会开始软法的硬法化工

---

① See Prosper Weil, Towards Relative Normativity in International Law? *American Journal of International Law*, Vol. 77, Iss. 3, 1983, pp. 413-442; Klabbers Jan. The Undesirability of Soft Law, *Nordic Journal of International Law*, Vol. 67, 1998, pp. 381-391.

② See Douglas W. Arner & Michael W. Taylor, The Global Financial Crisis and the Financial Stability Board: Hardening the Soft Law of International Financial Regulation?, *University of New South Wales Law Journal*, Vol. 32, 2009, p. 511.

作。其中,"有必要"意味着这是国际社会的一种选择,归根结底是一种价值选择或者纯粹是政治需要,其本身并没有规律性。从理论角度而言,软法可能变为硬法,硬法也可能变为软法,国际硬法的强制约束力也存在着不可期的变动。因此,如果拘泥于传统法的概念,硬法规范给了国际社会一种客观期待,而违反这种期待并不产生国际法上的责任,那么当条约解散、成员国退出条约或者单方面宣称例外时,硬法对良好秩序造成的损害或破坏效应可能比不执行软法规范更严重。

除此之外,软法硬化为国际习惯法不一定是最优选择或者不一定能产生良好的效果。因为国际习惯法的强制约束力一般存在于具体案件的证明责任中,需要法官依据证据进行自由心证。而在国际法领域,由于客观上存在的文化分歧和制度差异,法官或法庭的裁决、判断并不一定契合某个地区的特殊生活经验和交易习惯,因此,法官的判断可能不仅不能解决纠纷,反而有可能加剧纷争和矛盾。

3. 对于国际金融法的效力而言,硬法与软法真的处于不同的效力位阶吗?

对国际金融法中硬法与软法的效力位阶问题的思考是非常必要的。在法律位阶的理论中,特定法域内的法律规范往往被按照在国家法律体系中的不同作用界分为根本法、基本法、普通法等位阶,不同位阶的法律规范之间存在下位法必须服从上位法、所有法律必须服从最高位阶法的定制。但是,在国际金融法领域,对于是否存在法律的不同位阶,理论上并没有清晰的定论。弗里德曼(Frièedmann)在《变动中的国际法结构》一书中讨论了国际法的位阶问题,[1] 但在传统国际法理论中,国际社会的造法主体并无权力高低差异,所有国际法规范都在同一位阶,相互之间并无上下等级之分。[2] 随着国际法的发展,逐渐出现了国际强行法、对一切的义务、国际罪行、国际不法行为等相关理论,使得国际法的效力来源超越

---

[1] See Wolfgang Friedmann, *The Changing Structure of International Law*, Columbia University Press, 1964, pp. 60-90.

[2] See Prosper Weil, Towards Relative Normativity in International Law?, *American Journal of International Law*, Vol. 77, Iss. 3, 1983, pp. 422-423.

国家同意，不同国际法规范的约束力实际上已经日益层次化。相应地，在国际金融法领域，多边条约、双边条约、习惯法、软法以及国际司法机构的裁决、国际法委员会的报告、国际组织的报告、非政府组织的报告等已经形成了层次分明的法律来源。

这样一来，可能面临的难题是，处理国际法中这种多层次法律之间的关系是否适用国内法中处理不同位阶法律之间的上下、新旧、特殊与一般的理论？事实上，国内法与国际法之间的差异以及对法的效力的认识还是有区别的。对于国际金融治理而言，硬法并不是调整国际金融关系的唯一工具，国际金融硬法的来源也是多元的，还没有形成权威的或者具有根本法性质的国际金融硬法；软法也不是国内法上所界定的"法律"，所以，也不存在上位法与下位法或一般法与特殊法的位阶关系。部分学者认为国际金融软法应该硬法化，可能是深受国内法中法律位阶理论的影响，把国内法的强制力视为法的典范，把软法视为下位法，进而期盼国际金融软法能向国际条约或国际习惯法转化。很明显，当下国际机构不仅适用国际软法或国际硬法行使公共权力，而且还通过非法律文书如信息等行使公共权力，因此不能不加区别地将国际法与公共权力的适用混为一谈。① 同时，国际金融法是建立在"约定必须遵守"的自愿同意基础之上的，国家是否遵守国际法义务主要依靠其自身的信念，而不是依赖行使法律强制力的超国家机构。因此，把强制约束力视为法的效果的判断在国际金融法领域是值得商榷的。

第二节 巴塞尔银行监管协议在全球金融治理中的作用

巴塞尔银行监管协议是国际金融软法的典范，虽然 BCBS 一再强调其并不具有超国家的权力，因此不会寻求银行业的跨国监管和

---

① See Matthias Goldmann, We Need to Cut Off the Head of the King: Past, Present, and Future Approaches to International Soft Law, *Leiden Journal of International Law*, Vol. 25, Iss. 2, 2012, pp. 335-368.

强制成员国接受业已制定的协议、标准或者建议,但是鉴于 BCBS 自身的权威性、主要成员国在国际金融治理中话语权的垄断等原因,BCBS 制定的银行监管协议不仅在其成员国得到有效实施,也被越来越多的非成员国认可,其合法性和约束力正在不断加强。在全球金融硬法治理存在诸多弊端的背景下,巴塞尔银行监管协议无疑为全球金融软法治理提供了一条可行的路径,并且在全球金融治理中发挥着越来越重要的作用。

一、全球金融治理中的巴塞尔银行监管协议

BCBS 是全球金融软法治理的主要机构之一,BCBS 通过制定一系列的监管文件不断为各国银行监管提供审慎标准,并致力于促进各成员国之间在跨国银行监管方面的合作与政策协调。自成立以来,BCBS 制定了多个被世界各国广为采用的银行监管建议文件,如《巴塞尔协议Ⅰ》《巴塞尔协议Ⅱ》《巴塞尔协议Ⅲ》,有力推动了全球金融治理的进程。

1974 年德国赫斯塔特银行(Herstatt Bank)和美国富兰克林国民银行(Franklin National Bank)的倒闭,充分暴露了跨国银行监管协作的不足及跨国银行普遍存在信贷风险过高的问题,[1] 因此 BCBS 在其后制定的《对国外银行机构监督的原则》(1975 年)和《巴塞尔协议Ⅰ》(1988 年)中对跨国监管协作、提高银行清偿能力等提出了要求。根据《巴塞尔协议Ⅰ》的规定,银行的资本充足率不得低于 8%,其中一级资本充足率不得低于 4%。资本充足率要求对于银行抵御风险具有重要意义。《巴塞尔协议Ⅰ》出台后,全球金融市场发展迅速,以金融衍生品为代表的各种金融创新工具层出不穷,银行越来越多地介入金融衍生品交易,并通过资产证券化和控股公司等形式逃避监管,使得信用风险、市场风险、操作风险等相互交织,严重威胁到全球金融市场的稳定。特别是巴林银行倒闭和亚洲金融危机的爆发,不仅表明《巴塞尔协议Ⅰ》在资本充足率方

---

[1] See W. Ronald Gard, George Bailey in the Twenty-First Century: Are We Moving to the Postmodern Era in International Financial Regulation with Basel Ⅱ?, *The Tennessee Journal of Business Law*, Vol. 8, 2006, pp. 161–162.

面的缺陷,而且暴露了监管者和银行在风险管理方面的不力。[①] 为此,BCBS 于 2004 年出台《巴塞尔协议Ⅱ》,试图通过一系列制度设计弥补《巴塞尔协议Ⅰ》的不足。其中,最低资本充足率要求仍然是《巴塞尔协议Ⅱ》关注的主要内容,不同的是,在计算银行总资本时,除了考虑信用风险之外,还需要考虑市场风险和操作风险,以更客观地反映银行的真实资本状况。除此以外,《巴塞尔协议Ⅱ》还强调,必须通过监管机构的监管和市场约束机制的相互配合对金融市场风险进行全面防范。然而,《巴塞尔协议Ⅱ》公布后不久,便爆发了 2008 年全球金融危机。此次危机尽管原因非常复杂,但也暴露了《巴塞尔协议Ⅱ》在预防全球金融危机方面的不足。即《巴塞尔协议Ⅱ》过分强调对银行的微观审慎监管,却忽略了系统性风险给全球金融市场造成的冲击。因此,BCBS 于 2010 年 12 月通过《巴塞尔协议Ⅲ》,主要目的便是提高银行应对风险的能力以及加强对银行的宏观审慎监管。《巴塞尔协议Ⅲ》肯定了《巴塞尔协议Ⅱ》的银行监管基本框架,依然维持 8% 的最低资本充足率要求,但是对于一级资本的质量提出了更高的要求。[②] 同时,《巴塞尔协议Ⅲ》还规定了预留缓冲资本(2.5%)和逆周期缓冲资本(0—2.5%),以提高银行应对风险的能力。此外,《巴塞尔协议Ⅲ》还对大型银行提出了附加资本要求,以解决"大而不倒"带来的道德风险;为了弥补资本充足率的不足,《巴塞尔协议Ⅲ》还引入了杠杆率要求和流动性监管指标,以防止银行从事高风险的活动。

上述三个《巴塞尔协议》都是在出现金融危机的背景下制定的,都是针对不同时期的银行特别是大型银行经营活动中存在的问题而提出相应的监管建议和对策。同时,对于各国监管者和商

---

① See John F. Rosato, Down the Road to Perdition: How the Flaws of Basel II Led to the Collapse of Bear Sterns and Lehman Brothers, *Connecticut Journal of International Law*, Vol. 17, 2011, pp. 475, 484.

② 《巴塞尔协议Ⅲ》重新设定了一级资本的标准,不仅规定了一级资本的主要构成是普通股和留存收益,而且为非股份制银行建立了合理的标准。同时,该协议简化了二级资本,取消了附属二级资本以及其不能超过一级资本的限制,并且取消了专门吸收市场风险的三级资本。此外,该协议将最低资本的要求更加具体化,不仅将普通股从 2% 提高到 4.5%,而且将一级资本从 4% 提至 6%。

业银行来讲,这些监管建议和对策标准明确,很容易理解和实施,这也是巴塞尔银行监管协议能够获得广泛认同和准"强制实施"的根本原因。从内容上看,巴塞尔银行监管协议经历了从简单到精细、从粗略到完善的一个过程,推动了全球金融治理在银行领域的不断深化。

二、巴塞尔银行监管协议是全球金融软法治理的典范

金融是一国经济发展的核心,各国都会对本国金融市场实行一定程度的特别保护。因此,虽然各国金融市场在金融全球化浪潮的推动下逐渐融合,但是在利益驱动下各国很难通过签订条约或者成立类似WTO的世界金融组织对国际金融市场进行有效治理。实际上,尽管存在IMF、WB等全球性的国际金融组织,但是历次经济危机已经证明,全球金融硬法治理很难取得良好的效果。在硬法治理存在"硬伤"的情况下,全球金融软法治理便成为维护全球金融市场稳定的重要手段隆重登场。尽管BCBS、IOSCO、IAIS等都是国际金融软法的主要制定主体,但从实施效果、权威性等方面看,BCBS制定的银行监管协议无疑是国际金融软法治理的典范。

BCBS由各国中央银行行长和监管机构负责人组成,他们对银行的经营活动、可能存在的问题等有着专业的判断能力。因此,BCBS制定的跨国银行监管协议具有很强的专业性,特别是三个《巴塞尔协议》,都是针对银行经营活动中切实存在的风险提出的应对措施。同时,BCBS通过不断促进成员国之间就银行监管领域的各种议题进行信息和专业知识的交流,为成员国国内银行审慎监管提供一套国际标准。[①]尽管BCBS制定的协议、监管标准和指导原则仅具有建议性质,并不要求成员国强制实施,其他非成员国更没有义务实施巴塞尔银行监管协议中的监管措施。但是,由于巴塞尔银行监管协议是BCBS各成员国中央银行和监管机构协商的结果,而且属于银行监管的最低标准,因此一般都能够在成员国国内得到有效实施。此

[①] See Tianze Ma, Basel III and the Future of Project Finance Funding, *Michigan Business & Entrepreneurial Law Review*, Vol. 6, Iss. 1, 2016, p. 109.

外，由于BCBS的成员国均为世界主要发达国家和新兴市场国家，都是全球金融市场最为活跃的国家，因此在金融市场全球化的背景下，其他非成员国必然会受到巴塞尔银行监管协议的影响，从而使其适用范围不断扩大，并真正成为银行监管的国际标准。有证据显示，已经有超过100个国家开始实施巴塞尔银行监管协议。① 由此可见，巴塞尔银行监管协议在一定程度上已经成为具有准强制施行效果的国际标准。

然而，巴塞尔银行监管协议仍然是不具有法律约束力的软法或规范性的国际文件，只是BCBS建议各国监管当局施行的银行监管最低标准，BCBS既不强制成员国实施上述标准，更不会对非成员国施加上述义务，国内监管机构是否实施巴塞尔银行监管协议全凭自愿。在实施方式方面，国内监管机构可以严格按照巴塞尔银行监管协议的要求加强对银行的监管，也可以对其中的某些规则进行变更，或者不采纳其中的某项规则，具有很大的灵活性。例如，美国监管当局就倾向于采取比《巴塞尔协议Ⅲ》更严格的监管标准，瑞典、瑞士、英国、澳大利亚监管当局也持此态度；而新西兰储备银行则表示会尽快落实《巴塞尔协议Ⅲ》的大部分监管措施，但不会实施其杠杆率要求。② 可见，巴塞尔银行监管协议既考虑到不同国家金融市场的差异，又不触碰国家的金融主权，因此得到越来越多国家的认可。从国际层面看，巴塞尔银行监管协议的灵活性更适合全球金融市场多样化的实际。特别是在信息技术革命的推动下，全球金融市场变化迅速，监管政策的制定和修改需要具备足够的灵活性才能适应全球金融市场有效监管的需要。这也是巴塞尔银行监管协议在全球金融治理中能够发挥其特殊作用的优势所在。

---

① See Roberta Romano, For Diversity in the International Regulation of Financial Institutions: Critiquing and Recalibrating the Basel Architecture, *Yale Journal on Regulation*, Vol. 31, Iss. 1, 2014, p. 1.

② See Narissa Lyngen, Basel III: Dynamics of State Implementation, *Harvard International Law Journal*, Vol. 53, Iss. 2, 2012, p. 520.

三、巴塞尔银行监管协议的全球治理规则认同

巴塞尔银行监管协议仅具有建议性质,是否采纳完全取决于各国的意愿。但是,自从 BCBS 成立以来,巴塞尔银行监管协议已得到世界许多国家的认同,并有多国将其转变成国内监管标准加以实施。可见,巴塞尔银行监管协议实际上已演变成一种全球金融治理规则,并且在某种程度上具有准强制实施的效果。① 究其原因,除了巴塞尔银行监管协议的专业性、BCBS 成员国在国际金融领域的重要地位等之外,BCBS 也在有意识地采取多种步骤以增强巴塞尔银行监管协议的强制性和合法性。

尽管《巴塞尔协议Ⅰ》的制定过程并不透明,也没有引入社会参与机制,但是当 BCBS 看到其制定的银行监管建议被许多国家采纳之后,便在制定《巴塞尔协议Ⅱ》和《巴塞尔协议Ⅲ》的过程中采取多种措施以提高协议草案的透明度和公众参与度。以《巴塞尔协议Ⅱ》为例,该协议草案拟定之后,BCBS 发布了很长的通告并设置了公众评审期(notice-and-comment period),接受各方对该协议草案的批评和完善建议。第一份咨询文件发布之后,BCBS 就收到来自银行、行业协会以及其他利益相关方的 200 多份评论,这些评论涉及协议在不同国家实施的可行性等各方面的问题。与此同时,BCBS 还发布了关于制定《巴塞尔协议Ⅱ》的背景资料,向公众解释其对一些重大规则的考量因素。其后几年时间,BCBS 又先后两次发布咨询文件,进一步接受各方对该协议草案的评论,其参与主体也扩大到政府、国际组织、学者、社区银行、信用合作社等。不仅如此,BCBS 对于各方的评论一般都会积极回应并在其网站上公布,同时根据各方的批评和完善建议最大限度地对该协议草案进行修订。BCBS 采取的上述措施提高了巴塞尔银行监管协议的透明度,使社会各界得以参与巴塞尔银行监管协议制定和修订的全过程,《巴塞尔协议Ⅱ》的最终版本从整体上回应了社会各界对草案的评论、建议和

---

① See Michael S. Barr & Geoffrey P. Miller, Global Administrative Law: The View From Basel, *The European Journal of International Law*, Vol. 17, Iss. 1, 2006, p. 23.

批评。① 这种制定过程的民主性也是巴塞尔银行监管协议得到广泛认同和自觉实施的重要原因。

除了提高社会各界的参与程度之外，BCBS 还非常注重加强同非成员国中央银行和监管机构的合作。其一，BCBS 在其内部设置了非成员国咨询程序，邀请非成员国的中央银行行长和银行监管者参与制定和修订巴塞尔银行监管协议。通过这种程序，BCBS 可以充分了解非成员国的观点和协议存在的问题，从而使巴塞尔银行监管协议更具普遍适用性。其二，BCBS 还积极进行定量影响研究，以分析巴塞尔银行监管协议可能对各国银行造成的影响。定量影响研究使用的数据均由商业银行提供，银行的母国既可能是 BCBS 的成员国，也可能是非成员国。② 通过定量影响研究，BCBS 可以更好地考虑和理解巴塞尔银行监管协议在不同国家适用方面的差异，这种开放性和参与性的研究可以使更多的银行及其国内监管者参与其中，从而使 BCBS 能够制定出更好的银行监管标准。

此外，BCBS 积极加强同其他国际组织的合作。BCBS 开展合作的国际组织可以分为两类。一类是与 BCBS 类似的非正式金融机构和标准制定组织，如 IOSCO、IAIS 等。BCBS 通过与这些国际组织合作，充分利用它们在各自领域的专业知识，听取它们对巴塞尔银行监管协议的评价和意见。例如，在《巴塞尔协议Ⅱ》制定过程中，BCBS 就同 IOSCO 展开积极合作，听取了 IOSCO 对于该协议草案的修改意见并进一步完善了《巴塞尔协议Ⅱ》的内容。③ 另一类国际组织是诸如 IMF、WB 等的正式国际金融组织，这些国际组织是全球金融硬法治理的主要机构。通过与此类国际组织积极磋商、接受指导或者委托等方式，BCBS 可以将此类国际组织的意志反映在巴塞尔银行监管协议中，利用此类国际组织的权威或者职能使巴塞尔银行监管协议得到更好地推广。例如，IMF、WB 将一国适用巴塞尔银行

---

① See Michael S. Barr & Geoffrey P. Miller, Global Administrative Law: The View from Basel, *European Journal of International Law*, Vol. 17, 2006, pp. 23-26.

② See Melissa Boey, Regulating "Bankerspace": Challenging the Legitimacy of the Basel Accords as Soft Law, *Southern California Law Review*, Vol. 87, 2014, p. 108.

③ Ibid.

第八章
全球金融治理的法律保障

监管协议的情况作为其判断该国监管政策健全与否的主要依据之一，并将一国采纳《有效银行监管核心原则》作为其批准贷款的必要条件。又如，WTO 成员特别是非发达国家成员在改革国内金融监管政策时，一般都会参照 IMF、WB 等权威金融组织的相关政策，而巴塞尔银行监管协议是其中非常重要的一部分内容。[①] 特别需要指出的是，FSB 成立之后，BCBS 成为其机构成员之一，承担着在 G20 和 FSB 指导之下制定和实施促进金融稳定的监管政策的职能，《巴塞尔协议Ⅲ》的出台便是落实 G20 关于加强金融市场监管基本思想的体现。BCBS 这一新的角色定位无疑将进一步提高巴塞尔银行监管协议的影响力。由此可知，虽然巴塞尔银行监管协议是一种没有强制执行力、国家自愿采纳的标准体系，但是通过 IMF、WB、WTO、G20 等国际组织的推动和背书，越来越多的国家接受并认可巴塞尔银行监管协议所建立的监管标准，从而促进了巴塞尔银行监管协议在非成员国的实施，并进而加快了巴塞尔监管协议成为全球金融治理软法规则的进程。

随着金融全球化的深入推进，金融监管已从单个国家内部的问题转变成一个国际性问题，全球性或区域性金融危机的频繁爆发显示出单个国家在解决这一国际性问题上的乏力，并因此凸显了建立和完善全球金融治理体制的迫切性和必要性。但是，由于各国金融市场特别是发达国家和发展中国家金融市场存在较大差别，建立统一的全球金融治理体制困难重重，因此有必要通过自下而上的国内金融改革逐渐统一各国的监管政策，从而为全球金融治理体制的建立提供制度基础。

自《巴塞尔协议Ⅰ》问世以来，巴塞尔银行监管协议便扮演着协调各国监管政策的角色。同时，BCBS 于 1975 年制定的《对国外银行机构监督的原则》为东道国和母国监管者监管跨国银行提供了有益的指导。1992 年，BCBS 又发布了一系列母国和东道国在监管国际活跃银行 (internationally active banks) 方面合作的方针。

---

① See Michael S. Barr & Geoffrey P. Miller, Global Administrative Law: The View from Basel, *European Journal of International Law*, Vol. 17, 2006, p. 20.

1997年,BCBS发布了《有效银行监管核心原则》,该核心原则就各国提高银行业监管有效性提出了一些基本要求,成为指导各国衡量和完善银行业监管有效性的实用工具。

此外,BCBS还通过加强与IAIS、IOSCO等国际标准制定机构的合作,为各国监管者监管复杂跨国金融机构方面的协作提供帮助。[①] 尽管各国在采纳巴塞尔银行监管协议时都会进行或大或小的调整或取舍,但在监管方向、监管体制方面却是基本一致的,从而使得大多数国家的银行监管政策呈现一定程度的趋同性,并进而使这些协议成为全球金融治理体制构建的重要内容。

四、巴塞尔银行监管协议在全球金融治理中的争议

尽管主流观点认为,BCBS与IMF、WB等国际金融组织合作,使巴塞尔银行监管协议在全球金融治理中具有"软硬兼施"之效,共同促进了全球金融治理规则的不断深化和完善。但是,有些学者甚至监管者却并不认同巴塞尔银行监管协议在全球金融治理中的作用。例如,罗马诺(Romano)认为,全球金融市场的监管协调可能造成更大的风险,因为如果监管规则本身存在缺陷,这种缺陷将会因国际监管协调而被放大。同时,即便某项监管规则符合当时金融市场的实际需要,但是随着金融市场的发展也可能变得无法应对新的金融风险。[②] 巴林银行的倒闭便是最好的例证。[③] 英格兰银行执行董事安德鲁·霍尔丹(Andrew Haldane)也认为,2008年全球金融危机的爆发与金融机构业务和金融监管政策的同质性(homogeneity)存在一定的关系。[④] 然而,全球金融监管协调主要是各国为了应对金融市场全球化而作出的选择,其目的是为各国金融机构提供一

[①] See BCBS, Joint Forum on Financial Conglomerates, Supervision of Financial Conglomerates, 18 February 1998.

[②] See Roberta Romano, For Diversity in the International Regulation of Financial Institutions: Critiquing and Recalibrating the Basel Architecture, *Yale Journal on Regulation*, Vol. 31, Iss. 1, 2014, p. 5.

[③] 尽管巴林银行资本充足率远高于8%,但是仍然因无法抵御市场风险而倒闭。

[④] See Andrew G. Haldane, Rethinking the Financial Network, *Bank for International Settlements Review*, Vol. 53, 2009, pp. 10-11.

个公平竞争的环境，克服各国碎片化的监管政策对全球金融市场发展的阻碍。尽管巴塞尔银行监管协议未能阻止金融危机的发生，但是这与发达国家长期奉行放松监管的政策以及巴塞尔银行监管协议的滞后性有很大关系，特别是市场上不断出现的金融创新工具，使得金融监管的"灰色区域"越来越大，造成风险逐渐累积，进而引发金融动荡。实际上，全球金融监管的协调只会提高监管的效率和有效性，不可能因此引发更大的风险。相反，2008年全球金融危机的蔓延，正是因全球金融监管协调机制不完善、协调措施不得力而加剧的。

还有一些学者和金融机构对于巴塞尔银行监管协议强化监管的趋势并不认同，认为对银行施加严格的资本要件、杠杆率要求等将会对银行业造成很多负面影响。例如，美国国际金融研究所（The Institute of International Finance）发布的一份报告宣称，尽管《巴塞尔协议Ⅲ》致力于全球金融市场的稳定，但是从短期来看，该协议不利于经济的恢复和发展。全球经济自2008年全球金融危机之后陷入长期低迷状态似乎印证了该报告论断的合理性。对此，IMF专门发布了一份报告，批评了该研究所的观点。IMF承认，巴塞尔银行监管协议在短期内会造成社会成本的增加，但是银行可以采取一系列降低成本的措施，而从长远来看，巴塞尔银行监管协议对于维护全球金融市场的稳定是有重要意义的。[1]

此外，也有一些学者认为，由于巴塞尔银行监管协议缺乏强制执行力，各国在适用巴塞尔银行监管协议时会作出或多或少的变更或调整，可能造成国家间银行监管政策的不一致，从而容易导致金融机构的"监管套利"（regulatory arbitrage）和国家间金融政策的"逐底竞争"（race to the bottom），使巴塞尔银行监管协议协调监管的目的无法实现。[2] 但是，巴塞尔银行监管协议本来就属于金融软法，BCBS也一直强调其制定的监管标准仅具有建议的性质，并不强

---

[1] See Sarah Padgett, The Negative Impact of Basel III on Small Business Financing, *Ohio State Entrepreneurial Business Law Journal*, Vol. 8, Iss. 1, 2013, pp. 191-193.

[2] See Narissa Lyngen, Basel III: Dynamics of State Implementation, *Harvard International Law Journal*, Vol. 53, Iss. 2, 2012, pp. 519, 522.

制各国接受和执行。事实上，正是因为BCBS充分考虑到了各国金融环境的差异性，各国才得以根据本国实际行使自由裁量权，确定适用巴塞尔银行监管协议的程度和范围，这也是巴塞尔银行监管协议能够得到广泛认同的"魅力"所在。

综上，巴塞尔银行监管协议在全球金融治理中发挥着重要作用，尽管其实施完全出于自愿，但是由于BCBS的专业性、权威性以及其采取的有效措施，使巴塞尔银行监管协议成为一种具有"强制实施效果"的全球规则，为全球金融软法治理树立了标杆。虽然巴塞尔银行监管协议在全球金融治理方面还存在一定的缺陷，但这是软法治理所固有和无法克服的缺陷。而BCBS可以进一步采取措施促进巴塞尔银行监管协议的有效实施，如继续扩大同非成员国特别是发展中成员国的交流、成员国之间更频繁的沟通以及与其他国际金融机构更密切的合作等，进一步发挥巴塞尔银行监管协议在全球金融治理中的软法规制作用。

第三节　全球金融治理规则的执行

一、国际金融硬法的执行及其价值流变

（一）国际金融硬法的执行

1. 国际金融法上的"执行"

频发的各种形式的全球性和区域性金融危机已暴露出现有全球金融治理机制的深层次缺陷，过去那种从少数国家或少数集团利益出发的二元分层治理结构，已经不能为国际社会提供有效的公共产品。卡尔·波兰尼认为："就组织而言，国际金融是人类历史上所曾产生过之最复杂的制度之一的核心。""国际金融并不是设计出来作为一个和平工具的。""国际金融的动机是图利。"[①] 因此，"国际金

---

① 参见〔英〕卡尔·波兰尼：《巨变——当代政治与经济的起源》，黄树民译，社会科学文献出版社2013年版，第63页。

必须巧妙应付各个大小强权互相冲突的野心与阴谋"①，国际金融的代表在许多场合中"精心安排强权之间的妥协"②。但是，这种基于少数国家利益甚至政党利益而达成的妥协，已经不能为国际社会提供达到共同治理目标所需要的依据，旧有规则的缺陷不可避免地外溢到整个国际社会，③从而导致新的冲突和危机。④ 以至于"在国联瘫痪和二战爆发之后，国际上的法学家和一般学者都感到幻想破灭，他们强烈反对以法律秩序的方法来控制国际体系，他们不再指望以国家共同体的形式来建立国际关系，而是倾心于一种以各国的相对权力来决定国际关系的无政府体制"⑤。

从人类历史发展的总体经验来看，无论是否自愿，人类都不可避免地生活在一定的秩序中，与人治、乌托邦空想或国际均势理念相比较，法治秩序仍然是相对客观与稳定的治理结构，"一个由法律奠基的稳定的国际社会秩序，也是符合绝大多数人愿望的世界未来的发展前景"⑥。因此，国际社会需要规范、指引和约束国家行为，重新界定国家利益，以平等对话、协商合作、共同负责为途径构建新的全球金融治理体制，该体制应该着眼于解决旧有二元治理模式的弊端，并创设相应的全球金融治理规则。

值得思考的是，即使有了一定数量的全球金融治理规则，对于其如何实施，国际经济法理论也关注较少。事实上，整个国际法理论对国际法的实施也是语焉不详，因为"与国内法相比，国际法缺乏强制执行力，如何促使国家遵守国际法便成为国际关系中最为复

---

① 参见〔英〕卡尔·波兰尼：《巨变——当代政治与经济的起源》，黄树民译，社会科学文献出版社2013年版，第66页。
② 同上书，第69页。
③ See Abraham Newman & Elliot Posner, Transnational Feedback, Soft Law, and Preferences in Global Financial Regulation, *Review of International Political Economy*, Vol. 23, Iss. 1, 2016, pp. 123-152.
④ See Stanley Hoffmann, Clash of Globalizations, *Foreign Affairs*, Vol. 81, Iss. 4, 2002, p. 111.
⑤ 〔澳〕约翰·W. 伯顿：《全球冲突——国际危机的国内根源》，马学印、谭朝洁译，中国人民公安大学出版社1991年版，第2页。
⑥ 何志鹏：《国际法治论》，北京大学出版社2016年版，第150页。

杂的问题之一"①。在国际法语境中，对于国际法的实施，通常用"遵守"(compliance)和"执行"(enforcement)来表达，但对两者的区分并不明显。在主要研究国际法问题的外文著作中，部分学者使用"遵守"一词，部分学者使用"执行"一词，部分学者两者都用，还有部分学者两者都不用。② 同样，在中文国际法研究著作中，对"国际法的实施"的使用也比较凌乱，大致可以归纳为三类：第一类使用"遵守"。③ 主要是在条约及其相关语境下使用，典型的例子就是"条约的遵守"，但是在涉及条约在缔约国国内实施时，也会使用"履行""执行"两个词汇。④ 第二类使用"执行"。⑤ 主要是在涉及国际条约义务或外国法院、仲裁院的裁判承认问题中使用，典型的例子就是"域外强制执行"。第三类就是混用。有的地方用"遵守"，有的地方用"执行"，还有的地方用"适用"，并且没有呈现出明显的规律性。⑥

---

① Markus Burgstaller, Amenities and Pitfalls of a Reputational Theory of Compliance with International Law, *Nordic Journal of International Law*, Vol. 76, Iss. 1, 2007, p. 40.

② See Jutta Brunnée, Enforcement Mechanisms in International Law and International Environmental Law, in U. Beyerlin, *et al.* (eds.), *Ensuring Compliance with Multilateral Environmental Agreements: A Dialogue Between Practitioners and Academia*, Brill Nijhoff, 2006, pp. 1-24, Note 1, Note 2.

③ 参见王铁崖主编：《国际法》，法律出版社1995年版，第427页；邵津主编：《国际法（第五版）》，北京大学出版社、高等教育出版社2014年版，第413页；陈安主编：《国际经济法学（第五版）》，北京大学出版社2011年版，第153页。另外，部分中文译著也使用"遵守"一词。参见〔德〕沃尔夫刚·格拉夫·魏智通主编：《国际法》，吴越、毛晓飞译，法律出版社2002年版，第41页。

④ 参见邵津主编：《国际法（第五版）》，北京大学出版社、高等教育出版社2014年版，第417页。

⑤ 参见韩德培主编：《国际私法问题专论》，武汉大学出版社2004年版，第386页；李双元、蒋新苗主编：《国际产品责任法》，湖南科学技术出版社1999年版，第63页；程晓霞、余民才主编：《国际法（第二版）》，中国人民大学出版社2005年版，第318页；赵秀文：《国际商事仲裁及其适用法律研究》，北京大学出版社2002年版，第224页。另外，部分中文译著也频繁使用"执行"一词。参见〔英〕伊恩·布朗利：《国际公法原理》，曾令良、余敏友等译，法律出版社2007年版，第215、335、368页；〔日〕森下忠：《国际刑法入门》，阮齐林译，中国人民公安大学出版社2004年版，第125、164、214、243、244、247页。

⑥ 参见姚梅镇主编：《国际经济法概论》，武汉大学出版社1999年版，第25页。

根据《布莱克法律字典》的解释,"执行"是指"强制遵守法律的行为"(the act of compelling compliance with a Law)①或者"法律、命令等的实施、强制执法"②,其惯用词汇是"enforcement power",即执行权,强调实施法律的动力来自外力;"遵守"是指依照、顺从、服从、遵守和履行,③强调实施法律的动力来自内在。在中文语境中,法的实施包括法律遵守、法律执行和法律适用,法律遵守强调"守法",法律执行强调"执法",法律适用强调"司法"。但是,国际法的实施主要依靠国家自愿履行和自我救济。虽然二战后建立的联合国体系强调集体执法机制,部分限制了自我救济的范围,但集体执法机制只是在关涉和平与战争等重大国际事务时才会被触发,在一般的国际交往中,国家仍然主要依靠自我意志履行国际法上的权利和义务,同时也受一些外在因素的影响和制约。由此可知,中文语境中的"执法""司法"和"守法"等词汇不能完全表达国际法中"实施"的内涵。所以,本书中的"实施"主要是英文中"enforcement"和"compliance"的含义的综合:如果国家履约动机主要源于自我意志,则是"遵守";如果国家履约动机主要源于外在压力,则是"执行"。

2. 国际金融硬法的执行机理

全球金融治理规则主要由国际金融硬法和国际金融软法两大法群组成,由于软法和硬法的内容、作用、法源、表现形式等诸多方面存在差异,在全球金融治理规则的执行中,实际上形成了不同的动机来源和执行机理。同时,随着执行主体和执行环境的变化,金融规则的执行价值也会发生流变。

国际金融硬法符合一般国际法的特性,其执行动机源自"约定必须遵守"的国家自愿和国际法强制。一般来说,通过国际法主体间合意达成相互约束与相互监督的执行体系的,该体系可能包括执

---

① See *Black's Law Dictionary*, 8th ed., Thomson West, 2004, p.569.
② 参见薛波主编:《元照英美法词典(精装重排版)》,北京大学出版社2017年版,第472页。
③ 参见彭金瑞编著:《简明实用英汉法律大词典》,中国法制出版社2017年版,第200页。

行的程序事项、执行的具体权利义务、约定机构的监督职责、违反义务的补救措施以及补救失效时的争端解决方法等。与一般国际法的执行形式相同,国际金融硬法的执行主要通过"纳入"和"转化"对执行主体产生国际法效力。当然,也可能通过"借用国内法院"来执行国际法。① 具体而言,根据国际金融硬法的来源和内容,不同国际金融硬法在执行机理方面可能存在一定的差异。

(1)《IMF协定》的执行

《IMF协定》是目前国际货币金融领域为数不多的硬法之一,也是主要的全球性多边条约,在该领域起着基础性规则的重要作用。但是,条约类的硬法通常不会规定执行标准。②《IMF协定》的执行主要表现在三个方面:

第一,《IMF协定》规定了成员国的执行义务。执行义务主要有两项:一是成员国承担与IMF合作的义务;二是承担成员国之间相互合作的义务。这两项义务不仅赋予IMF一定的监督权,还要求成员国之间相互合作,在制定国家货币金融政策时避免以不正当的手段获取竞争优势。

第二,监督与磋商。IMF对成员国的汇率政策有监督权,发现任何可能与《IMF协定》义务不符的行为,IMF都可以要求磋商。磋商一般分为定期磋商、不定期磋商和特殊磋商,具体包括预先议定磋商和加速磋商制度,主要通过资料交换和实地考察,就相关成员国的经济情势进行研判,判断其是否遵守了《IMF协定》义务。

第三,干预。如果经过研判,IMF执行董事会认为成员国实行

---

① "borrowing the forum of domestic courts",该提法主要来自欧康奈尔(O'Connell)。她认为国际法一般都是依靠国家自愿遵守,国际法的实施是基于"compliance",而不是"enforcement"。因此,她反对使用国际执法机制(international enforcement mechanisms)来执行国际环境法,认为应该借用国内法院的资源来执行国际法。但是,这种"借用国内法院"的做法仍旧是一种纳入或转化的方式,并不能形成独特的国际法执行分类。See Mary Ellen O'Connell, Enforcement and the Success of International Environmental Law, *Indiana Journal of Global Legal Studies*, Vol. 3, Iss. 1, 1995, pp. 47-64.

② See Antonio Segura-Serrano, International Economic Law at a Crossroads: Global Governance and Normative Coherence, *Leiden Journal of International Law*, Vol. 27, Iss. 3, 2014, p. 689.

的金融政策与其应该履行的《IMF 协定》义务不符,则会对成员国进行干预。干预主要有两种措施:一是对成员国的金融政策发表看法或建议;二是拒绝批准成员国的金融政策,如以成员国未遵守《IMF 协定》第 8 条义务为由,拒绝批准其金融政策。负面评价和不批准本身就会对成员国有不利的影响,而且如果 IMF 通过不批准决议,基于该决议的法律约束力,也会迫使成员国必须遵守。

(2) WTO 金融服务贸易规则

GATS 及其关于金融服务的附件、议定书,共同构成 WTO 金融服务贸易规则。对于该规则的执行,除了遵循磋商与监督程序之外,在干预方面还可以适用争端解决程序。因为 WTO 金融服务贸易规则将国际贸易法的一般原则与国际金融法的特有原则结合在一起,若成员之间产生金融服务贸易纠纷,则应适用 WTO 争端解决机制。如果成员不履行争端解决机构的裁决,当事方可以依法采取报复措施。

(3) 国际习惯法和一般国际法原则。对于国际习惯法和一般国际法原则的执行,一般体现在具体的案件中,并主要反映在两个方面:(1) 作为争议当事国援引的支持或反对相关主张的重要举证材料;(2) 如果国际习惯法或一般国际法原则被法庭认可并据此裁判,则会产生国际法强制效力,当事国必须执行。

(二)国际金融硬法执行中的价值流变

国际金融硬法具有法定约束力,规定的权利义务关系比较明确,但在具体执行中,因受各种不确定因素的影响,其法的价值可能无法完全实现,即发生各种流变。

1. 条约的部分修订或变更会使条约制定时的总体价值发生流变

例如,《IMF 协定》第 4 条规定了成员国的合作义务,[①] 在平价制度下,成员国的这种合作义务是严格的,如果成员国的货币发生异常浮动,就被视为违反条约义务。平价制度取消后,成员国在汇

---

① "Section 1. General obligations of members… each member undertakes to collaborate with the Fund and other members to assure orderly exchange arrangements and to promote a stable system of exchange rates." See IMF. Agreement of the International Monetary Fund. Art. IV (1).

率选择上更加自由，IMF 的作用则相对下降，在实践中已很难确定哪些行为违反条约义务。因此，《IMF 协定》规定的合作义务及其价值实际上发生了流变。从这个意义上说，《IMF 协定》已经丧失一般条约所具有的强制性。

2. 条约规定义务的模糊性、原则性和例外性，使得国家在执行条约时，可能出现选择执行或者不完全执行

例如，《IMF 协定》规定，如果 IMF 发现成员国以实现国际收支平衡为目标而调整其金融政策，IMF 可以要求磋商。对于成员国而言，磋商是一种法定义务，但如果成员国以相关政策与国际收支平衡无关作为抗辩，则 IMF 无权要求磋商。又如，《IMF 协定》规定成员国之间应该相互合作，他国金融政策若对本国造成不利影响，可以要求磋商，也可以对该金融政策进行评价或提出建议，并采取有效的合作维持金融秩序的相对稳定。但是，成员国并没有接受他国建议的法定义务，如果相关成员国选择不接受，则磋商不能进行。另外，磋商的范围和合作的范围并不一致。从《IMF 协定》的规定来看，合作的范围更加广泛，不仅包括磋商的内容，还包括政策协调、联合行动、协同治理等《IMF 协定》之外的内容。对于《IMF 协定》之外的合作内容，成员国并没有法定的遵守义务，其执行完全取决于成员国间是否有共同的意愿和兴趣。

3. 条约签订时未考虑的情势，可能影响条约的执行效果

例如，《IMF 协定》规定的合作义务，是全体成员国之间的合作、部分成员国之间的合作还是特定成员国之间的合作？因为在不同情形下，执行的内容和成员国承担的合作义务不同。又如，在 IMF 与其成员国磋商时，判断某项金融政策是否符合《IMF 协定》规定的标准是什么？因为这可能关系到成员国是否违反条约义务以及如何执行条约规定。再如，《IMF 协定》规定的磋商义务与执行义务是否一致？按常理而言，磋商义务是法定的，但执行义务可能存在两种情况：一种是在条约的最大范围内严格按照磋商内容进行执行；另一种是在条约的一定范围内按照磋商内容进行执行。相应地，两种不同情形下的执行，将会产生不同的执行效果。

4. 一般国际法上的执行困难也会困扰国际金融硬法的执行

大国或主要国家是否严格遵守国际法,将决定国际法执行的最终效果或者决定着国际法在何种范围内是有价值的。在当前的国际金融体系中,发达国家之间的合作和国际组织能否对发达国家进行有效监督决定了国际金融秩序能否保持稳定。从《IMF 协定》执行情况来看,发达国家很少从 IMF 借款,IMF 所设立的磋商和监督机制对发达国家实际产生的约束力非常有限;与此相反,许多发展中国家由于急需资金,必须严格执行相关规定,故《IMF 协定》对发展中国家的约束力很强。这就是《IMF 协定》的执行效力存在的缺陷。

此外,在执行 WTO 金融服务贸易规则或一般国际法原则时,也存在"大小不同"的现实窘境。争端解决机构或国际法庭作出的裁决,最终仍需回到当事方的自愿执行上。如果一方不执行,虽然从理论上说另一方可以采取报复等反制措施,但面对发达国家庞大的经济体量和丰富的制裁手段,中小发展中国家实际上无法实现实质有效的反制执行效果。

二、国际金融软法的执行分层及其价值流变

(一)国际金融软法的执行动机

与国际金融硬法不同,一般来说,国际金融软法没有强制执行力,即不属于狭义上的法律。[1] 国际金融软法的执行,主要依靠国家和其他行为体的自愿遵守,如果国家和其他行为体不执行国际软法,国际社会、媒体舆论或行业评估可以对其作出负面评价。负面评价能够给国家或其他行为体带来一定的市场压力或道义负担,[2] 从而促使其纠正不执行行为。国际金融软法的执行途径主要有三种:其一是直接执行;其二是国际金融软法主要精神被国内法转引、借鉴或

---

[1] 参见漆彤:《国际金融软法的效力与发展趋势》,载《环球法律评论》2012 年第 2 期,第 156 页。

[2] See Daniel E. Ho, Compliance and International Soft Law: Why Do Countries Implement the Basle Accord? *Journal of International Economic Law*, Vol. 5, Iss. 3, 2002, pp. 647-688.

吸收,从而得到间接执行;其三是国际金融软法被转化为国际法,即转化执行。

从一般国际法理论来看,国际金融软法之所以能够在国际货币与金融领域得到执行,主要出于以下执行动机:

1. 契约精神

执行动机是一种主观的精神状态,代表着行为体在行为时所具有的主观认识。在执行国际金融软法时,成员方基于签订相关条约的自愿行为所派生出的自由、平等、守信以及和平救济的善意,认为协商签约行为本身就是一种符合自身利益和顺应自然规律的最佳秩序参与。在国际法上,崇尚自然法理论的学者认为,在人定法之上存在着更为高级的自然规则,如果行为体的合意符合自然规则,则应该得到执行。因此,遵守契约和尊重合意本身是对自我权利的主动限制,代表了行为体自动将自身行为缩限于国际社会共同利益之中的良好意愿。

2. 自利诱因

国家作为国际社会的主要参与者,其本身具有趋利倾向。在国际金融关系博弈中,为了维护自己的国家利益,国家通常会选择有利于实现或保护自身利益的政策和规则。政策定向学说、均势理论和其他现实主义国际法学说认为,是否遵守国际法,关键在于国家实力和国家需求。这些理论还认为,国际法是一种可选择执行的规范,当执行的获利大于执行的成本或执行带来的收益、潜在收益有利于本国处理国际关系时,国家就会选择执行,反之则不选择执行。这种现实主义理论宣称的"收益"可能是对执行国际法的奖励(rewards),也可能是对不执行国际法的惩罚,甚至可能是一种可预期的可逆奖励。① 因此,这些理论认为,对自身有利是国家执行国际金融软法的主要动机。

3. 符合理性期待

国际金融市场存在大量的风险,不同国家的市场参与者在跨境

---

① See Omri Ben-Shahar & Anu Bradford, Efficient Enforcement in International Law, *Chicago Journal of International Law*, Vol. 12, Iss. 2, 2012, pp. 375-431.

进行投融资买卖时会面临很多不确定性风险，其中包括规则冲突、选择性监管、制度不透明、法治不完善等非市场风险。这些风险因素不仅影响金融资源的正常流动和全球金融福利的整体增长，而且也影响国家和国际社会对金融风险的有效控制。如果国际金融软法能够为金融市场提供有效的治理手段和可能的预测方法，就会方便市场参与者搜寻有效信息和作出投资决策。金融软法内在的合理性和专业性，可能与市场参与者对市场功能的期待理性相吻合，进而引导国家在制定规则或参与国际规则时关心市场反映出的共同理性需求。按照社会连带主义法学派的观点，这种"共同理性需求"来自国际社会的相互连带关系，符合国际社会的群体理性期待，具有相应的约束效果。

（二）国际金融软法的执行分层

对国际金融软法的执行没有统一的认识，一般把履行没有强制约束力但能够调整国际金融关系规范的行为全部纳入国际金融软法执行的范畴。从形式上看，国际金融软法的执行也遵循一般国际法的执行途径，即直接执行、间接执行和转化，但认真审视现有国际金融软法规则就会发现，规则之间还是存在执行方式和执行效力上的差异。

1. G20峰会相关决定的执行——第一层次的执行

G20峰会是国际社会对传统的G7治理机制存在的缺陷进行反思的产物，是当下全球金融治理的核心机制。G20峰会作出的决定代表着国际社会中最强大的20个经济体的共同意志，因此其承担的功能定位类似于"立法"。G20峰会决定的执行是整个国际金融软法执行的核心或者驱动源，在执行效力上处于第一层次。在国际实践中，对G20峰会决定的执行主要有四种方式：

第一，G20中的20个国家自动执行。因为国家首脑在国内政治中具有重要的影响力，这20个国家都会在国内尽可能地落实峰会达成的共识。

第二，FSB的协调和监督执行。FSB的设计功能就是协调和监督各国监管机构之间的合作，在现行国际金融治理结构中，FSB负责监督G20峰会决定的执行和落实，在其中起到"上下转承"的作用。

第三,专业机构或组织的具体转化执行。根据G20峰会决定和FSB的协调,相关专业机构会制定具体的执行规则和方案,以供国际社会参考或适用。

第四,其他国家或国际组织的跟随执行。虽然有些国家和国际组织未能参与G20峰会,但由于G20成员在国际社会的强大影响力,同时G20峰会作出的决定可能代表着国际金融市场与全球金融治理的发展方向和未来趋势,因此未参加峰会的国家和国际组织一般会在相应的领域作出适当的改变和调整之后跟随执行。

2. FSB的执行——第二层次的执行

FSB承袭了其前身金融稳定论坛(FSF)的主要职能,即评估影响国际金融体系的脆弱性因素,辨别和监督解决这些问题的行动以及加强监管机构的合作和信息交流。① 在国际金融软法的执行中,FSB起到"上下转承"的协调和监督执行功能,属于第二层次的执行。FSB的执行主要分为四个方面:

第一,汇编国际金融标准。FSB根据G20峰会的倡议或远景,为解决监管标准混乱繁杂、难以执行的困难,负责汇编比较统一的全球金融监管标准手册,②制定行业执行标准和主要执行原则,为专业机构制定详细的监管细则提供重要指引。

第二,发布专业性报告。FSB针对影响国际金融体系脆弱性的风险因素发布相关的专业报告,如《当前和近期有关稳健金融体系的工作报告》《解决金融系统顺周期性报告》等,为专业机构和市场参与者的实际履行提供重要帮助。

第三,监督各国的执行情况。根据FSB发布的《加强遵守国际准则框架》和《促进全球遵守国际合作和信息交换标准》,FSB的监督执行措施主要包括成员国承诺执行国际金融标准;接受WB和IMF联合推出的"金融部门评估规划"(FSAP)的评估;进行专题评估和国别评估;对不合作地区进行区分识别和督

---

① 参见韩龙主编:《国际金融法》,法律出版社2007年版,第560—561页。
② See George Alexander Walker, *International Banking Regulation: Law, Policy and Practice*, Kluwer Law International, 2001, p.331.

促；等等。

第四，区域协调。FSB 根据《金融稳定理事会宪章》[①] 设置了 6 个区域协调小组，分别为美洲组、亚洲组、独联体组、欧洲组、中东及北非组和撒哈拉以南非洲组。[②] FSB 通过区域协调小组将成员国与非成员国联系起来，实际上将 FSB 的规则扩散到非成员国区域。每个区域协调小组一般每年举行 2 次会议，就影响金融体系的脆弱性和促进金融稳定的措施进行协商。从执行效果上看，通过 6 个协商小组将成员国与其他的 70 多个地区联系起来，有助于金融监管政策的全球执行。

3. 专业机构或组织的执行——第三层次的执行

国际金融专业机构或组织，如 BCBS、IOSCO、IAIS 等，主要制定具体的金融监管与金融合作细则，它们既是国际金融软法的主要创造者，也是 G20 峰会决定和 FSB 规定的主要执行者。在整个全球金融治理结构中，这些专业机构或组织的执行对全球金融治理效果具有举足轻重的作用。这里将专业机构或组织的执行划分为国际金融软法执行的第三层次，主要为了区分软法来源的执行顺序，并非也无意界定不同执行主体在全球金融治理中的身份关系。BCBS、IOSCO、IAIS 等专业机构或组织制定了大量的国际金融标准以及相关领域的国际性规则，设置了专门的研究组、委员会，通过集体讨论、会议协商等方式鼓励、督促、协调和监督各国的具体执行。当然，BCBS、IOSCO、IAIS 等专业机构或组织在具体的执行方式或执行内容方面并不相同，甚至差别很大，在国际金融治理中的执行影响力也不尽相同，但这并不妨碍它们共同组成国际金融软法第三层次的执行的客观属性。

4. 国内法的执行——第四层次的执行

各国对国际金融软法的执行在国际法意义上是最后一级执行，关涉具体金融交易的权利义务关系。从商事交易规则的确定性而言，

[①] Charter of the Financial Stability Board.
[②] See FSB, FSB RCG for the MENA Discusses SME Financing, the Use of SupTech and RegTech, and Implementation of the Net Stable Funding Ratio, https：//www.fsb.org/wp-content/uploads/R051118-2.pdf, last visited on May 14, 2020.

以上三个层次的执行都是间接执行,唯有国内法的执行是直接执行。也就是说,以上三个层次的执行最终都要转化为确定的国内法规范,并对商事个体产生法律约束力。国际金融软法在国内法上的执行主要通过直接适用、纳入和转化途径得到执行,不同国家会有不同的执行实践。从法律属性来看,国内法的执行主要属于国内法,部分执行具有涉外因素,可能产生一定的国际法效力。

(三)国际金融软法执行中的价值流变

与国际金融硬法相比,国际金融软法的执行没有固定程序,对执行效果的评估也存在诸多不同看法,这些因素使得原本多元化的软法价值变得更加凌乱。在国际金融软法执行中,行为体对执行动机、执行方式、执行效果、执行标准等的不同理解,往往会导致国际金融软法在实际执行中与制定时的规范价值发生较大的变化。

1. 执行过程中缩限了软法的价值

由于许多国际金融软法基于国际政治的角力,具有高度的概括性、策略性和倡议性,内容上伸缩空间较大,可包含议题较多,诸如联合国大会的决定、G20峰会的宣言、原则或共识等软法规范,用词模糊,适用的途径不清晰,因此执行难度较大。在国际金融实践中,该类软法的执行主要表现为以下两种方式:其一,如果执行主体是 FSB、BCBS 或 IOSCO 等专业机构或组织,它们通常会根据软法规定将内容缩小、限制在某个或某几个特定领域,进而在该领域制定详细的实施细则;其二,如果执行主体是国家或国内法主体,它们则可能根据本国或本机构的实际情况选择执行部分有利于本国金融情势的内容或者对软法作最小化解释,采取比较保守的执行策略。无论哪种执行方式,其实质都是对相关软法内容的缩限。当然,对于这种缩限是否正当或是否属于宏观性金融软法的必然执行手段,则另当别论。

2. 执行过程中扩张了软法的价值

国际金融软法的执行也可能出现价值的扩张,即在执行过程中产生在制定规范时未考虑到或者未明确标注的内容。从法的执行效果而言,这是在执行过程中外溢出新的价值问题。例如,G20峰会主要关注全球经济稳定和国际金融监管议题,[①] 但在其宣言执行中却出现对 G20 峰会决定代表性不足的质疑,后来又扩大到金融民主与金融效率的争执,并上升到金融"民主赤字"的政治话语权斗争。又如,在执行 G20 峰会决定时出现社会参与价值问题,有成员国提出国际金融治理与普通民众生活息息相关,大众有权参与。为此,G20 峰会机制在议题设置时增加社会参与程序,提供两种渠道供大众选择。再如,IOSCO 技术委员会的会议内容一般是不公开的,但在执行过程中出现对技术标准制定透明性的质疑。于是,2010 年之后,IOSCO 只好采取一系列改革措施,以提高技术标准制定过程的透明度。

3. 执行过程中扭曲了软法的价值

国际金融软法的部分执行可能产生扭曲软法价值的流变。全球金融治理的目标是努力建构一个公正、公平的国际金融体系,维持全球经济的平稳发展,加强金融监管的国际合作,防止国际金融危机的发生。但是,在具体执行中,因政治因素的影响,部分行为体的执行可能偏离全球金融治理的总体目标。例如,FSB 在编制金融标准时存在不客观的选择习惯和倾向,可能有意不将某些对国际金融体系有重要影响的规则纳入监管标准,影响全球金融体系的安全和稳定。又如,BCBS、IOSCO 等机构在制定监管标准时,容易受大国的影响甚至操纵,偏重于关注发达工业国家的金融实践,对发展中国家的经济和金融结构考虑不多。因此,第二、三层次的执行行为本身存在先天的缺陷,这种偏向性的监管执行可能无法有效防止金融风险的跨境转移。再如,由于国际金融软法没有强制执行力,国家可以选择是否执行以及可以决定在多大程度和范围内执行,如果部分国家选择不执行或在较小范围内执行,就会形成监管套利和监管冲突,造成监管漏洞,影响全球金融体系的稳健性。

[①] See Edwin M. Truman, The G-20 and International Financial Institution Governance, *Peterson Institute for International Economics*, Working Paper Series 10 – 13, Sep. 2010, p. 3.

三、对未来全球金融治理规则执行的若干思考

国际金融法的体系已经初步形成,同时无论是条约、习惯法或一般法律原则等硬法规则还是宣言、监管标准等软法规范,都在不断扩张之中,并由此引起国际金融法律体系在规模上的持续扩大。但是,治理规则数量上的增加和所涉领域的扩张,并不意味着国际金融治理趋向更加有效和公正,也不能说明国际金融法体系已经形成自动闭合循环的执行结构。相反,在国际金融实践中,规则制定主体散乱,规则之间缺乏内在联系和协调,条块结合性不强,国际金融法体系呈现出严重的碎片化倾向,国际金融规则的执行出现价值流变和执行冲突。从宏观视角看,造成国际金融规则执行障碍的原因主要有以下几个方面:其一,国际金融治理规则的制定不客观,制定程序不民主、不透明,未能真实反映国际社会的现状和全球金融治理的规律性;其二,国际金融规则本身存在缺陷,包括内容不科学、规则过于原则性、条文欠缺可操作性等;其三,制定主体之间缺乏沟通与协调,部分规则相互重叠或冲突,立、改、废工作滞后,导致执行成本过高,影响执行的积极性。因此,对于国际金融规则的执行,未来应该作出相应的变革。

(一)更新执行观念,改变执行思维

思想是行为的向导,要改变行为,就要先改变思想。现有国际金融治理秩序主要是在二战后逐渐建立的,由于历史原因,二战后的国际社会和国际法处于高速成长阶段,百废待兴的现实急需大量国际规则以支持国际社会的蓬勃发展。因此,搭建框架、制定规则是二战后一段时间国际社会的主要任务。但是,半个多世纪后的今天,国际社会的情势已经发生很大的变化,过去那种"重立法、轻执行"的观念也应该作出改变。

1. 适应国际法价值取向的新变化

传统国际法围绕国家而创设,国际规则的主要价值在于维护国家之间的利益平衡。相应地,国际法的制定体现的是国家利益或民族利益之间的斗争,具有浓厚的强权政治色彩。但是,随着经济全球化的推进,国际法对个人的关注逐渐提升,国际社会试图在规则

的制定中体现更多的个人权益,并尝试在实现个人价值的基础上构建基于行为规则而非意识形态之上的治理结构和治理体制。因此,国际规则应该更加重视规范的可操作性和执行性。

2. 执行方式要符合国际经济立法模式的新变化

经济、物质、文化甚至价值观的全球化,需要更加多元的全球治理规则,过去那种完全依靠主权国家的单一立法模式已经难以应对日趋复杂的全球经济问题。国际经济的全球治理需要多元的治理主体、多元的治理方法和多元的立法模式,客观现实迫使主权国家不得不将原来专属于国家的立法权让渡一部分给国际组织或非政府组织,并或明或暗地承认这些非国家行为体制定的国际软法的效力。事实上,国际软法和国际硬法的共存和相互促进,[①] 正在改变着国际经济法的立法方式和执行方式:立法方式从倾向于赋权立法转变为倾向于救济管理立法,而执行方式也从强制执行向遵守管理执行转化。[②]

(二) 建立国际金融治理规则的执行评估机制

国际社会"重立法、轻执行"的观念根深蒂固,没有相应的执行评估机制,就无法客观衡量国际金融规则的有效性,就会出现规则未能发挥作用、缺乏可操作性、缺乏协调配合机制、法律实效不明显、法律效益较低等执行问题。在当下的全球治理时代,更加强调从民主和权利本位出发创设全球金融治理规则,对全球金融治理规则和治理效果也提出了更高的要求。因此,有必要在国际金融法领域创设国际金融规则的执行评估制度,通过对国际金融规则体系和国际金融规则执行效果的客观评估,"摸清'行动中的法律法规'较全面的状况"[③],围绕评估标准构建执行评估机制。

---

① 参见余劲松:《软法与硬法的冲突和对抗:重塑国际贸易体制的新路径选择》,载《当代亚太》2011年第4期,第33—45页。

② 参见潘德勇:《未来的国际法实施:从强制执行到遵守管理》,载《行政与法》2012年第4期,第115—119页。

③ 冯玉军:《中国法律规范体系与立法效果评估》,载《中国社会科学》2017年第12期,第139页。

1. 确立执行评估标准

创设国际金融规则的执行评估机制，首先要确立国际金融规则的执行评估标准。法律执行的评估标准主要分为两大类：定性标准和定量标准。定性标准主要是从法律执行的社会效应和社会影响的角度来设立，往往聚焦于法律的公平性、正当性、民主性和社会性；而定量标准是从实证的角度来比较法律制定目标与法律执行结果之间的关联性，常用的比较公式是效率、效能和效益。在国内法中，法律执行的定性评估标准比较容易确立，但因其伸缩空间很大，实际上较难适用。例如，河北省司法厅在调查影响法律执行效果的因素时，使用了五个标准：立法问题（立法的权威性不够）、社会习惯问题（教育、传统以及社会习惯使人对法律不够尊重）、执法问题（执法不严）、人的问题（一些领导干部不守法）、宣传问题（法律宣传不及时，法律普及度低）。[①] 又如，有学者在确立国内立法评估标准时使用立法完备性、科学性、民主性和受监督性四大指标。[②] 上述这些标准都属于定性标准，在实践操作中会有较大的随意性，准确性和客观性也不高。如果适用定量标准，评估的严谨性、科学性、准确性和客观性指数必然上升，但不得不面对的问题是，法律执行的效果、效益和效能可能很难量化，或者即使可以量化，量化的成本也很高。因此，在国际金融规则的执行评估机制中，要将定性标准和定量标准结合起来：对于货币政策、金融监管合作、贸易金融等宏观规则，可以确立定性标准，如民主性、科学性、执行环境、政治影响等标准；对于银行支付风险防范、证券的发行监管、保险的理赔等微观规则，则可设计定量标准。

2. 确立执行评估方法

在国际金融规则的执行评估中，评估方法的选择也很重要。一般来说，不同的评估标准类型会使用不同的评估方法。具体来说，

---

① 参见河北省司法厅：《调查征集，您觉得影响法律执行效果的因素是什么?》，http://www.hebsft.gov.cn/System/2017/08/31/011659432.shtml，2018年10月10日访问。

② 参见冯玉军：《中国法律规范体系与立法效果评估》，载《中国社会科学》2017年第12期，第140页。

定性标准主要采用社会科学研究中的评估方法,如文本分析法、立意调查法、随机抽样法、实地访问法、数据分析法、国别比较法等;而定量标准主要采用博弈论协调模型①、假设检验法、回归分析法、干预分析法等。② 近年来,有学者倡议使用神经网络建模技术,采用多层感知人工神经网络来评估软法执行的效果。③

在国际金融规则执行评估中,应根据评估对象的特点和主要的执行问题选择相应的评估方法。例如,对《巴塞尔协议Ⅲ》的执行评估,针对其资本充足率规定,可以采用定量分析中的假设检验法对其是否科学进行具体评估,进而反思其制定时的意图和动机。又如,针对《巴塞尔协议Ⅲ》规定的监管内容和成员国的合规义务,可以采用定性分析和定量分析相结合的方法,通过文本分析法和立意调查法评估该规定对成员国合规能力的影响,进行效益和效率的计算,分析成员国的合规成本和守约收益,进而判断该规定是否适当。

3. 确立执行评估主体

任何机制的评估体系,评估主体都是非常重要的,评估主体的经验、知识和价值观会直接影响到评估结果。国际金融治理规则具有很强的专业性,涉及成员国的国家核心利益,如果制定或执行不当,可能诱发金融风险,给国家和人民造成经济损失。因此,在国际金融规则的执行评估中,需要高度重视评估主体的筛选。

第一,评估主体的多元化。由于国际金融规则涉及面广,需要进行多方位、多角度、全过程的评估,才能保证评估的客观性。因此,在进行执行评估时,不仅规则的起草者、制定者如 IMF、FBS、BCBS、IOSCO 等专业机构或组织要参与评估,成员国、相关的国际组织和非政府组织、市场交易中的个人和公司以及各该领域的专家

---

① See Valerio Novembre, The Bargaining Process as a Variable to Explain Implementation Choices of International Soft-Law Agreements: The Basel Case Study, *Journal of Banking Regulation*, Vol. 2, Iss. 10, 2009, pp. 128–152.

② 参见张晓斌:《法律实施效果的定量评价方法》,载《法商研究》2006 年第 2 期,第 154 页。

③ See Michael D'Rosario & John Zeleznikow, Compliance with International Soft Law: Is the Adoption of Soft Law Predictable? *International Journal of Strategic Decision Sciences*, Vol. 9, Iss. 3, 2018, pp. 1–15.

学者也要参与评估。

第二,有效区分评估主体的主观立场。由于不同主体的价值观以及对评估对象所持的立场不同,因此需要根据其客观背景综合分析评估结果,防止少数主体的意志影响评估趋势。例如,《巴塞尔协议Ⅲ》公布后,瑞士、英国认为标准太低,而新西兰则决定不执行其中的某些规定,因此,如果对《巴塞尔协议Ⅲ》的执行进行评估,则应特别注意这三个国家判断基础各不相同的事实。

第三,正确识别国家利益。对国际金融规则中国家利益的衡量,不能简单地将某个或某些国家对外政策的目标是否实现作为判断规则是否有效的标准,况且不同国家在不同发展阶段国家利益也会发生变化。"国家利益实现的满足度不是一个绝对量的概念,而是一个比例的概念,所以判断国家利益实现的标准也不是绝对量,而是比例","确定国家利益的限度,除了比较政策目标和利益实现之间的差之外,判断国家利益实现的满足度还需比较成本和效应;不计成本地实现国家利益只是表面上满足国家的需要,而实际上可能损害国家利益"。①

(三)建立国际金融规则的法律位阶

"法律位阶"是国内法上的概念,是指同一法域中不同法律渊源之间的等级关系。国内法上设置法律位阶的主要目的是为了解决法律效力的冲突问题。而国际法理论中对国际法位阶的关注则较少,主要原因在于国际社会是一个平权社会,无法区分国际法律之间的效力等级。然而,国际强行法、惩治国际犯罪行为的规则、对一切的义务等新型国际法规范的出现,客观上已经产生了国际法分层。在国际实践中,根据1969年《维也纳条约法公约》第53条规定,其他国际法规范一般不能和国际强行法相冲突,诸如惩治国际犯罪行为的规则和对一切的义务的效力就高于一般条约义务。

另外,随着国际法规范的日益增多,国际法不仅呈现出严重的碎片化趋势,而且在执行中也面临大量的冲突,包括规则冲突、管辖冲突、监管冲突、效果冲突、目标冲突、方法冲突等。因此,国

---

① 参见阎学通:《国际政治与中国》,北京大学出版社2005年版,第42—43页。

际法领域应该借鉴国内立法经验，建立国际法的效力位阶制度。不过，鉴于国际公法领域存在较多政治考量，可能很难达成国际法位阶的共识，国际社会可以首先在以技术性规范为主的国际金融法领域尝试构建国际金融规则的效力位阶制度，为国际法的法律位阶理论积累经验。

1. 国际强行法效力优于国际金融硬法

基于国际法一般理论，国际金融硬法主要包括多边条约、双边条约、国际习惯法和一般国际法原则。根据《维也纳条约法公约》第41、53、64条的规定，国际金融硬法不得"损抑"国际强行法的效力。据此，当国际金融硬法与国际强行法发生冲突时，国际金融硬法无效。

2. 国际金融硬法效力优于国际金融软法

尽管对于国际金融硬法与国际金融软法的区分以及软法是否是"法"存在争论，但从法律强制力方面来看，国际金融硬法具有强制执行的效力来源，而国际金融软法缺乏强制执行的"共同意志"则是确定无疑的。从理论上说，当国际金融硬法与国际金融软法的执行发生冲突时，国际金融硬法的效力应当高于国际金融软法。但是，在国际实践中，根据佛朗西斯·施耐德讲述的欧盟经验，硬法与软法的区分并不总是有用，具体的规范会随着责任性、明确性与授权性三个维度变化。[①] 所以，从法律治理的社会效果而言，对国际金融硬法和国际金融软法的效力等级划分并不是绝对清晰的。当然，基于法律的明确性和可执行性的要求，当硬法与软法规范出现冲突时，应该尊重硬法的共同意志性则是存在共识的。

3. 全球性的多边国际金融软法效力优于区域性国际金融软法

由于现行的国际金融法主要由国际金融软法构成，因此有必要划分国际金融软法之间的效力等级。一般而言，全球性国际金融软法的效力应优于区域性国际金融软法，区域性国际金融软法的效力应优于双边性国际金融软法，双边性国际金融软法的效力应高于国

---

① 参见佛朗西斯·施耐德：《软法与治理——欧盟组织机构和工作流程的经验》，徐维译，载罗豪才主编：《软法的理论与实践》，北京大学出版社2010年版，第408—409页。

内软法。因为"软法的作用取决于政治和法律制度"①,按照国际软法的形成规律,自动执行的国家越多,越能体现该软法规则的合理性,在某种程度上也就越能体现该软法规则的国际法价值。归根结底,国际金融软法的执行,还是取决于参与国的默示同意,深受各国软实力的影响。② 因此,接受国际金融软法的国家越多,意味着该软法规则的正当性所达到的共识程度越高。③

总之,全球金融治理本质上是国际金融合作的新范式,无论国家中心主义还是世界主义、世界政府治理说还是全球公民治理说,都无法回避各国金融系统的相互依赖。而相互依赖必定会产生共同利益,从而需要国际合作。但是,要在全球范围内促使国际合作并非易事,因为随着"现代国家政治和国际政治日益复杂","无论是否喜欢,实际上都不能完全置身于某种政治体系之外",④ 而不同政治话语中的国家利益是不同的,需要在耗费时日的讨价还价中寻找共同利益的维系方式,⑤ 才能进而形成国际硬法、国际软法等全球金融治理规则。然而,仅有国际金融规则明显是不够的,还需要国际社会对国际金融规则的执行和遵守。现实的问题是,国家间的各种冲突总是在减损国际金融规则的执行效力,一方面,"许多发端于国内的冲突外溢到了国际社会,……列强和大国……为了自身的战略利益,它们可以利用别国的国内冲突使局部地区的局势变得更加动

---

① 佛朗西斯·施耐德:《软法与治理——欧盟组织机构和工作流程的经验》,徐维译,载罗豪才主编:《软法的理论与实践》,北京大学出版社 2010 年版,第 410 页。

② 参见王海峰:《论国际软法与国家"软实力"》,载《政治与法律》2007 年第 4 期,第 101—105 页。

③ 对于正当性的理解,徐崇利认为:"在跨国法律体系中,认定国家共同制定的国际硬法位居中心地位至少源于以下两方面的依据:一是为了维持国家间合作的稳定性,有时需要具有强制效力的国际硬法介入,此乃建立国际社会秩序所必需;二是较之各种非国家行为体制定的国际软法,国家共同制定的硬法具有更大的正当性。"参见徐崇利:《全球治理与跨国法律体系:硬法与软法的"中心—外围"之构造》,载《国外理论动态》2013 第 8 期,第 22 页。

④ 参见〔美〕罗伯特·A. 达尔:《现代政治分析》,王沪宁、陈峰译,上海译文出版社 1987 年版,第 9、5 页。

⑤ See Valerio Novembre, The bargaining process as a variable to explain implementation choices of international soft-law agreements: The Basel case study, *Journal of Banking Regulation*, Vol. 10, 2009, pp. 128-129.

荡不安"①。尤其是美国等发达国家,在寻求自身的国家利益时,总试图把自己的利益置于其他国家的利益、价值和目标之上。另一方面,国际金融规则在可执行性、执行标准、执行效果评估等客观方面确实仍有待进一步完善。因此,只有从全球金融治理的困境出发,基于国际政治和国际法律的混合视角,才能构建一个符合全球金融稳定与金融利益共享需要的新型全球金融治理体制。

---

① 〔澳〕约翰·W. 伯顿:《全球冲突——国际危机的国内根源》,马学印、谭朝洁译,中国人民公安大学出版社1991年版,第72页。

结束语

2008年全球金融危机爆发后，国内外学者瞬即尝试从不同的视角对全球金融治理问题进行大量研究，并提出诸多建设性的观点，如通过提高发展中国家在国际金融机构中的发言权、强化中央银行的监管能力和改革国际金融监管标准制定机构等路径，构建符合全球金融稳定和多边治理需要的法律机制等构想。

本书在汲取国内外已有研究成果的基础上，站在发展中国家的共同立场，对现行全球金融治理结构的困境及其根源作了深入的剖析，并从国际政治与法律的视角探寻整合全球金融治理力量以破解全球金融治理困境的可行路径。

全球金融治理困境的原因错综复杂，需要从不同的角度全面梳理、综合考察和条分缕析，本书正是从"全球"的广阔视角，以世界各国的共同金融安全和金融利益为全球治理机制构建的出发点，以全球金融秩序长期稳定为治理机制构建的目标，试图凝聚多元化的治理主体和治理法制的合力，寻求构建"多元一体"的全球金融治理法制体系。

当前，全球金融治理困境的症结在于治理主体和治理法制的碎片化以及缺乏协调与合作，同时国际金融组织的权责机制对发展中国家不公平、不合理。虽然金砖银行、金砖国家应急储备基金、亚洲基础设施投资银行等由新兴经济体主导的国际金融机构已开始有序运行，并推动着国际货币金融体制朝着对发展中国家有利的方向变革，但这仅仅触及全球金融治理格局不平衡和对发展中国家单方面不合理与不公平的表层，全球金融治理碎片化的弊端及其对发展中国家的总体不公平并未因此得以消除。因此，以G20为核心的世界各国，仍应致力于凝聚众多不同职能、不同作用范围的全球金融治理主体和治理法制的力量，构筑一套能够真正维护全球金融秩序稳定、符合世界各国共同利益、对发展中国家更加公平合理的全球金融治理机制。

全球金融治理困境及其破解

纵观当前全球金融格局,政府间国际金融机构、非正式的国际金融组织和国际金融标准制定机构等在全球金融治理中的职能定位不明确以及缺乏协调与合作,各国国内金融体制和金融监管标准的差异以及各国在承担国际金融监管责任和执行国际金融监管标准方面的差异等,都是全球金融治理陷入碎片化和难以修复的原因。同时,美国等西方国家在全球金融治理中的特权地位以及国际金融组织的代表性不足和合理性欠缺,更使全球金融治理困境进一步加剧,并造成现行全球金融治理对发展中国家的极度不公平。

以金砖国家为代表的新兴经济体的崛起,推进 G20 取代 G7 作为国际经济最重要治理平台地位的确立,并促使成功改制后的金融稳定理事会(FSB)和巴塞尔银行监管委员会(BCBS)主动接纳包括主要新兴经济体在内的 G20 成员的加入。这一系列国际行动表明,新兴经济体在全球金融治理中的地位得到显著的提高和普遍认可。而金砖银行、金砖国家应急储备基金和亚洲基础设施投资银行的设立,在以美国为首的西方国家主导的全球性国际货币金融体制之外,已形成了以新兴经济体为主导的新型国际货币金融体制的雏形,弥补了现行国际货币金融体制的部分不足,并正在对发展中国家防范金融危机和强化基础设施建设等发挥着重要的作用。

尽管新兴经济体的崛起及其所主导的新型货币金融体制的构建,无意也无力对现行国际货币金融体制构成挑战,但一个不容置疑的事实是,这一新生事物已灵巧地牵动着以美国为首的西方国家的敏感神经,并迫使 IMF 对其治理体制作出部分更加公平合理的改革。然而,这种局势变化和局部改革,并不能消弭现行全球金融治理体制碎片化的现状,也无力凝聚众多国际金融组织的力量以形成全球金融治理的合力。因此,其作用仍不能被过分夸大,而应在对其进行客观评估的基础上,寻求更积极有效的推进全球金融治理机制完善的可行路径。

无论如何,任何以损人利己为出发点的金融治理理念,最终都将损人又害己,2008 年美国次贷危机的爆发及其蔓延的教训即是典型例子。因此,全球金融治理体制的构建和完善,特别是大国之间在国际货币金融领域的制度博弈,应以国际货币金融秩序稳定为终极目标,应树立为全球大多数国家谋求共同金融利益的全球金融治理理念。而金融危机后的 IMF 治理结构改革,虽在一定程度上缓解了发展中国家在 IMF 发言权不足的弊端,但并未彻底改变其客观存在的对发展中国家总体不公平的事实,许多发展中国家在加权表决机制下被边缘化的现实并未得到任何改变。

因此,全球金融治理体制的创建和改革任重而道远。首先,全球金融治理的核心应是有效整合全球各类国际金融组织的力量,使其成为足以维护全球金融秩序稳定的制度基础。其次,这种力量整合首先来自全球政治力量的博弈与平衡,只有在博弈中寻找到最佳的治理平衡点,才能最终形成一个有能力维持全球金融秩序长期稳定的"多元一体"的全球金融治理体制。最后,在这一"多元一体"的全球治理体制中,FSB 虽然不是严格意义上的国际金融组织,但它在全球金融治理中所发挥的灵巧作用及其强有力的 G20 后盾,已使其实际上进入全球金融治理体制的核心区域。综上所述,构建以 G20 峰会为主导,以国际货币基金组织(IMF)和 FSB 为两翼,由 BCBS 等国际金融监管标准制定机构等构成的全球金融治理体制,应可彻底消弭现行全球金融治理体制无头绪、碎片化的尴尬与困境,并使全球金融秩序在结构合理的全球金融治理体制的维系下获得长期的稳定。

全球金融治理体制的构建,除了结构合理的治理机构框架,还需要一套可以有效实施的法律体制作为保障。在这一套法律体制中,既要有具有强制约束力的硬法,也要有仅具道义约束力的软法。在以条约为基础的政府间国际货币金融组织中,硬法的推行具有其天然的优越性和可操作性;而在其他非正式的国际金融组织中,软法的作用似乎更加有效和更易被接受。而无论是硬法还是软法,其核心环节都是全球金融治理规则能否得到有效执行问题。因此,作为全球金融治理规则最终执行者的各个国家,在全球金融治理中的地位是异常重要和不可替代的,尤其是金融治理软法的执行,更有赖于各国的主动援引和国内立法转化。

后　记

本书为厦门大学法学院教授、博士生导师李国安主持的国家社科基金项目"全球金融治理困境及其破解的国际政治与法律路径"（项目批准号：16BFX81）的最终成果。参加本书撰写的人员及其分工如下（按章节顺序排列）：

李国安，法学博士，厦门大学法学院教授，撰写序言、第五章和结束语。

周　圣，厦门大学国际法学专业博士生，撰写第一章、第四章第二节。

曾金海，厦门大学国际法学专业博士生，撰写第二章。

王建雄，法学博士，湖南科技学院文法学院副教授，湖南瑞盈律师事务所律师，撰写第三章、第八章第一节和第三节。

钟付和，法学博士，华侨大学法学院副教授，撰写第四章第一节。

崔勇涛，法学博士，江西理工大学文法学院讲师，撰写第六章、第八章第二节。

王洪凯，厦门大学国际法学专业博士生，撰写第七章第一节。

马雨茜，厦门大学国际法学专业博士生，撰写第七章第二节。

李国安

2021 年 3 月 13 日